Moderner Wahlkampf

Ramona Greiner

Moderner Wahlkampf

Ihr Werkzeugkoffer für agile Kampagnen und starke politische Kommunikation

Ramona Greiner
Unterhaching, Bayern, Deutschland

ISBN 978-3-658-40215-0   ISBN 978-3-658-40216-7 (eBook)
https://doi.org/10.1007/978-3-658-40216-7

Die Deutsche Nationalbibliothek verzeichnet diese Publikation in der Deutschen Nationalbibliografie; detaillierte bibliografische Daten sind im Internet über http://dnb.d-nb.de abrufbar.

© Der/die Herausgeber bzw. der/die Autor(en), exklusiv lizenziert an Springer Fachmedien Wiesbaden GmbH, ein Teil von Springer Nature 2023
Das Werk einschließlich aller seiner Teile ist urheberrechtlich geschützt. Jede Verwertung, die nicht ausdrücklich vom Urheberrechtsgesetz zugelassen ist, bedarf der vorherigen Zustimmung des Verlags. Das gilt insbesondere für Vervielfältigungen, Bearbeitungen, Übersetzungen, Mikroverfilmungen und die Einspeicherung und Verarbeitung in elektronischen Systemen.
Die Wiedergabe von allgemein beschreibenden Bezeichnungen, Marken, Unternehmensnamen etc. in diesem Werk bedeutet nicht, dass diese frei durch jedermann benutzt werden dürfen. Die Berechtigung zur Benutzung unterliegt, auch ohne gesonderten Hinweis hierzu, den Regeln des Markenrechts. Die Rechte des jeweiligen Zeicheninhabers sind zu beachten.
Der Verlag, die Autoren und die Herausgeber gehen davon aus, dass die Angaben und Informationen in diesem Werk zum Zeitpunkt der Veröffentlichung vollständig und korrekt sind. Weder der Verlag, noch die Autoren oder die Herausgeber übernehmen, ausdrücklich oder implizit, Gewähr für den Inhalt des Werkes, etwaige Fehler oder Äußerungen. Der Verlag bleibt im Hinblick auf geografische Zuordnungen und Gebietsbezeichnungen in veröffentlichten Karten und Institutionsadressen neutral.

Umschlag-Illustration: Marcel-André Casasola Merkle

Planung/Lektorat: Rolf-Guenther Hobbeling
Springer ist ein Imprint der eingetragenen Gesellschaft Springer Fachmedien Wiesbaden GmbH und ist ein Teil von Springer Nature.
Die Anschrift der Gesellschaft ist: Abraham-Lincoln-Str. 46, 65189 Wiesbaden, Germany

Für alle demokratischen Parteien

Vorwort

„Die CDU Nordrhein-Westfalen hat am 26. März 2022 in Köln einstimmig und mit großer Geschlossenheit ihr Wahlprogramm für die Landtagswahl am 15. Mai verabschiedet." (CDU NRW, 2022). Beachtenswert an dieser eigentlich recht unspektakulären Meldung ist, dass der 26. März nur sieben Wochen vor der Wahl lag. Der Beschluss des Wahlprogrammes fand also ziemlich genau dann statt, als bereits die ersten Briefwahlunterlagen versendet wurden oder zumindest sehr kurz davor. Obwohl also alle Wähler:innen nur sieben Wochen Zeit gehabt hätten, das 109 Seiten umfassende Programm zu lesen, und auch die Wahlkämpfer:innen nur sieben Wochen Zeit hatten, die Kampagne wirklich auf die Inhalte zuzuschneiden und die beschlossenen Inhalte an die potenziellen Wähler:innen zu bringen, hat die CDU die Wahl in Nordrhein-Westfalen gewonnen – mit verhältnismäßig stolzen 35,7 %.

Die Gründe für das Ergebnis sind vielfältig und die meisten davon auch nicht Gegenstand dieses Buches. Allerdings können wir etwas Entscheidendes daraus ableiten: Die inhaltliche Ausrichtung einer Partei ist zwar wichtig, Wahlprogramme gewinnen aber nicht die Wahl für Sie. Wahlentscheidungen werden immer mehr aus dem Bauch heraus getroffen (Müller, 2021) und hängen von Vertrauen, Sympathie und

Momentum ab (Burmester & Holtmann, 2021, S. 210). Dieses Momentum entsteht durch oft nicht kalkulierbare Ereignisse und lässt sich häufig gar nicht auf die genauen Ursachen zurückführen. Wahr ist auch, dass ein starkes Momentum auf Bundesebene nur bedingt auf Landes- oder kommunaler Ebene gebrochen werden kann.

Dennoch sind Sie als Wahlkämpfer:in dem Momentum im Wahlkampf nicht schutzlos ausgeliefert, sondern können es befördern oder gekonnt darauf reagieren, wenn der Wind sich dreht – durch die richtigen Methoden und Werkzeuge, agile Arbeitsweisen, die eine schnelle Reaktionsfähigkeit ermöglichen, optimale Zusammenarbeit im Team sowie beständiges Verbessern von Formaten und der politischen Kommunikation, immer ausgerichtet an den konkreten Bedürfnissen Ihrer Wähler:innen.

Gutes Wahlkampfmanagement ist eine Kunst, die man nicht studieren kann und ein Handwerk, für das es keine Ausbildung gibt. Es braucht die technischen und methodischen Grundlagen genauso wie kreative und innovative Ideen, Freude am politischen Austausch und der Zusammenarbeit sowie hier und da Geschick, Gespür und Improvisationstalent. Klar, ein Abschluss in Politikwissenschaft und profunde Erfahrung im Projektmanagement helfen bei der Planung und Durchführung von Wahlkämpfen, aber sie reichen nicht. Was vor Jahren in Wahlkämpfen noch funktioniert hat, wird heute müde belächelt – oder noch schlimmer: gar nicht bemerkt. Die Rahmenbedingungen für politische Kampagnen haben sich in den letzten Jahren massiv geändert und eine Anpassung an die neuen Herausforderungen ist notwendig; das zeigen nicht nur die immer schwächer werdenden Umfragewerte der ehemaligen Volksparteien.

Die Parteien in Deutschland haben häufig ein Problem mit Überalterung und fehlender digitaler Kompetenz sowie einen Mangel an Werkzeugen (Methoden und Software), um Wahlkämpfe nicht nur effizient, sondern vor allem effektiv umzusetzen. Deshalb werde ich mich in diesem Buch auf die organisatorisch-strategischen Aspekte konzentrieren und nicht auf die Entwicklung von politischen

Forderungen oder Parteiprogrammen. Hier ist die Kompetenz in den Parteien ohnehin sehr groß, weil die meisten Mitglieder wegen eines bestimmten Themas in die Parteien eingetreten sind und oft auf langjährige Erfahrungen in der inhaltlichen Arbeit zurückgreifen können. Außerdem kann eine programmatische Hilfestellung nie so parteineutral erfolgen, wie es der Anspruch dieses Buches ist.

Ich habe in den von mir geführten Wahlkämpfen einige Methoden des modernen Projektmanagements, der Innovationsentwicklung und des Marketings auf die politische Arbeit übertragen. Für dieses Buch habe ich die zugrundeliegenden Theorien aus der Businesswelt so gut es ging vereinfacht, da Sie in den meisten Fällen im Wahlkampf keine Milliarden-Projekte verantworten oder die Kampagne für die US-Präsidentschaftswahl planen müssen, sondern einen soliden, tragfähigen, regionalen Wahlkampf auf kommunaler, Landes- oder Bundesebene machen wollen.

Dieses Buch soll Ihr persönlicher Werkzeugkoffer sein, der Ihnen hilft, mit den veränderten Voraussetzungen umzugehen und einen modernen Wahlkampf zu führen, der besser ist als herkömmliche Kampagnen und die Wahlkämpfe Ihrer politischen Mitbewerber. Da jede:r irgendwann zum ersten Mal einen Wahlkampf führt, ist dieser Werkzeugkoffer so voraussetzungsfrei wie möglich gestaltet, gleichzeitig aber so professionell wie nötig. So sollen auch den versiertesten und ausgefuchstesten Expert:innen unter Ihnen noch ein paar neue Praktiken, Vorlagen, innovative Ideen und gewitzte Kniffe an die Hand gegeben werden. Am Anfang mögen Ihnen einige der theoretischen Ausführungen etwas kompliziert und vielleicht nicht wichtig vorkommen. Dann lesen Sie einfach darüber hinweg, aber lesen Sie weiter und kommen Sie gegebenenfalls später wieder auf die theoretischen Grundlagen zurück. Gleichzeitig können naturgemäß nicht alle Themen erschöpfend behandelt werden. Sie können die vorgestellten Begrifflichkeiten und Anknüpfungspunkte im Text aber als Inspiration nutzen, um gemäß Ihren individuellen Interessen weiter zu recherchieren.

Sie werden in diesem Buch viel über Zielgruppenorientierung, digitalen Wahlkampf und sogenannte „agile Arbeitsweisen" lesen. Das bedeutet erstens, dass wir uns bei allem, was wir im Wahlkampf tun, fragen, was die Leute interessiert, die Ihre Partei potenziell wählen würden, und wie Sie deren Aufmerksamkeit bekommen. Um zu erfahren und zu testen, was Ihre potenziellen Wähler:innen interessiert, und um diese in großer Anzahl zu erreichen, müssen Sie zweitens einen guten digitalen Wahlkampf führen. Dieser findet meist in den sozialen Medien seine Ausgangspunkte, da Sie dort die Online- wie Offline-Aktivitäten ankündigen – seien es neue Inhalte auf der Website, anstehende Veranstaltungen, Infostände oder eine neue Folge Ihres Wahlkampf-Podcasts – und Ihre Partei, Ihre Kandidat:innen und Ihre Inhalte einer großen Menge an Menschen zugänglich machen. Damit Sie und Ihre Teammitglieder bei all diesen Aktivitäten immer wissen, WAS genau Sie WIE genau umsetzen sollten, gebe ich Ihnen das Rüstzeug für agiles Arbeiten an die Hand, um Prozesse, menschzentrierte Zusammenarbeit und Strategie spielerisch und fast mühelos in die Praxis zu überführen.

Auch wenn Sie jetzt skeptisch sind, kann ich Ihnen etwas garantieren: Wenn Sie einmal anfangen, agile Methoden zu verwenden, werden Sie nicht mehr davon wegkommen. Sie werden bald verstehen, worum es im Kern geht, und sich nach dem nächsten von Ihnen agil geführten Wahlkampf gar nicht mehr vorstellen können, wie man es anders machen sollte. Versprochen.

Ramona Greiner

Literatur

Burmester, H., & Holtmann, C. (2021). *Liebeserklärung an eine Partei, die es nicht gibt*. Bastei Lübbe.

CDU NRW. (2022). Machen, worauf es ankommt – Unser Programm zur Landtagswahl 2022. CDU Nordrhein-Westfalen. 26. März 2022. https://www.cdu-nrw.de/machen-worauf-es-ankommt. Zugegriffen: 13. Okt. 2022.

Müller, V. (1. September 2021). „Der Strom an Bauchgefühlen schafft langfristig die Wahlentscheidung". Interview mit Thomas Kliche, Politik-Psychologe und Professor für Bildungsmanagement an der Hochschule Magdeburg. *Welt Online.* https://www.welt.de/wissenschaft/article233506658/Politik-Psychologe-So-werden-Wahlentscheidungen-getroffen.html. Zugegriffen: 20. Okt. 2022.

Inhaltsverzeichnis

1 Kommunikatives Beben und die Tektonik der politischen Landschaft – Rahmenbedingungen moderner Kampagnen ... 1

2 Agiles Wahlkampfmanagement ... 13
   2.1 Was bedeutet „agil" für Wahlkämpfe? ... 14
   2.2 Agile Erfolgsfaktoren: Warum agil? ... 17
      2.2.1 Wähler:innenzentrierung ... 18
      2.2.2 Reduzierte Time-to-Voter ... 18
      2.2.3 Fokus und Priorisierung ... 21
      2.2.4 Inspect and Adapt ... 25
      2.2.5 Transparenz ... 27
      2.2.6 Autonomie ... 28
   2.3 Begriffe, Werkzeuge und Methoden für den agilen Wahlkampf ... 29
      2.3.1 Inkrementell und Iterativ ... 30
      2.3.2 Minimum Viable Product (MVP) ... 30
      2.3.3 Kampagnen-Sprints und Wahlkampfphasen ... 32
      2.3.4 Kanban ... 33
      2.3.5 Google Tools ... 38

	2.3.6	Design Thinking und Methoden	40
	2.3.7	Retrospektiven	43
2.4	Schwierigkeiten und Lösungen		45

3 Team 49
3.1 Besetzung und rollenbasiertes Arbeiten 49
3.2 Motivation und Wertschätzung 52
3.3 Rollen und Aufgaben 56
    3.3.1 Kandidat:in 56
    3.3.2 Wahlkampfleitung 57
    3.3.3 Grafik 61
    3.3.4 Inhalte und Recherche 63
    3.3.5 Texte 65
    3.3.6 Pressearbeit 66
    3.3.7 Terminkoordination 71
    3.3.8 Interne Vernetzung und Mobilisierung 72
    3.3.9 Social Media und Online-Wahlkampf 73
    3.3.10 Finanzen 74
3.4 Externe Unterstützer:innen 78

4 Planung und Strategie 83
4.1 Kandidierendenfindung 84
4.2 Das Wahlkampfstrategie-Canvas 88
    4.2.1 Wähler:innengruppen: Zielgruppen definieren und Personas entwickeln 91
    4.2.2 Hauptanliegen unserer Wähler:innen: Themen, Probleme und Wünsche der Zielgruppe definieren 94
    4.2.3 Mehrwertversprechen: Unser Angebot 95
    4.2.4 Wettbewerber: Feindbeobachtung 97
    4.2.5 Wähler:innenbeziehung: Wie wir Wähler:innen begegnen 99

4.2.6	Kampagnenkanäle: Wo wir Wähler:innen begegnen	100
4.2.7	(Langzeit-)Ziele und Erfolge: Absichten formulieren und messbar machen	101
4.2.8	Interne Ressourcen: Kompetenzen, Personal und Material	102
4.2.9	Unsere Aktivitäten: Aktionen und Organisation	103
4.2.10	Verbündete: Externe Ressourcen und Unterstützer:innen	103
4.2.11	Kosten und Hindernisse: Aufwände und Gefahren definieren	104
4.2.12	Verwendung des Canvas	105
4.3	Claim finden	106
4.4	Medien und Essentials	109
4.4.1	Fotos für den Wahlkampf	109
4.4.2	Wording und Textbausteine	110
4.4.3	Biografie	111
4.4.4	FAQs und Antworten	112
4.4.5	Agile Reden und Interviews	113
4.5	Zeitschienen	115

5 Politiker:innen als starke Marken – Wie Sie als profilierte Wahlkampf-Persönlichkeit die Aufmerksamkeit bekommen, die alle haben wollen 119

6 Digitaler Wahlkampf 139
- 6.1 Das Digital-Wahlkampf-Canvas 140
  - 6.1.1 Ziele 140
  - 6.1.2 Zielgruppen 143
  - 6.1.3 Probleme und Interessen 144
  - 6.1.4 Mehrwertversprechen 144
  - 6.1.5 Unfairer Vorteil 146

	6.1.6	Kanäle und Plattformen	146
	6.1.7	Content	147
	6.1.8	Wettbewerber:innen	148
	6.1.9	Aktivitäten	149
	6.1.10	Erfolgsmessung	150
	6.1.11	Kosten und Hindernisse	151
6.2	Kommunikations- und Content-Strategie		152
	6.2.1	Das ACDRA-Modell	152
	6.2.2	Von der Kernbotschaft zum Content	156
	6.2.3	Psychologische Effekte in Ihrer Content-Strategie nutzen	161
	6.2.4	Digitalen Content planen, erstellen und recyceln	167
	6.2.5	Redaktionsplan für alle Medien	177
6.3	Social Media		178
	6.3.1	Algorithmen	179
	6.3.2	Social-Media-Content-Bausteine	180
	6.3.3	Follower und Reichweite	183
	6.3.4	Werbeanzeigen	187
	6.3.5	Community Management	194
	6.3.6	Plattformen	200
	6.3.7	Fehler, Fallstricke und Gefahren	221
6.4	Eigene Website und Blog		222
6.5	E-Mail-Wahlkampf		229
6.6	Podcasts – Politische Kommunikation als Real Talk		234

7 Analoger Wahlkampf — 247

7.1	Plakate, Flyer und Werbeflächen	247
7.2	Veranstaltungen	253
7.3	Infostände	258
7.4	Haustürwahlkampf	280
7.5	Besuche	285

8	Der erste Shitstorm kommt bestimmt – motiviert und emotional gefestigt durch die eigene Kandidatur	287
9	Schluss: Was die Parteispitzen auf Landes- und Bundesebene aus diesem Buch mitnehmen können	297
Glossar		301

Über die Autoren

Dr. Ramona Greiner studierte Philosophie, Kunstgeschichte und Literatur in Regensburg, Eichstätt, Augsburg, München und Bern. Während ihrer Promotion hat sie ein Startup mitgegründet, ein weiteres operativ geleitet und war im internationalen Kunsthandel sowie der Markenberatung tätig. Seit 2017 arbeitet sie als Digital Analytics und Data Ethics Consultant bei einer Münchner Unternehmensberatung für datengetriebenes Marketing. Dort leitet sie internationale agile Kund:innenprojekte im Bereich Data & Analytics, hält Vorträge und

Design-Thinking-Workshops und berät Kund:innen bei der ethischen wie rechtskonformen Datenerhebung und -nutzung.

Mit Digitaler Ethik und der sozialen Gestaltung der Digitalisierung beschäftigt sie sich außerdem auf politischer Ebene. Im Jahr 2012 trat sie der Sozialdemokratischen Partei Deutschlands bei. Sie war seitdem in diversen Ämtern auf verschiedenen Ebenen aktiv und leitete mehrere Wahlkämpfe, u. a. zwei Bundestagswahlkämpfe im Landkreis München. 2021 unterstützte sie die Kandidatur von Uli Grötsch (MdB) für den Landesvorsitz der BayernSPD als seine designierte Generalsekretärin.

Die Gastautor:innen

Arne H. Schröer ist Experte für politische Kommunikation und Kampagnenarbeit sowie Strategie- und Organisationsentwicklung. Er hat Sprachen, Wirtschafts- und Kulturraumstudien mit angloamerikanischem Schwerpunkt an der Universität Passau studiert und für Agenturen, Verbände und Forschungsinstitute in Deutschland, Brüssel und den USA gearbeitet. Für die SPD leitete er in Bayern die Abteilung Kommunikation sowie das organisationspolitische wie digitale Change-Management. Seit 2022 ist er für die Kommunikationsagentur ASK.Berlin tätig und berät Kund:innen zu Wahlkampfführung, strategischer Themensteuerung sowie Prozess- und Organisationsoptimierung. Zudem ist er Geschäftsführer des Kulturforums der Sozialdemokratie.

Jon Christoph Berndt ist Spezialist für Markenbildung und Vermarktungserfolg. Mit der Brandamazing Managementberatung positioniert und profiliert er Unternehmen und Menschen und verschafft ihnen dadurch die Aufmerksamkeit, die sie verdienen. Er ist gefragter Vortragsredner, Gesprächspartner in den Medien und Autor zahlreicher Sachbücher (u. a. des Ratgebers „Die stärkste Marke sind Sie selbst! Schärfen Sie Ihr Profil mit Human Branding").
jonchristophberndt.com
www.brandamazing.com

Über die Autoren

Marcel-André Casasola Merkle studierte Kunst für audiovisuelle Medien. Er war in den 1990er Jahren in der SPD und in den frühen 2010ern in der Piratenpartei aktiv. Bereits im Bundestagswahlkampf 2009 begleitete er die Entwicklung der Piraten mit dem Podcast „Piratengespräche". Seit 2011 ist er Co-Host des Tech-Podcasts „Fanboys". Er betreibt einen YouTube-Kanal zum Thema Game-Design und ist bei Podcast-Produktionen als Berater tätig. Er ist CEO des Münchner Spieleentwicklerstudios Jumpy Bit und wurde mehrfach beim Deutschen Computerspielpreis ausgezeichnet.
www.casasola.de
www.jumpybit.com

Barbara Eggers studierte Psychologie mit den Schwerpunkten Klinische Psychologie und Organisationspsychologie. Seit 2021 befindet sie sich in München in Ausbildung zur Psychologischen Psychotherapeutin. Sie ist Bundessprecherin der Psychotherapeut:innen in Ausbildung beim Deutschen Fachverband für Verhaltenstherapie. Parteipolitisch ist sie seit 2015 aktiv, unter anderem als Wahlkampfleiterin im Bundestagswahlkampf und als Kandidatin für kommunale wie überregionale Ämter. Inhaltlich setzt sie sich als Mitglied des Bundesfachausschuss Gesundheit der FDP und als Stellvertretende Bezirksvorsitzende der FDP Oberbayern insbesondere für eine bessere Versorgung für Menschen mit psychischen Erkrankungen ein.

Abkürzungsverzeichnis

AIDA	Attention, Interest, Desire, Action.
ACCRA	Awareness, Consideration, Conversion, Retention, Advocacy
ACDRA	Awareness, Consideration, Decision, Retention, Advocacy
CTA	Call-to-Action
SEO	Search Engine Optimization
USP	Unique Selling Point
FAQ	Frequently Asked Questions

Abbildungsverzeichnis

Abb. 2.1	Impact-Effort-Matrix	22
Abb. 2.2	Adaption der Eisenhower-Matrix	23
Abb. 2.3	Beispielhaftes Kanban-Board im Tool Trello	35
Abb. 2.4	Der Double Diamond für problem- und zielgruppenorientierte Lösungsfindung	41
Abb. 4.1	Wahlkampfstrategie-Canvas	90
Abb. 4.2	Wahlkampfphasen und Prioritäten	116
Abb. 5.1	Wie beim Eisberg: Die Marke ist das starke Fundament für den sicht- und erlebbaren Teil – das Marketing	124
Abb. 5.2	Das Marken-Ei mit dem Markenkern und den drei Markenwerten	125
Abb. 5.3	Das Marken-Ei von BMW: Ausgangsbasis für den langfristigen Erfolg dieser Premiummarke	126
Abb. 5.4	Das Markendreieck mit den essenziellen Markenbildungsfaktoren	128
Abb. 5.5	Das Marken-Ei von Arnold Schwarzenegger	130
Abb. 5.6	Das Marken-Ei von Jackie Kennedy	131
Abb. 5.7	Das Marken-Ei von Thomas Gottschalk	132
Abb. 6.1	Digital-Wahlkampf-Canvas	141
Abb. 6.2	Der Sweet Spot Ihrer digitalen Inhalte	157
Abb. 6.3	Analoger Content-Idee-Generator	159

| Abb. 6.4 | Analoger Content-Piece-Generator | 170 |
| Abb. 6.5 | Übersicht über die wichtigsten Social-Media-Plattformen | 201 |

1

Kommunikatives Beben und die Tektonik der politischen Landschaft – Rahmenbedingungen moderner Kampagnen

Zusammenfassung Durch die Ausdifferenzierung des Parteiensystems, geändertes Wähler:innenverhalten und den Siegeszug der digitalen Medien haben sich die Voraussetzungen für politische Kampagnen in den letzten Jahren drastisch geändert. Arne H. Schröer beschreibt die neuen Herausforderungen, identifiziert die Probleme der Parteien – vor allem bei der (digitalen) politischen Kommunikation – und gibt drei konkrete Anforderungen an die Hand, die die Wahlkämpfe von heute und morgen auf strategischer, kommunikativer und psychologischer Ebene erfüllen müssen, um wirklich erfolgreich zu sein.

Professionelle Kommunikation und Kampagnenführung gelten als zentrale Bausteine für einen erfolgreichen Wahlkampf. Der politische Wettbewerb um Aufmerksamkeit, Zustimmung und letztendlich Wähler:innenstimmen hat sich im Laufe der letzten Jahrzehnte durch die abnehmende Kohärenz sozio-kultureller Milieus fortlaufend verschärft. Sie ist nicht nur mit einer Ausdifferenzierung des Parteiensystems einhergegangen, die von der Bundes- bis zur Kommunalpolitik inzwischen alle Ebenen des politischen Systems der Bundesrepublik

---

Gastbeitrag von Arne H. Schröer, ASK Berlin, München

erfasst hat, sondern auch mit einer stetig wachsenden Zahl an Wechselwähler:innen und einer deutlichen Vergrößerung des Wechselpotentials zwischen den Wähler:innenschaften. Gerade einmal ein Viertel der Bürger:innen mit Wahlabsicht kann sich heute noch vorstellen, nur eine Partei zu wählen (Neu & Pokorny, 2021, S. 1). Insofern reicht die bloße Mobilisierung der eigenen Stammwählerschaft schon lange nicht mehr für ein respektables Wahlergebnis.

Die zentrale Herausforderung in Wahlkämpfen ist die Überzeugung von Wähler:innen mit Wechselbereitschaft in einem höchst kompetitiven Umfeld geworden. Der parteipolitische Wettbewerb wird zunehmend auf der kommunikativen Ebene ausgetragen, da Wähler:innen sich im Zuge abnehmender Parteibindungen, politischer Entideologisierung und geringer programmatischer Gegensätze der (demokratischen) Parteien bei ihrer Wahlentscheidung verstärkt von ihrer Einstellung zu tagesaktuellen Themen und ihrer Gefühlswelt leiten lassen. Die Reputation, Authentizität, Glaub- und Vertrauenswürdigkeit der Spitzenkandidat:innen sowie die Übereinstimmung des Lebensgefühls der Wähler:innen mit dem Image der Parteien sind Faktoren, die primär durch Kommunikation beeinflusst werden.

Parallel zu diesen Veränderungen hat sich mit dem Siegeszug sozialer Medien und des Web 2.0 in der letzten Dekade das mediale Umfeld tiefgreifend gewandelt. Die explosionsartige Zunahme an kommunizierenden Akteur:innen und die Aufhebung der klassischen Unterteilung in Sender, Übermittler und Empfänger von politischen Inhalten, Botschaften und Meinungen hat nicht nur die Rahmenbedingungen und Möglichkeiten politischer Kommunikation im digitalen Raum grundlegend verändert, sondern auch in der analogen Welt. Mit der ständigen Verfügbarkeit, Beschleunigung und Dezentralisierung von Kommunikation, der weitreichenden Vernetzung von Kommunikationsteilnehmer:innen, der datengetriebenen und algorithmusgesteuerten Verteilung von Informationen sowie dem gigantischen Anwachsen von – vorrangig user-generierten – Inhalten (Content) finden sich Parteien[1], Kandidierende und

---

[1] Für die SPD und CDU tritt als weiteres Problem hinzu, dass starke, mitgliedergestützte Wahl-

Kampagnenstrateg:innen in einer kommunikativen Umwelt wieder, die höhere Ansprüche an die strategische Planung und operative Umsetzung von Wahlkämpfen stellt als noch vor wenigen Jahren. Zugleich wird erstmals die Möglichkeit eröffnet, zu vertretbaren Kosten direkt mit Wähler:innen in großer Zahl zu kommunizieren und auch kleinteilig segmentierte Zielgruppen individuell anzusprechen.

Mediale Reichweite in der für eine Kampagne definierten Zielgruppen ist eine notwendige Bedingung für einen erfolgreichen Wahlkampf. Bei jeder Kampagne geht es zuallererst darum, möglichst viele Wähler:innen über die eigenen Themen, Kandidat:innen und Positionen zu informieren und dementsprechend möglichst viele Kontakte zu erzielen. Vorrangig geschieht dies immer noch über die Berichterstattung in den Massenmedien, die jenseits des persönlichen Gesprächs mit Freund:innen oder in der Familie weiterhin die wichtigste Quelle für Wähler:innen sind, um sich über Politik zu informieren. Der Anteil der Menschen, die hierzu die sozialen Medien nutzen, steigt allerdings kontinuierlich an. 47 % der Bevölkerung sind regelmäßig auf Social Media aktiv (bei den unter 50-Jährigen 74 %) (Krupp, 2022, S. 85) und gerade Menschen unter 30 Jahren greifen immer seltener auf traditionelle Medienformate wie Tageszeitungen und Fernsehsendungen zurück, um sich politisch zu informieren, sondern verwenden dazu verstärkt soziale Medien – wobei YouTube die dafür am häufigsten genutzte Plattform ist (Schüler et al., 2021). Damit eröffnet sich Parteien und Politiker:innen zwar zunehmend die Option, das *Gatekeeping* der Presse zu umgehen und direkt mit Wähler:innen in Kontakt zu treten, allerdings konkurrieren sie dort um deren Aufmerksamkeit nicht nur mit anderen Parteien, sondern mit Millionen Anbieter:innen medialer Informations- und Unterhaltungsangebote, die für jedes noch so spezielle Interesse heute eine Fülle an maßgeschneidertem, jederzeit verfügbaren Content bereithalten, wodurch es den Nutzer:innen wiederum ermöglicht

---

kämpfe wie in der Vergangenheit aufgrund der fortlaufenden Verkleinerung und des steigenden Durchschnittsalters ihrer Mitglieder kaum mehr führbar sind.

wird, politische Informationen ausschließlich aus der eigenen Echokammer zu empfangen oder gar gänzlich zu umgehen und damit für die Kampagnen von (bestimmten) Parteien praktisch unerreichbar zu werden.

Der Triumphzug der sozialen Plattformen hat nicht nur die Medienlandschaft grundlegend verändert, sondern mit ihr auch die Nutzer:innen und ihr Verhalten. Menschen suchen heute im Netz entweder gezielt Informationen – und wollen dabei Inhalte mit Mehrwert bekommen und nicht durch Werbung belästigt werden – oder kurzweilige Unterhaltung und entscheiden dabei innerhalb von durchschnittlich gerade einmal 2,5 s am Rechner und 1,7 s am mobilen Endgerät, ob sie sich für ein Posting interessieren und dieses ausführlicher ansehen oder zum nächsten Angebot weiterscrollen (Facebook IQ, 2017). An diese veränderten Ansprüche der Userschaft haben sich Parteien und ihre Vertreter:innen bislang nur in Ansätzen angepasst, obwohl spätestens seit der Bundestagswahl 2009 soziale Medien als Instrument der Wahlkampfkommunikation intensiv genutzt werden. Das Wissen über die Arbeitsweise von Algorithmen, das Mediennutzungsverhalten einzelner Zielgruppen, Content-Strategien, Community-Entwicklung und Instrumente des Online-Marketings unter Berücksichtigung der besonderen Mechaniken von *Owned*, *Paid* und *Earned Media* ist außerhalb der Parteizentralen nur in Einzelfällen vorhanden; selbiges gilt für die Generierung und den Umgang mit Daten (Schmidt, 2021; Kruschinski et al., 2022). Digitale Wahlkampfkommunikation ist immer noch vorrangig durch eine starke *Push*- bzw. *Outbound*-Orientierung geprägt, berücksichtigt nur unzureichend die Interessen und das politische Vorwissen der adressierten Zielgruppen und beachtet kaum die spezifischen Funktionslogiken und „Grundstimmungen" der einzelnen Plattformen, die allerdings wesentlich für den Erfolg der dort veröffentlichten Inhalte sind. Vielfach entspricht der gepostete Content auch nicht der Qualität, die sowohl die Nutzer:innen als auch die Algorithmen heutzutage erwarten, was besonders auf Instagram und YouTube ein Problem darstellt, wo professionell gestaltete visuelle Inhalte mit höherer Reichweite belohnt werden.

Inhaltlich ist die Social-Media-Kommunikation von Parteien und Kandidierenden vor allem von jenen Themen bestimmt, die gemäß dem jeweiligen Selbstverständnis zur eigenen politischen DNA gehören und in denen ihnen eine hohe Problemlösungskompetenz zugeschrieben wird. Themen, die aktuell die öffentliche Debatte bestimmen, werden dagegen oftmals nur stiefmütterlich behandelt, mit entsprechenden Problemen für die Anschlussfähigkeit der kommunizierten Inhalte.

Auffällig ist ferner, dass es sich bei dem auf Social Media veröffentlichten Content regelmäßig um die bloße Wiederholung bereits über die Pressearbeit kommunizierter Informationen handelt, für deren Verständnis zudem oftmals erhebliche politische Vorkenntnisse notwendig sind.

Das unkritische Vorgehen bei der Auswahl der publizierten Inhalte zeigt sich auch an der Veröffentlichung selbstreferentiellen, für die Öffentlichkeit weitgehend irrelevanten Contents, der immer noch für viele Accounts von Untergliederungen der Parteien und Kandidierenden typisch ist. Soziale Medien werden von Parteien weiterhin im Wesentlichen als reine Verbreitungskanäle für Botschaften genutzt, aber kaum zur interpersonellen Kommunikation verwendet, insbesondere nicht mit nur lose und punktuell an Politik interessierten Bürger:innen. Diese Herangehensweise schlägt sich auch in einer üblicherweise unzureichenden Community-Arbeit nieder, da kaum versucht wird, mit Wähler:innen in Austausch zu treten, diese aktiv für die eigene Kampagne zu mobilisieren und eine belastbare Followerschaft jenseits der eigenen Parteimitglieder aufzubauen (Digidemo, 2021). Ebenso fehlt es an der Zusammenarbeit mit reichweitenstarken Influencer:innen, die als Testimonials auf ihren eigenen Accounts für die Parteien und ihre Kandidierenden selbstständig werben und damit in die Breite kommunizieren.[2]

Die mit dem fehlenden Verständnis für zeitgemäße Formen der Online-Kommunikation verbundenen Probleme sollten von Parteien,

---

[2] Die Ausnahme stellt die AfD dar, die sich seit ihrer Gründung intensiv um den Aufbau und die Pflege der eigenen Community gekümmert hat und inzwischen über eine starkes Sympathisant:innen-Netzwerk verfügt, welches nicht nur Beiträge liked, teilt und kommentiert, sondern auch auf den eigenen Kanälen Pro-AfD-Content produziert.

ihren Kandidierenden und Wahlkampfteams nicht unterschätzt werden. Denn keinesfalls beschränken sich diese auf die geringe Sichtbarkeit und Überzeugungskraft im digitalen Raum, sondern setzen sich auf dem Feld der klassischen (Wahlkampf-)Kommunikation fort. Die veränderte Erwartungshaltung der Nutzer:innen sozialer Medien prägt auch die Strukturen und Prozesse, in denen diese in der analogen Welt politische Themen debattieren, für die Inhalte und Botschaften von Parteien empfänglich sind und schlussendlich ihre Wahlentscheidung treffen. Dazu gehört, dass diese auf ihre Fragen unmittelbar präzise und direkte Antworten erwarten und dass inkonsistente oder widersprüchliche Informationen heute deutlich schneller zu Glaubwürdigkeits- und Reputationsverlusten führen als in der Vergangenheit. Berücksichtigt man ferner die eingangs erwähnten gesellschaftlichen Veränderungen in Folge der Transformation der soziokulturellen Milieus sowie den Rückgang von Parteibindungen, dann wird klar, dass mittelfristig nur noch diejenigen politisch erfolgreich sein werden, denen es gelingt, auf diese neuen Rahmenbedingungen einzugehen. Die eigene Kommunikation muss einerseits darauf ausgerichtet werden, Agendadominanz zu erringen, denn nur die Themen und Personen, die auf der Zielgeraden des Wahlkampfes besprochen werden, sind relevant und können Erfolg haben. Andererseits muss sie eine Verbindung zwischen politischem Entscheidungshandeln, öffentlichkeitswirksamer Imagearbeit und ungefilterter Selbstdarstellung herstellen. Die Inszenierung von Politik dürfte damit weiter an Bedeutung gewinnen und damit auch Strategien zu ihrer Personalisierung, Visualisierung und Dramatisierung.

Drei Aufgaben guter Kampagnen
Wodurch zeichnet sich unter diesen Gegebenheiten nun eine gute Wahlkampagne aus? Als Faustformel kann gelten, dass sie strategisch fokussiert, eindeutig und wiedererkennbar ist. Eine gute Kampagne schafft es, die zentralen Bezugspunkte von politischer Kommunikation – Person, Partei und Programm – aufeinander abzustimmen und als kohärentes Ganzes zu präsentieren. Sie zeichnet sich durch Klarheit in der Sprache und Botschaft sowie eine passende Tonalität aus und berücksichtigt, dass Wähler zuerst im Herzen und erst dann im Kopf angesprochen werden müssen und ist dabei thematisch nicht nur

auf der Höhe der Zeit, sondern auch auf der Höhe des Moments. Sie schafft es zu überraschen und sich von der Konkurrenz abzuheben und sie hält kommunikative Disziplin, indem sie nie gegen die eigene Kernbotschaft und den Markenkern der Partei kommuniziert.

1. Strategieentwicklung und Zielgruppenorientierung
Am Beginn gut gemachter Kampagnen steht immer die umfassende Analyse der politischen und kommunikativen Ausgangssituation sowie die Erfassung der zur Verfügung stehenden und potenziell aktivierbaren finanziellen, personellen und organisatorischen Ressourcen. Dies umfasst die empirische Erhebung von Wählerpotentialen, die Analyse der eigenen Stärken und Schwächen und die Erfassung der sich daraus ergebenden Chancen und Risiken. Hierzu gehört auch die Definition der eigenen Kampagnenziele[3] und die Entwicklung eines Plans zu deren Realisierung unter Berücksichtigung der Interessen, Sorgen und Wünsche der als relevant identifizierten Zielgruppen sowie der Positionierung und Stärke der politischen Wettbewerber. Eine gute Möglichkeit, bei diesen Überlegungen strategisch vorzugehen, bietet das Wahlkampfstrategie-Canvas im weiteren Verlauf dieses Buches.

Die Zielgruppen sollten dabei nicht allein entlang soziodemographischer Merkmale gebildet werden. Zumindest sollten auch grundlegende Wertorientierungen und Lebensauffassung berücksichtigt werden, idealerweise zudem ihre politischen Hauptanliegen und leitenden Emotionen. Dies gelingt am besten mit Personas. Gute Kampagnen zielen nämlich nicht darauf ab, Einstellungen zu verändern, sondern vorhandene Überzeugungen, Werte und Motive zu aktivieren und Übereinstimmung auf emotionaler Ebene herzustellen. Dabei bedarf es selbstverständlich der systematischen Identifikation von geeigneten Wahlkampfthemen und der geschickten Positionierung im Themenfeld. Es reicht aber nicht aus, den Zielgruppen bloß ein ihren

---

[3] Dies muss nicht immer der Wahlsieg bzw. ein besonders gutes eigenes Ergebnis sein. Das vorrangige Ziel kann, gerade für kleinere Parteien, auch darin bestehen, bestimmte Mehrheiten zu verhindern, eine Stichwahl herbeizuführen oder dem Kandidaten einer anderen Partei ins Amt zu verhelfen. Insbesondere bei Kommunalwahlkämpfen sind derartige Überlegungen keine Seltenheit.

Interessen entsprechendes inhaltliches Angebot zu unterbreiten. Es gilt, die emotionale Logik der einzelnen Zielgruppen zu verstehen und diesen in Form der eigenen Kommunikation ein passendes Beziehungsangebot zu machen – nicht zuletzt deshalb, weil sich lediglich eine Minderheit der Wahlberechtigten überhaupt ausreichend für Politik interessiert und so umfassend und regelmäßig informiert, dass eine an inhaltlichen Fakten orientierte, differenzierte Wahlentscheidung möglich ist.

Eine professionelle Kampagne basiert also auf umfangreichen strategischen Vorüberlegungen hinsichtlich der Aktivierung, Überzeugung und Mobilisierung von Zielgruppen. Diese Vorüberlegungen sollten zudem nicht beliebig, sondern systematisch und zielgerichtet anhand etablierter Methoden und Denkwerkzeuge des modernen Marketings und der Politikwissenschaft durchgeführt werden.

Damit die Ausrichtung der Kampagne an strategiekritischen Faktoren über den gesamten Wahlkampf trägt, bedarf es vor dem Start in den Wahlkampf schließlich noch der Herstellung eines gemeinsamen Verständnisses innerhalb der Partei – über die beschlossene Strategie und das weitere Vorgehen sowie die Wichtigkeit von kommunikativer Disziplin während des Wahlkampfes. Hierfür sollten nicht nur die Vorstände sensibilisiert werden, sondern möglichst alle Parteimitglieder, die aktiv in den Wahlkampf eingebunden sind. Kurz gesagt: Es geht während der gesamten planerischen Phase darum, sowohl innerhalb der Wahlkampfleitung als auch der Partei zunächst Klarheit über „doing the right things" zu gewinnen, bevor es an die operative Umsetzung der Kampagne geht und damit um „doing the things right". Auch hierbei verwenden professionelle Kampagnen bewährte Tools und Konzepte aus Marketing, Journalismus und Kommunikationswissenschaften, beispielsweise wenn es um die Formulierung ihrer Botschaften, die Auswahl der Kanäle oder die Umsetzung einzelner kommunikativer Maßnahmen geht.

2. Eindeutigkeit und Personalisierung

Gute Kampagnen sind in Inhalt und Form so einfach und klar, dass sie jede:r versteht. Sie überfordern ihre Adressaten nicht mit zu vielen Aussagen, Elementen oder visuellen Brüchen und beschränken sich auf so wenige Argumente wie möglich. Menschen brauchen nur einen einzigen Grund, um eine bestimmte politische Position abzulehnen. Deshalb bietet eine überzeugungsstarke Wahlkampagne, entgegen der unter politisch Aktiven weit verbreiteten Meinung, nicht eine Vielzahl an Begründungen an, sondern beschränkt sich auf wenige Aussagen und kommuniziert eindeutig, welche Versprechen sie gibt und für welche Werte sie steht.

Wahlkämpfe sind keine Bildungsarbeit. Es geht nicht darum, die Wähler:innen für die Komplexität der Welt zu sensibilisieren, sondern sie zur Stimmabgabe zu bewegen. Eine gute Kampagne muss ihren Adressat:innen deutlich machen, dass es bei der Wahl um etwas geht und dass es auf sie als einzelne Person ankommt, damit sich der Wahlerfolg und in dessen Folge auch das gegebene Zukunftsversprechen einstellt. Damit dies gelingt, muss die Kampagne ihre Informationen so aufbereiten und zuspitzen, dass auch eher uninteressierte und unaufmerksame Bürger:innen etwas damit anfangen können, und in den Inhalten fokussiert bleiben.

Ein klassischer und zugleich auch weiterhin an Bedeutung gewinnender Ansatz zur Vereinfachung und Zuspitzung des Wahlkampfs ist seine Personalisierung, also die Zentrierung der Kampagne auf ihre (Spitzen-)Kandidat:innen, da die Entscheidung über Charakterfragen, das Charisma und die medial vermittelte Glaubwürdigkeit einer Person für Wähler:innen deutlich leichter zu treffen ist als über die inhaltlichen Angebote der Parteien. So vermag nahezu jeder Mensch sich eine Meinung darüber zu bilden, ob die zur Wahl stehenden Kandidat:innen den Eindruck erwecken, den Aufgaben des zu besetzenden Amtes oder Mandats gewachsen zu sein, ob sie vertrauenswürdig sind, in ihrem Auftreten und ihrer äußeren Erscheinung sympathisch wirken und auf verständliche Weise für ihre Politik werben können, während die Abwägung der verschiedenen inhaltlichen Positionen der Parteien selbst mit Hilfe vermittelnder Akteur:innen und Instrumente ungleich komplexer ist. Wähler:innen benötigten Personalisierung insofern als Komplexitätsreduktion, um ihre individuelle Wahlentscheidung zu vertretbaren Kosten treffen zu können und entsprechend bedeutsam sind Kandidaten:innenorientierungen für den Ausgang von Wahlen. Gerade innerhalb der kontinuierlich wachsenden Gruppe der Wähler:innen ohne Parteibindung fallen Kandidat:inneneffekte systematisch und deutlich größer aus als unter Wähler:innen mit bestehenden Bindungen an eine Partei (Ohr, 2020, S. 494). Aufgabe der Wahlkampfkommunikation ist es daher, die rollennahen (politische Ziele, ideologische Verortung, fachliche Kompetenz) und rollenfernen Persönlichkeitsfaktoren (Vertrauensperson, starke Kommunikator:in, trifft den Zeitgeist, wirkt nahbar) der sich zur Wahl stellenden Person als stimmiges Ganzes zu präsentieren und dies mit einem entsprechenden Auftreten und Erscheinungsbild zu kombinieren, sodass insgesamt ein authentischer Gesamteindruck entsteht.

3. (Wieder-)Erkennbarkeit

Die so weit besprochenen Faktoren können als Grundbedingungen guter Kampagnen aufgefasst werden. Relevanz erlangen Kampagnen allerdings erst durch eine hohe Merkfähigkeit. Nur wenn sich die Adressaten an die Botschaften und Kandidierenden auch (namentlich) erinnern, können Kampagnen tatsächlich die Wahlentscheidung der Wähler:innen beeinflussen.

Menschen nehmen ihre Umwelt höchst selektiv wahr, da kognitive Filter in erheblichem Maße bestimmen, welche Informationen überhaupt aufgenommen und wie diese verarbeitet werden. Kampagnen müssen deshalb dafür sorgen, dass sie die Aufmerksamkeit ihrer Empfänger:innen erregen und in Erinnerung bleiben. Dazu bedarf es einerseits – neben der bereits oben erwähnten Einfachheit und Klarheit der Botschaften – der beständigen Wiederholung, damit sich die Botschaften im Gedächtnis ihrer Empfänger:innen verankern, und andererseits einer hohen (Wieder-)Erkennbarkeit der Kampagne. Sie muss – insbesondere im öffentlichen Raum – klar ins Auge stechen, sollte auch in ihren Einzelelementen das kohärente Gesamtbild nicht brechen und sich deutlich in Botschaft, Stil und ihrem emotionalem Beziehungsangebot von den Kampagnen der anderen Parteien unterscheiden.

Eine zentrale Rolle kommt in diesem Zusammenhang der visuellen Kommunikation zu, da visuelle Reize im Vergleich zu textbasierten Informationen nicht nur schneller aufgenommen, leichter zu erinnern und tendenziell glaubwürdiger sind, sondern weil sich mit ihnen auch Assoziationen und implizite Aussagen transportieren lassen, die sprachlich kaum ausdrückbar sind (Bernhardt & Liebhart, 2020, S. 24). Auf keinen Fall sollten Wahlkampagnen langweilen, denn Menschen entscheiden heute aufgrund ihrer Prägung durch die sozialen Medien sehr viel schneller über die Relevanz von Kommunikationsinhalten als in der Vergangenheit. „Sei interessant oder werde ignoriert!", lautet deshalb die neue Grundregel der Wahlkampfkommunikation. Das bedeutet für Kampagnenmacher:innen, Wahlkämpfer:innen und Kandidierende zugleich: Konzentriere Dich in Deiner Kampagne nicht auf das politisch Wichtige, sondern auf das Interessante!

Literatur

Bernhardt, P., & Liebhart, K. (2020). *Wie Bilder Wahlkampf machen*. Mandelbaum.

Digidemo. (2021). Social media wahlanalyse 2021. Digital democratic mobilization in hybrid media systems. https://digidemo.ifkw.lmu.de/digidemo/. Zugegriffen: 30. Sept. 2022.

Facebook IQ. (2017). Neu bis 2020: Multisensorische Multiplikatoren. https://de-de.facebook.com/business/news/insights/shifts-for-2020-multisensory-multipliers. Zugegriffen: 26. Okt. 2022.

Krupp, M. (Hrsg.). (2022). *Media Perspektiven Basisdaten: Daten zur Mediensituation in Deutschland 2021*. ARD Media.

Kruschinski, S., Haßler, J., Jost, P., & Sülflow, M. (2022). Posting or advertising? How political parties adapt their messaging strategies to Facebook's organic and paid media affordances. *Journal of Political Marketing*, 1–21. https://doi.org/10.1080/15377857.2022.2110352.

Neu, V., & Pokorny, S. (2021). *Vermessung der Wählerschaft vor der Bundestagswahl 2021. Monitor Wahl- und Sozialforschung*. Konrad-Adenauer-Stiftung.

Ohr, D. (2020). Kandidatenorientierung und Wahlentscheidung. In: T. Faas, O. W. Gabriel, & J. Maier (Hrsg.), *Politikwissenschaftliche Einstellungs- und Verhaltensforschung: Handbuch für Wissenschaft und Studium* (S. 480–501). Nomos.

Schmidt, J.-H. (2021). Facebook- und Twitter-Nutzung von Kandidierenden zur Bundestagswahl 2021. Verbreitung, Aktivität und Informationsquellen. *Media Perspektiven, 12,* 639–653.

Schüler, R. M., Niehues, J., & Diermeier, M. (2021). Politisches Informationsverhalten: Gespräche und traditionelle Medien liegen vorn. In: IW-Report, 2/2021. Institut der deutschen Wirtschaft (IW).

2

Agiles Wahlkampfmanagement

Zusammenfassung Mit agilen Prinzipien und Methoden können Sie Wahlkämpfe effizienter und effektiver führen und auf die aktuellen Ängste und Bedürfnisse der Bürger:innen besser und schneller reagieren. Dafür brauchen Sie weder langjährige Ausbildungen noch ein teures Business-Coaching. In diesem Kapitel werden die grundlegenden Prinzipien agilen Arbeitens erläutert – zugeschnitten auf das, was Sie sofort und einfach umsetzen können und für Ihren Wahlkampf wirklich brauchen. Mit der Zeit werden Sie immer besser verstehen, wie Prozesse funktionieren, wo Fallstricke lauern und wie Sie mit agilen Methoden schließlich neue und ganz eigene Fragestellungen lösen können.

„Agil ist das aktuelle Modewort. Rasches, wendiges Handeln. Als Gegenbeispiel zur agilen digitalen Welt dient in den Cyberdiskursen die lahme Politik mit ihren schwerfälligen demokratischen Prozessen. Wenn man die digitale Politik in Deutschlands historischem Wahlkampf 2021 betrachtet, muss man das demokratiefeindliche Klischee allerdings leider bestätigen", schreibt Andrian Kreye (2021) in der Süddeutschen Zeitung. Er kritisiert damit vor allem, dass die deutsche Politik den Digitalisierungsdiskurs und die weitreichenden Implikationen nicht genügend durchdringt. Doch das Problem geht über Kreyes Analyse hinaus und schließt sich ihr doch an: Die „schwerfälligen demokratischen Prozesse" schlagen sich nämlich nicht nur in der Themensetzung, politischen Willensbildung und den inhaltlichen Angeboten nieder, sondern auch strukturell, organisationspolitisch und ja, im Führen von Wahlkämpfen.

2.1 Was bedeutet „agil" für Wahlkämpfe?

Zusammengeschrumpft auf das, was Sie als politische:r Anwender:in wirklich brauchen können, ist agiles Arbeiten letztlich ein Sammelsurium von Methoden und Arbeitsweisen, die die Umsetzung von Projekten schneller und effektiver machen sollen. Es stammt ursprünglich aus der Software-Entwicklung (bekanntermaßen eine sehr schnelle und effektive Branche), wird jedoch inzwischen in nahezu allen Bereichen und Wirtschaftszweigen angewendet, wo Menschen gemeinsam an Projekten arbeiten sollen.

Wer sich die Entwicklung und Grundlagen des agilen Arbeitens gründlicher zu Gemüte führen möchte, dem sei mein Buch „Analytics und Artificial Intelligence" (Greiner et al., 2022) ans Herz gelegt. Dort werden im ersten Kapitel Geschichte und Anwendungsfelder des agilen Arbeitens ausführlich dargelegt.

Da Sie als Leser:innen des vorliegenden Buches aus dem Wahlkampf aber vermutlich kein Software-Entwicklungs- oder Datenanalyseprojekt machen möchten und der Verweis auf Sekundärliteratur zwar für mich zeitsparend, aber für Sie eher nervig ist, werde ich kurz zusammenfassen, wo agiles Arbeiten eigentlich herkommt und was das Ganze soll: Früher waren Produkte im weitesten Sinne immer haptische Gegenstände, die entworfen, geplant, gebaut, verkauft, verpackt und verschickt werden mussten. Meist arbeiteten die Technik-Abteilungen eines Produktes getrennt von den Design-Abteilungen, diese wiederum getrennt vom Verkauf, der Verpackung und vom Marketing. Einer der Hauptgedanken agilen Arbeitens ist es, all diese Schritte enger zusammenzubringen und gleichzeitig stattfinden zu lassen, um ein Produkt schneller – und besser auf die tatsächlichen Bedürfnisse der Endanwender:innen ausgerichtet – auf den Markt zu bringen, anstatt nach dem Designprozess festzustellen, dass das Produkt in dieser Form gar nicht technisch umgesetzt werden kann, in der geplanten Herstellungsweise zu teuer ist oder das Produkt in der vorliegenden Form gar niemand haben will.

Mit dem Einsetzen der Software-Entwicklung ließen sich diese Überlegungen nun immer besser umsetzen, da das Produkt in einer vorläufigen ersten Roh-Version getestet werden und inzwischen – in Zeiten des Internets – über Updates und neue Versionen Schritt-für-Schritt getestet und verbessert werden kann: Es können neue Funktionen hinzukommen, man kann das Design verbessern und alle Abteilungen können in die nächsten Schritte involviert werden – die Designer:innen, die Entwickler:innen, die Marketing-Abteilungen, die Marktforschung und so weiter. Der Trick sind also interdisziplinäre Teams, mit unterschiedlichen Perspektiven, die an Produkten (in unserem Fall: Projekten) gemeinsam und gleichzeitig arbeiten, um schneller zu Ergebnissen zu kommen, die auch wirklich funktionieren und nicht im letzten Umsetzungsschritt scheitern, nachdem schon monate- oder jahrelange Entwicklung in ein Projekt geflossen ist.

Es geht also um die Zusammenarbeit an gemeinsamen Projekten, bei denen Fehler schnell entdeckt und Rückmeldungen der Endanwender:innen (in unserem Fall: potenzielle Wähler:innen) schnell eingeholt werden können. Dieses Feedback zur Funktion des Produktes oder Projektes kann wiederum direkt für die Verbesserung zu Rate gezogen werden. Dabei spielt die Kommunikation innerhalb der Teams eine große Rolle sowie die damit zusammenhängende Transparenz, sodass alle wissen, wie der aktuelle Stand des Projektes ist und selbstständig an Ihren Aufgaben arbeiten können.

Nun gibt es unzählige Meinungen und Erläuterungen zu agilem Arbeiten. Wenn Sie drei *Agile Coaches* befragen, werden vermutlich vier verschiedene Antworten kommen. Es mag auch sein, dass mir manche Expert:innen an der ein oder anderen Stelle bei der Darstellung agiler Arbeitsweisen widersprechen würden. Das ist auch völlig in Ordnung und in sich selbst agil. Hier eine reine Lehre zu vertreten, ist schwierig und meines Erachtens auch nicht ratsam. Ich verfahre nach dem Credo „Form follows function" – erlaubt ist, was funktioniert – und habe die agilen Methoden daher aus ihrem ursprünglichen Kontext gelöst und auf das Wahlkampfmanagement übertragen. Reibungsverluste liegen dabei in der Natur der Sache.[1] Ich gehe in diesem Kapitel nicht zuletzt deshalb auch immer wieder auf Schwierigkeiten ein, wo sich agiles Arbeiten in der reinen Lehre nur schlecht mit der politischen Arbeit vereinen lässt, um die dogmatischsten *Agile Coaches* unter meinen Leser:innen zumindest etwas zu befrieden.

Als unumstößliche Grundfeste agilen Arbeitens gilt das noch heute immer wieder zitierte und als agiler Standard herangezogene „Agile Manifesto", in welchem die vier agilen Grundwerte niedergeschrieben sind (Beck et al., 2001). Diese vier Prinzipien habe ich für unsere Zwecke im Wahlkampf entsprechend umgeschrieben und angepasst:

- Menschen und Interaktionen sind wichtiger als Prozesse und Werkzeuge.
- Funktionierende Aktionen sind wichtiger als das Einhalten etablierter Standards.
- Echter Austausch mit den Wähler:innen ist wichtiger als das Verkünden der eigenen Meinung.
- Schnelle Reaktion auf die Umstände ist wichtiger als das Festhalten an einem Plan.[2]

Diese vier Werte zeigen, dass die Kernidee der agilen Bewegung (und zwar im ursprünglichen Kontext wie auch auf unsere Wahlkampf-Bedürfnisse angepasst) folgende Aspekte abdeckt: Konzentration auf die Zusammenarbeit und das Wohlbefinden der beteiligten Personen, Funktionieren und Mehrwert des Projekts, Wähler:innenzentrierung und erhöhte Flexibilität bzw. Adaptivität durch kurze Planungen und Abstimmungen. Diese Aspekte finden sich im gesamten Buch wieder und werden im Folgenden als agile Erfolgsfaktoren genauer erläutert.

---

[1] Wer mir Feedback zur Umsetzung der Methoden geben möchte, schreibt gerne an: agiles_feedback@ramonagreiner.de.

[2] Der Vollständigkeit halber: Im Original lauten die vier Prinzipien „Individuals and interactions over processes and tools. Working software over comprehensive documentation. Customer collaboration over contract negotiation. Responding to change over following a plan." Diese sind aber, wie Sie sehen, durch die Fokussierung auf Software-Entwicklung eher weit von unserem Einsatzfeld entfernt.

2.2 Agile Erfolgsfaktoren: Warum agil?

Wie wir bereits im Eingangskapitel zu den Rahmenbedingungen moderner Kampagnen gesehen haben, hat sich in der politischen Landschaft einiges verändert. Auch innerhalb der Parteiarbeit sind neue Herausforderungen hinzugekommen: Die Menschen, die sich in Parteien engagieren, sind in der Regel auch die, die sich noch in anderen Organisationen einbringen und daher ohnehin einen Großteil ihrer Freizeit für ehrenamtliche Tätigkeiten opfern. Das heißt: Jede lange Sitzung und jede überflüssige E-Mail trägt dazu bei, dass den Menschen noch mehr Freizeit fehlt. Ein effizientes, zielgerichtetes Arbeiten ist also wünschenswert. Hinzu kommt, dass die Zeit so schnelllebig ist, dass manche Aktivitäten im Wahlkampf schlichtweg keinen Aufschub dulden und Flexibilität, Geschwindigkeit und optimierte Arbeitsabläufe gefragt sind.

Mit den folgenden sechs agilen Erfolgsfaktoren für Ihren Wahlkampf können Sie auf diese neuen Herausforderungen reagieren, Ihnen und Ihrem Team viel Zeit und Energie sparen und einen Wahlkampf mit Durchschlagskraft auf Höhe der Zeit führen.

Die Fragen, die wir uns am Anfang eines jeden Wahlkampfes (spätestens ab jetzt) stellen sollten, sind die folgenden:

- Was beschäftigt unsere Wähler:innen?
- Was stiftet Mehrwert und würde ihnen helfen?
- Was müssen wir als Partei erarbeiten oder liefern, um genau diese Bedürfnisse zu befriedigen?
- Was davon als erstes und in welchem Umfang?
- Wie kommen wir vom Verständnis der Bedürfnisse und Anforderungen zu einem gelungenen Wahlkampf?
- Wie schaffen wir es, schnellstmöglich und regelmäßig sichtbar und ansprechbar zu sein?
- Wie wollen und sollen wir zusammenarbeiten?
- Wie stellen wir sicher, dass wir nicht nur unsere operativen Ideen umsetzen, sondern auch unsere Arbeitsabläufe optimieren und aus Fehlern lernen können?

Die folgenden agilen Erfolgsfaktoren, die sich aus den oben von mir adaptierten vier Grundprinzipien ableiten lassen, helfen Ihnen dabei, diese Fragen zu beantworten und das Projekt gemäß der agilen Prinzipien umzusetzen. Denn „agil sein" heißt nicht, spontan und planlos zu sein, Strategien und Regeln zu meiden oder dass Teams einfach rumprobieren. Vielmehr stecken dahinter klare Annahmen und Geisteshaltungen. Agile Arbeitsweisen geben Struktur und gleichzeitig Flexibilität, man braucht dafür aber auch ein bisschen Disziplin und neue Kompetenzen. Sie werden sehen, es lohnt sich.

2.2.1 Wähler:innenzentrierung

Im Zentrum Ihres Wahlkampfes stehen die Menschen, für die Sie überhaupt Politik machen. Meistens sind diese Menschen auch Ihre potenziellen Wähler:innen. Die Rechnung ist einfach: Um für diese Menschen Verbesserungen auf politischer Ebene erzielen zu können, müssen Sie möglichst viele davon überzeugen, Ihnen und Ihrer Partei ihre Stimme zu geben. Der leicht überstrapazierte, aber so wahre Grundsatz im Marketing „Der Köder muss dem Fisch schmecken und nicht dem Angler" lautet in unserem Fall also: „Der Wahlkampf muss für die Wähler:innen gemacht sein, nicht für die Wahlkampfteams."

Sie sollten daher jede Gelegenheit nutzen, Rückmeldung aus Ihrer Wähler:innenschaft, aus dem Freundes- und Bekanntenkreis, von parteinahen und parteifernen Menschen zu bekommen, um Ihre Kampagne auf die Bedürfnisse der Menschen anzupassen und zu erfahren, wie Ihre Partei wahrgenommen wird. Besonders wichtig ist hierbei die Konzentration auf Ihre Hauptzielgruppe, also die Menschen, deren Stimme Sie zuallererst für Ihre Partei gewinnen wollen. Wie Sie Ihre Hauptzielgruppe finden und besser kennenlernen können, erfahren Sie vor allem in Abschn. 4.2.1.

2.2.2 Reduzierte Time-to-Voter

Wenn Sie Ihren Wahlkampf auf Ihre Zielgruppen ausrichten und Feedback bekommen wollen, um Ihre Kampagne kontinuierlich zu verbessern und dadurch erfolgreich zu sein, dann sollten Sie auch so schnell wie möglich mit Ihrer Kampagne an die jeweiligen Zielgruppen herantreten.

Die „reduzierte Time-to-Voter" klingt zugegeben sehr technisch. Der Ausdruck kommt ursprünglich – als „reduced time-to-market" – aus der Produktentwicklung und bedeutet, dass Endanwender:innen ein Produkt, entsprechend den Grundgedanken agilen Arbeitens, so schnell wie möglich testen können sollen. So kann frühzeitig herausgefunden werden, ob und wie ein Produkt wirklich benutzt wird, was fehlt und in welche Richtung die Weiterentwicklung gehen muss.

Analog dazu ist es auch in Wahlkämpfen wichtig, Kommunikationsstrategien, Inhalte und Aktionen nicht lange ins Blaue hinein zu planen und immer weiter zu perfektionieren, ohne einen Hinweis darauf zu haben, ob sie überhaupt auf die gewünschte Resonanz stoßen. Sie sollten nicht erst nach monatelanger Vorarbeit feststellen, dass etwas nicht klappt oder Ihre Ideen an den Bedürfnissen Ihrer Zielgruppe vorbeigehen und deshalb unbemerkt verpuffen.

Durch eine reduzierte Zeit-zur-Wähler:innenschaft können Sie schneller einschätzen, ob Ihre Planungen in die richtige Richtung gehen, aus Fehlern lernen, Ihre Aktionen und Kommunikation verbessern und dadurch die Effektivität Ihrer Maßnahmen merklich erhöhen. Die folgenden drei Beispiele verdeutlichen ganz anschaulich, wo und wie leicht sich dieser Erfolgsfaktor in Ihrem Wahlkampf umsetzen lässt:

Beispiel 1

Wenn Sie eine aufwändige Veranstaltung in fünf Monaten planen und Sie dafür einen Raum, eine Soundanlage, Sicherheitsdienst und noch viele andere Dinge benötigen, dann wäre es schlecht, erst am Abend der Veranstaltung herauszufinden, dass diese Veranstaltung die Menschen da draußen gar nicht interessiert. Wie also könnte man die Time-to-Voter reduzieren?

Dafür haben Sie verschiedene Möglichkeiten. Einerseits können Sie auf verbindliche Anmeldung setzen und schon sehr frühzeitig, noch bevor alle Planungen (Sicherheitsdienst etc.) abgeschlossen sind, einen Anmeldelink erstellen und die Veranstaltung bewerben, um eine Indikation für die vermutliche Teilnehmendenzahl zu bekommen. Sie erinnern sich:

Die einzelnen Schritte eines Projektes sollen ineinandergreifen, damit schnell Anpassungen vorgenommen werden können. Intuitiv würde man vielleicht erst alles auf dem Papier erledigen und dann beginnen, die Anmeldungen oder den Ticketvorverkauf zu ermöglichen, aber das wäre nicht sinnvoll. Andererseits können Sie vorab eine Umfrage in den sozialen Medien teilen (Interaktion mit den potenziellen Wähler:innen!), welcher Aspekt der Veranstaltung die Menschen am meisten Interessiert und Ihre Veranstaltungen und ggf. die Redner:innenliste oder die Besetzung einer Panel-Diskussion dementsprechend anpassen.

Beispiel 2

Häufig werden am Anfang eines Wahlkampfes, solange es noch etwas ruhiger zugeht, Social-Media-Kampagnen bis weit in die Zukunft vorausgeplant und einige Ihrer Bildkacheln vorproduziert. Es ist auch richtig, mit der Social-Media-Arbeit so früh wie möglich zu beginnen, doch unter Umständen fließt sehr viel Aufwand in eine Vorbereitung, die gar nichts bringt, weil die vorab erstellten Materialien einem nicht funktionierenden Muster folgen oder zu Themen angefertigt wurden, die in der dann aktuellen politischen Lage komplett irrelevant sind.

Sie sollten in der Frühphase des Wahlkampfes daher eher organisatorische Überlegungen anstellen und Vorbereitungen treffen, die es Ihnen während des Wahlkampfes ermöglichen, flexibel zu reagieren und Ihre Social-Media-Strategie an die dann vorherrschenden Gegebenheiten anzupassen. Gleichzeitig sollten Sie so früh wie möglich mit Ihren ersten Entwürfen raus in die Öffentlichkeit. Fragen Sie innerhalb der Partei und Ihres Freund:innenkreises, welcher der ersten Entwürfe am besten gefällt und veröffentlichen Sie erste Inhalte und Bildkacheln auf Ihren Kanälen. Schauen Sie sich an, was schon in dieser initialen Phase gut ankommt und lernen Sie daraus.

Wie Sie auf gute Inhalte und Bildkacheln kommen und wie genau Sie feststellen können, was Ihre Wähler:innen interessiert und was funktioniert, erfahren Sie in Kap. 6.

Beispiel 3

Wenn Sie Ihre Kandidierenden-Website erstmals erstellen, werden Sie viele neue Inhalte benötigen. Das wird einige Zeit und Energie in Anspruch nehmen. Um jedoch schnell, direkt und authentisch bei den

Wählenden anzukommen, stellen Sie lieber eine noch nicht ganz vollständige Website online als zu warten, bis alle Inhalte perfekt sind. Agiles Arbeiten bedeutet, dass man schon kleinste fertige Teile sofort nah an die Nutzer:innen, also Ihre Wähler:innen bringt, um möglichst früh Feedback generieren zu können. Verfahren Sie so auch bei Ihrer Website: Starten Sie mit dem, was Sie haben. Auf alle Unterseiten, die noch nicht final sind, schreiben Sie einen kurzen sympathischen Text, dass an der jeweiligen Seite noch gearbeitet wird. Fügen Sie bereits an dieser Stelle eine Kontakt-E-Mail-Adresse hinzu, um vielleicht sogar wirklich schon Feedback zu bekommen. Fragen Sie auf den unfertigen Seiten, was die Nutzer:innen sich hier wünschen würden und was ihnen auf der Website noch fehlt. Damit stellen Sie Interaktion mit Ihren potenziellen Wähler:innen her und verbessern dabei im Idealfall noch Ihre Webpräsenz.

Die beste Kampagne nützt nichts, wenn sie zu lange in den eigenen Teams und Gedanken bleibt. Gehen Sie raus damit, lernen Sie, was die Menschen draußen anspricht und verbessern Sie so Ihre Aktionen und Kommunikation über die gesamte Dauer des Wahlkampfes hinweg.

2.2.3 Fokus und Priorisierung

Eine nachhaltige und erfolgreiche Kampagne funktioniert nur mit konsequenter Fokussierung und kluger Priorisierung. Beide sind eng miteinander verwandt und haben doch ihre eigenen Ausprägungen. Fokus im Wahlkampfmanagement bedeutet einerseits, dass die Kampagne kein Gemischtwarenladen an politischen Themen, kommunizierten Botschaften und visuellen Experimenten sein soll. Andererseits soll die Fokussierung die Arbeitsbelastung der Teammitglieder reduzieren. Wenn nicht zu viele Aufgaben gleichzeitig zu erledigen sind, können sich die Wahlkämpfer:innen besser auf ihre Hauptaufgaben konzentrieren. Die Definition der Hauptaufgaben innerhalb der Wahlkampfstrategie leistet wiederum die Priorisierung.

Priorisierung

Die Priorisierung ist die Eine-Million-Dollar-Frage, denn wenn man wüsste, was gut funktioniert, würde man sich ja ohnehin darauf konzentrieren. Wie findet man also heraus, was man wirklich tun und lassen, womit man beginnen, wofür man Budget ausgeben und welches Format man trotz großer Aufwände umsetzen sollte? Die erste

Antwort ist: Durch das direkte oder indirekte Feedback der potenziellen Wähler:innen – vor, während und vielleicht sogar nach dem Wahlkampf. Das bedeutet, dass Sie die Priorisierung auch kontinuierlich an die Erfahrungen aus dem aktuellen Wahlkampf anpassen sollten, da Stimmungen und Momentum sich recht schnell verschieben können. Um diese sukzessiven Anpassungen zu ermöglichen, müssen Sie agil arbeiten.

Doch wie starten Sie zu Beginn des Wahlkampfes mit der Priorisierung? Gemäß unserem Wunsch nach einer reduzierten Time-to-Voter und einer schnellen Möglichkeit, Feedback zu erhalten, rate ich Ihnen, für die ersten Schritte mit einer sogenannten Impact-Effort-Matrix (dt.: Wirkung-Aufwand-Matrix) zu arbeiten (Abb. 2.1). Dabei sortieren Sie die ersten anfallenden Aufgaben, Veranstaltungsideen oder sonstige Aktionen in die jeweiligen Quadranten ein. Je aufwändiger eine Aufgabe ist, desto weiter rechts platzieren Sie sie, je größer die erwartete Wirkung für Ihren Wahlkampf ist, desto weiter oben ordnen Sie Ihre Idee ein. Im linken oberen Quadranten finden Sie dann, was Sie zuerst angehen sollten; danach muss abgewogen werden, welche erwartete Wirkung welchen Aufwand rechtfertigt und ob die Ideen, die sich dann rechts unten befinden, überhaupt angegangen werden sollen.

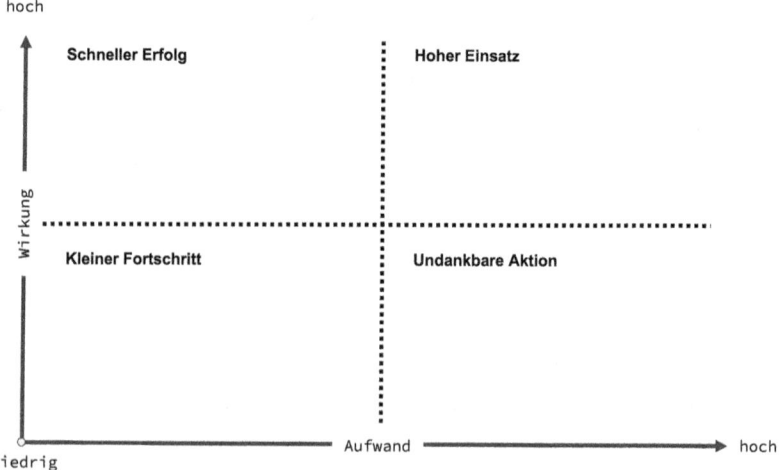

Abb. 2.1 Impact-Effort-Matrix

2 Agiles Wahlkampfmanagement

Die Priorisierung mit der Impact-Effort-Matrix kann digital auf dem Bildschirm geschehen (z. B. mit Google Slides, siehe Abschn. 2.3.5) oder analog mit einem großen Blatt Papier und Haftnotizzetteln. Bei der physischen Variante sollten Sie die Priorisierung anschließend abfotografieren, falls das Priorisierungsplakat nicht dauerhaft in einem für alle Teammitglieder jederzeit zugänglichen Raum hängen kann.

Das Priorisieren funktioniert zugegebenermaßen in der Theorie der Software-Entwicklung einfacher als im Wahlkampfmanagement, wo immer wieder neue Anforderungen und Anfragen spontan hinzukommen. In den heißen Phasen des Wahlkampfes werden die ad hoc anfallenden Aufgaben in der Regel auch zunehmend dringender.

Um die Faktoren Dringlichkeit und Wichtigkeit für die Priorisierung heranzuziehen, empfiehlt sich die Verwendung der für unsere Zwecke leicht angepassten Eisenhower-Matrix (Abb. 2.2). Dabei sollten Sie die Aufgaben oben rechts als erstes angehen, danach die wichtigen Aufgaben oben links fest in Ihre nächsten Schritte einplanen und sich die unwichtigen, aber zeitkritischen Aufgaben unten rechts in einem noch angemessenen Zeitrahmen vornehmen. Was unten links steht,

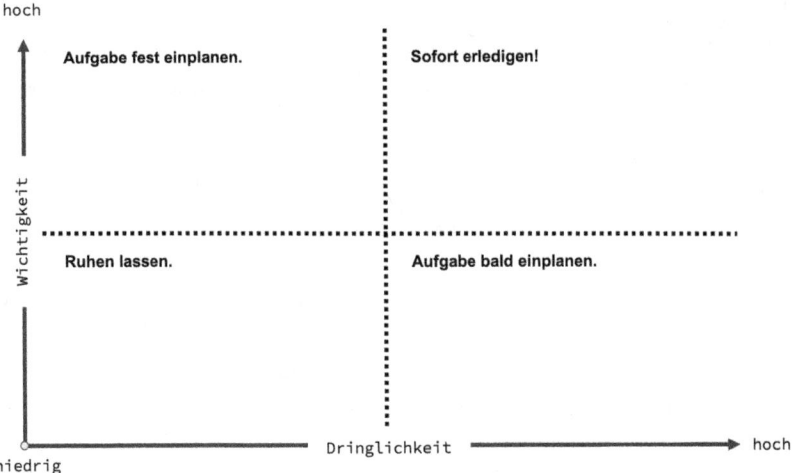

Abb. 2.2 Adaption der Eisenhower-Matrix

können Sie so lange ruhen lassen, bis sich die Aufgaben in den anderen Quadranten deutlich lichten.

Ob Sie die Impact-Effort-Matrix oder die auf unsere Zwecke angepasste Eisenhower-Matrix zur Priorisierung verwenden, hängt von der Art der zu bewertenden Aufgaben wie auch von der aktuellen Phase Ihres Wahlkampfes ab. Es ist auch möglich, beide miteinander zu kombinieren, indem Sie erst gemäß der Impact-Effort-Matrix priorisieren und sich dann jeden Quadranten noch einmal gemäß der angepassten Eisenhower-Matrix vornehmen.

Wenn Ihnen das jetzt zu kompliziert erscheint: Dies ist nur ein Grundgerüst, das Ihnen bei den ersten Schritten helfen soll. Bereits nach kurzer Zeit werden Sie die Priorisierungsmechanismen so verinnerlicht haben, dass Sie gar nicht mehr an die Matrizen denken müssen, sondern Ihnen sofort klar ist, welche Aufgaben wie zu priorisieren sind. Die Matrizen unterstützen Sie aber im Ernstfall bei der Kommunikation im Team, wenn es unterschiedliche Vorstellungen davon gibt, was gerade priorisiert werden soll, da sie die Abwägungen nachvollziehbar veranschaulichen.

Fokussierung
Organisatorische Aufgaben, Veranstaltungsplanungen und sonstige Ideen gemäß der vorgestellten Matrizen zu visualisieren, hilft Ihnen also, sich schnell und einfach Klarheit über die Priorisierung zu verschaffen und vor allem, sich dann auch konsequent auf die priorisierten Aufgaben zu fokussieren.

Fokus bedeutet dabei nicht nur, dass man sich gesamtstrategisch auf einige Themen und Formate konzentriert, sondern dass auch die Teammitglieder zu jedem Zeitpunkt wissen, an welchen Aufgaben sie als nächstes selbstständig arbeiten können und sollten (Transparenz und Autonomie). Teammitglieder, die gerade nicht so viel zu tun haben, können dadurch andere Teammitglieder einfach und ohne große Abstimmung unterstützen. So sind alle verfügbaren Ressourcen optimal ausgelastet und die einzelnen Teammitglieder müssen nicht an zu vielen Dingen parallel arbeiten.

Wenn Sie neue Aufgaben beginnen, sollte es das Ziel sein, diese schnellstmöglich und effizient zu beenden, bevor wieder neue Aufgaben angefangen werden. Das sorgt einerseits dafür, dass man eine Aufgabe gut und konzentriert erledigen kann und hat andererseits den psychischen Vorteil, nicht überlastet zu sein, wenn zu viele Aufgaben gleichzeitig offen sind (siehe auch „Zeigarnik-Effekt" in Abschn. 6.2.3).

Beim Transfer von Priorisierung und Fokussierung in die Praxis hilft Ihnen ein sogenanntes Kanban-Board, wie in Abschn. 2.3.4 dargestellt. Dabei handelt es sich um eine Art vorgruppierte Pinnwand, auf der Sie die offenen Aufgaben gemäß ihrem jeweiligen Bearbeitungsstatus übersichtlich sortieren können. Dort können Sie durch eine Maximalanzahl der „In Bearbeitung" befindlichen Aufgaben Fokus schaffen, was nachweislich zu einer schnelleren Bearbeitung der Einzelaufgaben führt (Inthapichai, 2020). Alles, was gerade nicht priorisiert ist, verbleibt in einem Sammelbecken für noch offene Aufgaben, das wir „Backlog" (dt.: Arbeitsrückstand) nennen. Möglichst kurze Bearbeitungszeiten helfen auch, flexibel auf Neuerungen und Erkenntnisse reagieren und Anpassungen vornehmen zu können. Je schneller wir eine Aufgabe abschließen, desto früher können wir das Ergebnis bewerten und vielleicht aus Erfahrungen lernen, um es beim nächsten Mal schon besser zu machen.

Die Priorisierung der aktuellen Aufgaben und Ideen sowie die Arbeit mit dem Kanban-Board sollten Bestandteil von jedem Treffen des Wahlkampfteams sein, damit Sie die aktuell abgeschlossenen Aufgaben und Erfahrungen mit dem Team teilen und so die Aufgabenverteilung für die Zeit bis zum nächsten Treffen noch besser planen können (Inspect and Adapt).

2.2.4 Inspect and Adapt

Die eigenen Arbeitsweisen und Prozesse zu reflektieren, ist wichtig. Dennoch wird dies in der Politik zu wenig praktiziert. Während des Wahlkampfes nimmt sich meist niemand die Zeit dafür, die eigenen Arbeitsweisen zu hinterfragen. Die Strategie für den Wahlkampf ist leider häufig ohnehin schon seit Monaten in Stein gemeißelt. Ist der Wahlkampf dann erst einmal vorbei, hat niemand mehr große Lust und Energie, sich noch einmal zu treffen und strukturiert damit auseinanderzusetzen, welche Lehren man aus dem vergangenen Wahlkampf ziehen kann. Zwar gibt es zumindest auf Landes- und Bundesebene der Parteien durchaus ernstgemeinte Initiativen, diese Aufarbeitung nach großen Wahlkämpfen anzugehen, allerdings sind die Ergebnisse häufig intransparent oder verschwinden in Schubladen, an die sich im nächsten Wahlkampf niemand mehr erinnert.

Dabei ist Inspect and Adapt (dt.: Beobachten und Anpassen) der vermutlich grundlegendste agile Erfolgsfaktor – im Großen wie im Kleinen. Das Lernen und Anpassen von Strategie und Arbeitsweisen sollte integraler Bestandteil Ihres gesamten Wahlkampfes sein. Jedes Feedback ist wichtig und verbessern kann man sich immer. Fragen Sie sich nach jeder Veranstaltung und jedem Infostand, nach jeder Aktion und jedem Wahlkampfteam-Meeting, was gut und was nicht so gut funktioniert hat und dokumentieren Sie Ihre Ergebnisse.

Die Dokumentation kann am Anfang ein bisschen Überwindung kosten, aber Sie werden sehen, dass die schriftliche Aufarbeitung mit der Zeit in Fleisch und Blut übergeht und wie sehr Sie von Ihren Beobachtungen und den daraus resultierenden Anpassungen profitieren werden. Nutzen Sie Ihr Kanban-Board als zentrales Werkzeug Ihrer Zusammenarbeit, um dort die wichtigsten Lehren unmittelbar für alle zugänglich und kompakt festzuhalten. Nutzen Sie Google Docs (siehe Abschn. 2.3.5) für das detaillierte Festhalten von Beobachtungen und den abgeleiteten Verbesserungsmaßnahmen. Die Nutzung kollaborativer Tools sorgt dafür, dass Inspect and Adapt innerhalb des gesamten Teams für alle sichtbar praktiziert wird und nicht nur bei der Wahlkampfleitung stattfindet. Gleichzeitig soll Ihnen Inspect and Adapt nicht als notwendige Pflichtübung vorkommen, die Ihnen und Ihrem Team nur Zeit raubt. Sie werden schnell ein gutes Maß finden, was es zu verbessern und aufzuschreiben gilt und was nicht.

Um bei Inspect and Adapt organisiert und zielgerichtet vorzugehen, bieten sich sogenannte Retrospektiven an (siehe Abschn. 2.3.7). Dabei handelt es sich um meist regelmäßig stattfindende Teamtreffen, in denen unterhaltsam und spielerisch gemeinsam auf die letzten Wochen oder Monate (oder die Zeit seit der letzten Retrospektive) zurückgeblickt wird, um Beobachtungen und Erkenntnisse zu sammeln und davon konkrete Verbesserungsvorschläge und Maßnahmen abzuleiten.

Inspect and Adapt ist nicht zuletzt auch für die Kandidierenden wichtig. Was hat in persönlichen Gesprächen überzeugt, was hat bei Reden oder öffentlichen Auftritten gut funktioniert und was weniger? Welche Gesten wirken auf Fotos gut und welche eher unbeholfen, unsicher oder arrogant? Geben Sie im Team Feedback an die Kandidierenden und sorgen Sie dafür, dass bei den Auftritten der Kandidat:innen immer jemand vor Ort ist, der genau darauf beobachtet, was man noch anpassen kann.

2.2.5 Transparenz

Transparenz ist fundamentaler Bestandteil der agilen Zusammenarbeit innerhalb des Wahlkampfteams. Damit das Team möglichst reibungslos zusammenarbeiten kann, sollten Teammitglieder zu jedem Zeitpunkt die Möglichkeit haben, den Bearbeitungsstand und die Priorisierung der aktuellen Aufgaben zu sehen. Vor allem aber für die Wahlkampfleitung ist es essenziell, jederzeit den aktuellen Stand zu kennen. Das Kanban-Board hilft bei der für alle transparenten Einschätzung, Kontrolle und Abstimmung zu offenen Themen und wird Ihre Zusammenarbeit extrem effizient gestalten.

Transparenz außerhalb des Teams ist aber ebenfalls wichtig. Hier müssen Werkzeuge gefunden werden, die Transparenz schaffen – für die Ortsvereine, aber auch für andere Wahlkampfteams, da nicht jedes Team jedes Rad neu erfinden muss. Die Wahlkampfteams derselben Partei können durch gute Kommunikation und Transparenz auch voneinander lernen und gegebenenfalls bereits Erarbeitetes schnell und einfach nutzen. Die Kommunikation in einer Messenger-Gruppe (z. B. in WhatsApp, Threema oder Signal) kann Geschwindigkeit und Transparenz schaffen. Solche Gruppen bieten sich für das Wahlkampfteam, für einzelne Projektteams, für Interessierte aus der jeweiligen Gliederungsebene oder für eine Gruppe mit den Wahlkampfleiter:innen aus der Region an.

Größtmögliche Transparenz über die Gesamtstrategie des Wahlkampfes und darüber, woran gerade gearbeitet wird, schafft Vertrauen innerhalb der Partei in die eigene Kampagne. Dies motiviert die

Parteikolleg:innen, gibt Rückenwind und ermöglicht außerdem, dass Freiwillige unmittelbar Anknüpfungspunkte sehen können, wo sie mit ihrer Tatkraft und Kompetenz unterstützen könnten.

2.2.6 Autonomie

Wo sich in der Businesswelt der Wandel zu mehr Autonomie und Selbstbestimmung vor allem darin zeigt, dass Vorgesetzte weitestgehend wegfallen und sich die oft interdisziplinären Teams selbst organisieren, bedeutet Autonomie im agilen Wahlkampf vor allem Flexibilität und Vereinbarkeit des Wahlkampfes mit Beruf, Familie und sonstigem Privatleben. Wir dürfen nicht vergessen, dass die meisten Teams aus ehrenamtlich tätigen Personen bestehen und der Wahlkampf sich daher möglichst gut in die einzelnen Leben integrieren lassen sollte.

Durch Kanban-Boards und die damit einhergehende Transparenz wissen alle, was es gerade noch zu tun gibt und wie der aktuelle Stand der jeweiligen Aufgabe ist – ohne dass ein tägliches Abstimmungsmeeting gebraucht wird, für das sich die Mitglieder wieder Zeit nehmen müssten. Mit dem Board kann man sich genau dann beschäftigen, wenn es gerade gut mit dem Privatleben vereinbar ist. Durch kollaborative Tools, wie Google Docs etc., kann man sogar über die Distanz hinweg sehr flexibel gemeinsam an Dokumenten arbeiten oder an der Finanzübersicht – und zwar ebenfalls genau dann, wenn man Zeit dafür hat. Für dringende Abstimmungen bietet sich ein kurzes Telefonat mit der zuständigen Person an. Durch die Kommentarfunktionen in den Tools klappt aber auch eine asynchrone Klärung offener Punkte meist sehr gut und Rückfragen können schnell und zeitunabhängig geklärt werden.

Durch die Verteilung von Rollen im Team (siehe Abschn. 3.1) hat auch jedes Mitglied des Teams seinen definierten Arbeitsbereich und kann in diesem autonom agieren, ohne dass alle immer an allem beteiligt sein und über jeden einzelnen Vorgang en détail Bescheid wissen müssen. Das verschlankt das Arbeiten und erhöht die Effektivität, da die Verantwortlichkeiten klar verteilt sind.

Aber auch psychisch hat die Autonomie beim Arbeiten einen Vorteil. Wer seinen eigenen Zuständigkeitsbereich hat, nicht bei jedem Schritt erst in eine Abstimmung gehen muss und immer weiß, welche Themen gerade wie priorisiert sind (Transparenz), kann selbstständig und an das eigene Leben angepasst arbeiten und dabei Selbstwirksamkeit und Selbstverwirklichung erfahren. Zugegeben, nicht jede Aufgabe in einem Wahlkampf erfüllt uns mit dem Gefühl von Selbstverwirklichung. Größtmögliche Autonomie, die sich fokussiert und priorisiert vollzieht, die Wähler:innen immer im Blick hat, auf dem Reflektieren der eigenen Handlungen und dem Wunsch nach Verbesserung aufbaut, bringt uns aber zumindest einen entscheidenden Schritt näher an das Gefühl von Zufriedenheit als ein streng hierarchisches System, in dem eine Person nur Einzelaufgaben an Untergebene verteilt.

2.3 Begriffe, Werkzeuge und Methoden für den agilen Wahlkampf

Um die bisher vorgestellten agilen Erfolgsfaktoren auch umsetzen und im Wahlkampf agil arbeiten zu können, sollten Sie ein paar agile Begriffe, digitale Werkzeuge und Methoden kennen, die zum großen Teil auch schon bei den Erfolgsfaktoren erwähnt wurden. Die folgenden kurzen Vorstellungen können Ihnen als methodisches Fundament und Inspiration für die weitere Recherche dienen, da hier nur in aller Kürze auf Themen und Konzepte eingegangen wird, mit denen man ganze eigenständige Publikationen füllen könnte.

Auch wenn Sie sich beim Lesen zunächst fragen, wie relevant diese einzelnen Werkzeuge für Ihre tatsächliche Arbeit im Wahlkampf sind, sollten Sie versuchen, die zugrundeliegenden Konzepte nachzuvollziehen. Sie werden in Ihrem Wahlkampf – und vermutlich auch im privaten Alltag – immer wieder auf Herausforderungen stoßen, die sich mit den hier dargelegten Methoden, Tools und Begrifflichkeiten besser beschreiben und lösen lassen. Die Möglichkeiten der Anwendung sind unerschöpflich, wenn Sie Ihren Werkzeugkoffer erst einmal bestückt haben.

2.3.1 Inkrementell und Iterativ

Diese beiden Worte werden fälschlicherweise oft synonym verwendet, sind in der Bedeutung allerdings unterschiedlich:

Inkrementell bedeutet, dass die Teilaufgaben (das Inkrement) eines Projektes zu unterschiedlichen Zeitpunkten fertiggestellt sein sollen und dann nach und nach in die Gesamtaufgabe integriert werden können.

Iterativ bedeutet, dass (teil-)abgeschlossene Aufgaben weiterhin überarbeitet, getestet und verbessert werden. Wichtig ist, dass die Erkenntnisse, Feedback und Erfahrungen aus vorherigen Schritten und anderen erledigten Aufgaben in die (wiederholte) Überarbeitung (Iteration) übernommen werden.

Das klingt kompliziert? Ist es nicht: Der Unterschied zwischen *Inkrementell* und *Iterativ* lässt sich erneut sehr gut am bereits beschriebenen Beispiel der Kandidierenden-Website erklären: „Inkrementell" bedeutet hierbei, dass bei einer Website beispielsweise schon die Startseite und die Kontaktseite online gehen können, während an anderer Stelle noch an den Inhalten für die wichtigsten Wahlkampfpositionen, einer ausführliche Biografie oder einer Spendenaufrufseite gearbeitet wird (Reduzierte Time-to-Voter).

„Iterativ" kann im Falle der Kandidierenden-Website bedeuten, dass Unterseiten, die bereits online gestellt sind, nicht unumstößlich und für immer fertig sein müssen, sondern nach und nach immer weiter optimiert werden können und sollten (Inspect and Adapt).

Im Wahlkampf ist es wichtig, möglichst schnell online erreichbar und auffindbar zu sein. Dafür muss nicht jeder Text schon bei Veröffentlichung seitenlang, tiefgreifend und nobelpreisverdächtig sein. Die Unterseiten nach und nach hinzuzufügen und parallel oder danach sukzessive zu überarbeiten, ist ein bewährtes Vorgehen, das den agilen Erfolgsfaktoren entspricht.

2.3.2 Minimum Viable Product (MVP)

Das Minimum Viable Product (dt. in etwa: minimales funktionsfähiges Produkt) ist die erste brauchbare (und testbare!) Version von etwas, das Sie entwickeln wollen. Das kann ein Projekt genauso sein wie ein haptisches Produkt. Wichtig ist, dass Sie auf Basis des MVP Feedback Ihrer Zielgruppe einholen können. Darauf aufbauend können Sie dann die Feinheiten nach und nach optimieren und ergänzen.

Am Beispiel der Kandidierenden-Website lässt sich auch das MVP gut beschreiben: Holen Sie sich Ihre Domain und entscheiden Sie sich für ein Website-Tool bzw. Content-Management-System (CMS). Die meisten Parteien stellen hierfür ein Standard-Tool zur Verfügung. Sobald die ersten Seiten, z. B. eine Unterseite mit Kontaktinformationen und eine Kurzvorstellung des Kandidaten oder der Kandidatin online sind, holen Sie Feedback ein. Anhand dieser ersten Inhalte können Ihre Parteikolleg:innen, Freund:innen und Bekannte schon einmal das Design Ihrer Website bewerten und ob Ihr Kandidat oder Ihre Kandidatin auf dem Foto auf der Website sympathisch aussieht. Vermeiden Sie bei den weiteren Unterseiten bereits gemachte Fehler und fügen Sie dann nach und nach weitere Seiten hinzu. So zeigen Sie auch den potenziellen Wähler:innen, dass es Sie gibt und dass Sie bereits kontinuierlich an Ihrer Website arbeiten. Holen Sie bei jedem Inkrement neues Feedback ein, gegebenenfalls auch durch eine kurze Online-Umfrage und/oder einen Aufruf in sozialen Medien.

Ein nicht-agiles Vorgehen wäre im Gegensatz dazu, dass Sie die Seite erst veröffentlichen, nachdem Sie in langwieriger Arbeit alle Inkremente (in diesem Fall: alle Unterseiten) fertiggestellt haben.

Für Ihre Erfolgsfaktoren Wähler:innenzentrierung, Reduzierte Time-to-Voter und Inspect and Adapt ist es viel wichtiger, dass Sie etwas bauen, mit dem Sie bereits sehr früh arbeiten und das Sie dann nach und nach verbessern können. Dies verhindert einerseits auch, dass dringende Aufgaben immer dazwischenkommen und manches dadurch gar nicht fertiggestellt wird. Wenn Sie ein MVP aber schon einmal online gestellt haben, ist das mindestens die halbe Miete. Andererseits können Teammitglieder, die für die Erstellung von einzelnen Unterseiten verantwortlich sind, Ihre Aufgaben schon abschließen, ohne auf die Fertigstellung anderer Unterseiten warten zu müssen, und sich gedanklich auf neue Pflichten fokussieren.

2.3.3 Kampagnen-Sprints und Wahlkampfphasen

Vor allem beim weitverbreitetsten agilen Vorgehensmodell namens „Scrum" sind die einzelnen Arbeitsphasen in sogenannte Sprints eingeteilt. Das sind fixe, regelmäßig aufeinander folgende Zeiträume von meistens 2–4 Wochen, in denen Aufgaben geplant und bearbeitet werden. Vor jedem Sprint entscheidet man sich für eine Anzahl an Aufgaben, die mit den vorhandenen personellen Ressourcen innerhalb des aktuellen Sprints erledigbar sind und die aktuell die höchste Priorität haben. Innerhalb des Sprints wird ausschließlich an diesen Aufgaben gearbeitet, deren Lösungen dann getestet und ggf. im nächsten Sprint noch verbessert werden. Das entspricht einem inkrementell-iterativen Vorgehen und schafft Fokus.

So schön das in der Theorie klingt und so gut das auch in der Software-Entwicklung an vielen Stellen klappt: Im Wahlkampf ist das nicht so einfach, da dringende Presseanfragen sofort beantwortet werden müssen, unvorhergesehene Ereignisse in der Politik passieren oder der eine Ortsverein spontan zu einer wichtigen Veranstaltung einlädt, für die vorher noch ein paar Dinge organisiert werden müssen.

Allerdings können Sie auch hier einfach anwenden, was Ihnen hilft, und strenge Scrum- und Sprint-Regeln, die Ihnen nicht helfen, getrost über Bord werfen. Es ist durchaus sinnvoll, den gesamten Wahlkampf in Abschnitte und verschiedene Phasen zu untergliedern und es ist auch sinnvoll, die Arbeit im Team in Blöcke von 2–4 Wochen einzuteilen. Diese Abschnitte nennen wir im Folgenden daher Kampagnen-Sprints. Zu Beginn eines solchen Kampagnen-Sprints sollten die Verfügbarkeiten der Teammitglieder im entsprechenden Zeitraum abgefragt und die wichtigsten Ereignisse kommuniziert, festgelegt und priorisiert werden. Dadurch fällt es auch während des Kampagnen-Sprints leicht, in der alltäglichen Arbeit den Fokus zu behalten und einzelne Unteraufgaben und womöglich neu aufkommende Aufgaben zu priorisieren. Am Ende eines Kampagnen-Sprints sollte ein kurzes Fazit zum vergangenen Sprint gezogen werden, um herauszufinden, was gut und was weniger gut geklappt hat, was vielleicht liegen geblieben ist und wo noch Verbesserungspotenzial herrscht. Die Erkenntnisse sollten dann in die

Planung des nächsten Kampagnen-Sprints einfließen, um den Wahlkampf und die Zusammenarbeit stetig zu verbessern.

Nicht zu verwechseln sind die Kampagnen-Sprints mit den Wahlkampfphasen (siehe Abschn. 4.6). Diese dienen übergeordnet der Fokussierung und Priorisierung innerhalb der Gesamtstrategie. Von diesen strategischen Wahlkampfphasen sollte aber – je nach Phase – die Fokussierung und Priorisierung in den einzelnen Sprints abhängig gemacht werden.

2.3.4 Kanban

Neben Scrum ist Kanban wohl eine der bekanntesten Methoden im agilen Projekt- und Produktmanagement, obwohl das Wort „agil" im „Official Guide to the Kanban Method" der Kanban University beispielsweise gar nicht erwähnt wird. Kanban wird dort als Methode zum Organisieren und Managen von Wissensarbeit (Kanban University, 2021, S. 3) definiert. Die Kanban zugrundeliegenden Prinzipien und Praktiken integrieren sich hervorragend in Ihre agilen Projekte und helfen Ihnen, die bereits beschriebenen agilen Erfolgsfaktoren in Ihrem Wahlkampf umzusetzen.

Die drei Kern-Prinzipien von Kanban sind:

1. **Starte mit dem, was du hast** (Start where you are)!
2. **Verfolge inkrementelle, evolutionäre Veränderung** (Agree to pursue improvement through evolutionary change)!
3. **Fördere Führungsarbeit auf allen Ebenen** (Encourage acts of leadership at all levels)!

Das bedeutet, dass es gar nicht notwendig ist, innerhalb des Wahlkampfes oder der Wahlkampfplanung sofort eine allumfassende Veränderung der Strukturen und Prozesse herbeizuführen. Kanban liefert Praktiken, um jederzeit und klein zu starten, indem es kein starres Zielbild vorgibt. Es geht vielmehr darum, sich als Team oder Organisation kontinuierlich in kleinen Schritten zu verbessern und weiterzuentwickeln und gemeinsam einen Fortschritt bei der Erledigung der Aufgaben zu erreichen. Für kontinuierliche Verbesserung braucht es Entscheidungen und Veränderungen auf vielen Ebenen, doch die können Sie nach und nach angehen. Kanban fordert und fördert auch das eigenständige Arbeiten und die Eigenverantwortung insofern, dass Führungsarbeit von allen Personen in einem Team übernommen werden kann, abhängig von der jeweiligen Situation und der dafür notwendigen Expertise. Wenn Sie beispielsweise jemanden haben, der für Ihre Finanzplanung zuständig ist, Sie aber ein Fußballturnier ausrichten wollen und gerade diese Person aktiv in einem Fußballverein ist, könnte es naheliegen, dass diese Person dann auch die Führungsarbeit bei der Planung des Turniers übernimmt, da sie das vielleicht schon mehrfach gemacht hat und die meiste Kompetenz für diese Aufgabe mitbringt. Führungsarbeit im Bereich der Finanzplanung übernimmt die Person gemäß ihrer Rolle ja ohnehin schon.

In den meisten Fällen meinen die Menschen das Kanban-Board, wenn sie von Kanban sprechen. In der Abbildung (Abb. 2.3) sehen Sie den Screenshot eines exemplarischen Kanban-Boards, wie es in agilen Wahlkämpfen verwendet werden kann.

Es funktioniert folgendermaßen: Wenn Sie eine Aufgabe haben, erstellen Sie in einem Kanban-Tool (hier: die Freemium-Software Trello, die kostenlos genutzt werden kann, aber auch Extra-Services in einer Bezahlversion bietet) ein Ticket. Tickets sind die kleineren Felder innerhalb einer Spalte. In den Titel des Tickets schreiben Sie, worum es geht. Innerhalb des Tickets können Sie weitere Beschreibungen hinzufügen (z. B. nützliche Kontakte für die Erfüllung der Aufgabe), eine Deadline setzen oder eine Checkliste mit Unteraufgaben anlegen. Die Tickets auf dem Board können auch anderen Tickets zugeordnet und untereinander verlinkt werden. Die Tickets können von allen Board-Mitgliedern angelegt werden – immer wenn ihnen eine Aufgabe einfällt. Neue Tickets, außer es ist wirklich dringend, sollten zunächst – bis zum nächsten Priorisierungstreffen – im Backlog abgelegt werden. Im nächsten Team-Meeting werden die Tickets dann besprochen, priorisiert und als Aufgabe an eines oder mehrere Teammitglieder zugewiesen. Dies geschieht durch einfaches Hinzufügen der Person innerhalb des Tickets. Durch das Hinzufügen von Personen zum Ticket erscheinen die Initialen oder Profilbilder der hinzugefügten Personen auf dem

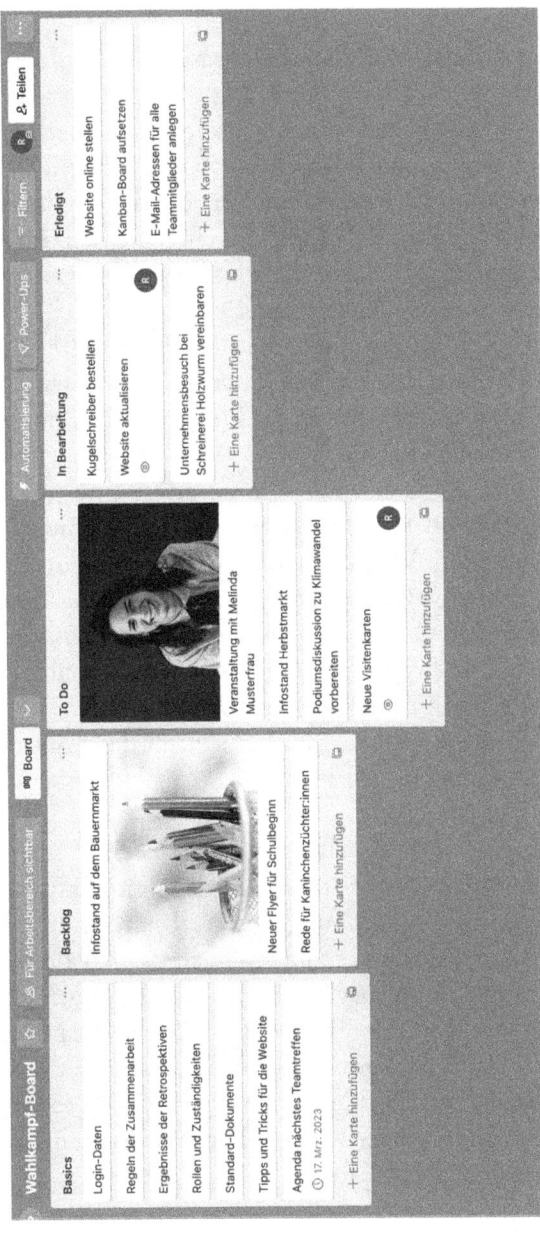

Abb. 2.3 Beispielhaftes Kanban-Board im Tool Trello

Ticket und es ist für alle Teammitglieder ersichtlich, wer sich um welche Aufgabe kümmert.

Nun kann das Ticket auf die Reise geschickt werden: Wenn das Ticket priorisiert wird, also schnell angegangen werden soll, dann ziehen Sie das Ticket einfach via Drag-and-Drop in die Spalte „To Do". Tickets, an denen bereits gearbeitet wird, gehören in die Spalte „In Bearbeitung" und so weiter. Vor der Erledigt-Spalte kann noch eine Spalte für die Qualitätssicherung eingefügt werden, falls die Wahlkampfleitung einen letzten Blick auf alle fertigen Tickets werfen will. Sie können auch weitere Spalten anlegen und sie so einteilen und benennen, wie es für Sie am einfachsten ist. Die Spalte „Basics" ganz links ist beispielsweise etwas, das ich verwende, um nützliche Kontaktdaten, Links, Dokumentationen und Grundsätzliches immer und für alle sichtbar griffbereit zu haben.

Theoretisch kann Kanban auch Offline angewandt werden. Dabei werden die Aufgaben auf Haftnotizzettel geschrieben und so durch den Kanban-Flow (also den Weg der einzelnen Tickets durch das Board von links nach rechts) bewegt werden. Da Wahlkampfteams aber selten regelmäßig in einem festen Raum zusammenarbeiten, ist die Online-Lösung, auf die jedes Mitglied zu jedem Zeitpunkt Zugriff hat (Transparenz), das Mittel der Wahl in modernen Wahlkämpfen.

Die Vorteile einer Aufgabenorganisation nach der Kanban-Methode sollten inzwischen offensichtlich sein:

- **Transparenz:** Nur was für alle sichtbar ist, kann auch mit allen besprochen werden. Visualisierung fördert die Transparenz über aktuelle Arbeitsabläufe und mögliche Verbesserungsmöglichkeiten. Doch nicht nur die Aufgaben, sondern auch das *Wie* der Zusammenarbeit sollte transparent gemacht werden. Welche Regeln gibt es? Was wird von den anderen Teammitgliedern untereinander erwartet? Wie oft werden die Aufgaben priorisiert? Wer entscheidet, ob eine Aufgabe vollständig abgeschlossen ist? Halten Sie diese Regeln auch innerhalb des Kanban-Boards, beispielsweise ganz links in einem Ticket in der Spalte „Basics" fest.

- **Autonomie:** Die Ressourcen werden optimal genutzt, da für alle ersichtlich ist, welche Aufgaben noch zu tun sind und so jede:r, der gerade etwas Freizeit hat, eine der offenen Aufgaben übernehmen kann. Das Board fördert die Autonomie, indem selbstständig neue Aufgaben identifiziert werden können, unabhängig vom Rest des Teams.
- **Fokussierung und Priorisierung:** Wenn die Aufgaben in der jeweiligen Spalte sind, ist sofort klar, woran als nächstes gearbeitet werden sollte. Eine Begrenzung (sogenannte WIP-Limits, also Work-In-Progress-Limits) der Tickets in der Spalte „In Bearbeitung" sorgt dafür, dass in einem unendlichen Strom an potenziellen Aufgaben in einem Wahlkampf weder Chaos noch Überforderung der Teammitglieder eine Chance haben. Wenn sich die „In Bearbeitung"-Spalte nach und nach leert, kann gemäß Priorisierung das nächste Ticket aus der To-Do-Spalte verschoben werden. In einen Kampagnen-Sprint oder die Zeit bis zum nächsten Team-Meeting sollte nur aufgenommen werden, was priorisiert ist und im vorgegebenen zeitlichen Rahmen realistisch geleistet werden kann – spontane Aufgaben können ja ohnehin noch hinzukommen.
- **Reduzierte Time-To-Voter:** Ein effektives System charakterisiert sich durch den Fluss (Flow) der Arbeit. Sind zu viele Aufgaben im System, kann das diesen Fluss stören. Die Work-In-Progress (WIP)-Limits helfen, dass ein ständiger Fluss von Arbeit mit den vorhandenen Arbeitsressourcen ausbalanciert wird und Aufgaben auch wirklich abgeschlossen und nicht nur ganz viele Sachen angefangen werden. Stop starting and start finishing (dt.: Hört auf anzufangen und fangt an, fertig zu werden)!
- **Inspect and Adapt:** Man muss verstehen, wie die Arbeit fließt, um diesen Fluss konstant halten zu können. Blockaden, Engpässe oder Hindernisse sollten erkannt und aufgelöst werden. Dies geschieht, wenn ein Ticket besonders lange an einer Stelle verharrt. Dies sollte dazu anregen, darüber zu sprechen, woran die Erfüllung oder Umsetzung der Aufgabe gerade scheitert. Sprechen Sie auch offen über die Ergebnisse oder die Zeit, die die Umsetzung eines Tickets gebraucht hat. Versuchen Sie kontinuierlich Ihre Zusammenarbeit

mit dem Board und die Einschätzung, wie viel Zeit einzelne Aufgaben in Anspruch nehmen, zu verbessern.

Am allerwichtigsten: Das Board soll Ihnen helfen und Ihnen nicht zusätzliche Arbeit bereiten. Es soll die Kommunikation und die Erledigung von Aufgaben vereinfachen und beschleunigen. Wenn es das nicht tut oder Ihr Team die Arbeit mit dem Board als Belastung empfindet, machen Sie vermutlich etwas falsch. Überdenken Sie den Prozess, vereinfachen Sie ihn und passen Sie ihn an, bis es Ihnen wirklich hilft.

2.3.5 Google Tools

Google stellt zahlreiche Tools für eine reibungslose Zusammenarbeit kostenlos[3] zur Verfügung. Für größere Teams, die beispielsweise auch über Jahre zusammenarbeiten wollen, und daher vorhaben, viele Dateien zu speichern oder längere Videokonferenzen durchzuführen, gibt es auch eine kostenpflichtige Variante (Google Workspace, früher: G Suite), mit der man beispielsweise mehr Speicherplatz erhält und Tools der Suite auch noch etwas professioneller nutzen kann. Für die meisten Wahlkämpfe sind der Standardspeicher und die kostenlosen Services aber vollkommen ausreichend.

Google Docs, Sheets, Slides: Mit Docs (Textverarbeitung), Sheets (Tabellenkalkulation) und Slides (Präsentationen) haben Sie sehr gute Tools kostenlos zur Verfügung, die die Zusammenarbeit enorm erleichtern. Die Dokumente, Tabellen etc. können online gleichzeitig von mehreren Leuten bearbeitet und die Dateien in einem gemeinsamen Ordner gespeichert und strukturiert werden.

Die Tools lassen sich intuitiv bedienen und wer mit Microsoft Office und Excel zurechtkommt, sollte auch mit den Google-Versionen keine

---

[3] „Kostenlos" ist in diesem Fall in Anführungszeichen zu setzen. Da die Dateien in der Google Cloud verarbeitet werden, geben wir sie in die Hände Dritter – in diesem Fall Google. Dass Google mit den so generierten Daten arbeitet, ist nicht auszuschließen.

Probleme haben. Die Dokumente lassen sich einfach via Link teilen. Dabei können Sie einstellen, ob Sie einzelne Mitbearbeiter:innen per Mailadresse zum Dokument hinzufügen möchten, oder ob Sie einen Link generieren wollen, mit dem jede:r, der oder die den Link besitzt, auf die Datei zugreifen kann. Ferner können Sie einstellen, ob jemand nur Lese- oder auch Schreibzugriff erhält, also selbst Änderungen am Dokument durchführen kann.

Google Forms und Google Surveys: Google Forms ist ein – ebenfalls kostenloses – Tool, um Umfragen zu erstellen und hilft Ihnen dabei, schnell und einfach das so wichtige Feedback von Ihren potenziellen Wähler:innen zu bekommen. Es ist einfach und intuitiv in der Bedienung, liefert Ihnen schon fertige Vorlagen, ermöglicht Ihnen, verschiedene Arten von Formularen zu erstellen und das Design in einem gewissen Rahmen anzupassen. Die fertigen Formulare können Sie dann entweder auf Ihrer Website einbetten oder mit einem direkten Link versenden, z. B. per E-Mail-Newsletter an Ihre Kontakte oder per Posting in den sozialen Medien.

Google Surveys ist ebenfalls für Umfragen gedacht und in den grundsätzlichen Funktionen ähnlich, allerdings verfügt Google Surveys über eine integrierte Zielgruppe, der Google Ihre Umfrage (gegen Bezahlung) anzeigen kann. Google nutzt hierfür ein umfangreiches Netzwerk von Websites Dritter, um Ihre Umfrage einem bestimmten Zielpublikum vorzustellen. Dadurch haben Sie die Möglichkeit, Antworten von Menschen zu bekommen, die außerhalb Ihrer eigenen Kontakte und Ihrer eigenen Reichweite liegen. Dies ist weniger empfehlenswert, wenn Sie Feedback zum eigenen Wahlkampf oder den Kandidierenden einholen wollen, als vielmehr, wenn es um thematische Anliegen und inhaltliche Ausrichtungen des Wahlkampfes geht, also eher für landes- oder bundesweite Fragen wie: „Wie bewerten Sie die aktuelle Situation bezüglich XY?" oder „Bringen Sie die folgenden politischen Themen in eine Reihenfolge gemäß der Wichtigkeit für Sie persönlich!".

Google Calendar: Der Google Calendar erleichtert Ihnen die Terminkoordination ungemein. Sie können kostenlos einen Wahlkampf-

Kalender für Ihr Team einrichten und alle Teammitglieder hinzufügen. Dabei können Sie einstellen, welche Mitglieder die Termine nur sehen dürfen und welche die notwendigen Rechte bekommen, um Termine auch hinzufügen und bearbeiten zu können. So sind die Wahlkampftermine für alle Mitglieder sichtbar und alle wissen, wo es noch Lücken gibt und welche Aktionen und Termine wann anstehen.

Google Meet: Google Meet ist das Tool für Videokonferenzen von Google. Mit Google Meet können Sie in der kostenlosen Version Videokonferenzen mit bis zu 100 Teilnehmenden durchführen. Allerdings nur bis zu einer Dauer von 60 min. Für längere Konferenzen müssen Sie die kostenpflichtige Version verwenden. Wenn Sie die kostenlose Version von Google Meet aber für Ihre Wahlkampfteam-Konferenzen nutzen, haben Sie entweder einen guten Anreiz, schnell durch die für das Meeting angesetzte Agenda zu kommen, oder Sie können nach 60 min einfach eine neue Videokonferenz starten.

Google bietet also allerlei Nützliches für Ihren agilen Wahlkampf. Ein weiterer Vorteil ist, dass Sie mit Ihrem Google-Konto all diese Services nutzen können und nicht viele verschiedene Logins bei unzähligen Anbietern brauchen. Aber bitte beachten Sie: Gerade bei der Nutzung von US-Tools wie Google kann es zu datenschutzrechtlichen Problemen kommen. Zur Sicherheit sollten Sie mit einem oder einer Datenschutzbeauftragten in Ihrer Partei abklären, ob, wofür und unter welchen Umständen und Auflagen Sie die Tools verwenden dürfen.

2.3.6 Design Thinking und Methoden

Moderne Workshops nutzen häufig Methoden des sogenannten Design Thinkings. Im Deutschen wird das Wort „Design" vor allem auf das Aussehen eines Gegenstands bezogen und nicht – wie im Englischen – auch auf die grundsätzliche Funktion und Wirkungsweise von Dingen. Ob wir also wollen oder nicht, wir denken bei „Design Thinking" zunächst häufig an einen eher optischen Design-Prozess. Genau darum geht es aber nicht, sondern um das Finden von funktionierenden Ideen. Ohne zu tief in die Materie einzusteigen, als kurze Einordnung:

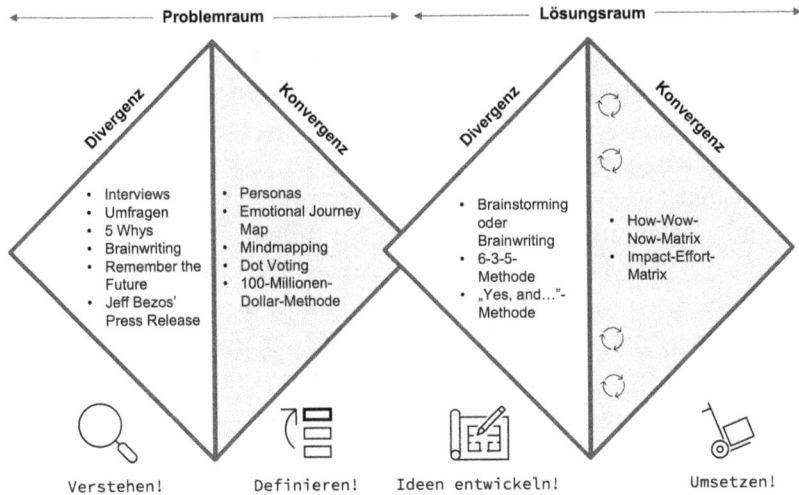

Abb. 2.4 Der Double Diamond für problem- und zielgruppenorientierte Lösungsfindung

„Entwickelt wurde Design Thinking in den 1990er-Jahren in den USA. Die drei Stanford-Professoren Terry Winograd, Larry Leifer und David Kelley entwickelten eine Innovationsmethode für kreative Prozesse in komplexen Umfeldern, die ursprünglich im reinen Produktdesign Anwendung fand. […] Heute verwenden sowohl multinationale Konzerne wie auch kleine Start-Ups in der Gründungsphase Design Thinking, aber auch Universitäten und Hochschulen – sowohl für die Produkt- wie auch für die Prozessentwicklung." (Greiner et al., 2022, S. 46 f)

Das Modell des doppelten Diamanten wird Ihnen bei Ihrem Vorgehen in fast allen konzeptionellen Fragestellungen helfen (Abb. 2.4):

Dabei versetzen Sie sich, ganz links beginnend, in die Ausgangslage der Person, für die Sie konzeptionelle Ideen erarbeiten wollen. Das können Sie sein oder Ihr Wahlkampfteam, aber vor allem auch Ihre Zielgruppe und damit Ihre potenziellen Wähler:innen. Sie starten also mit der Eröffnung des Problemraumes, indem Sie durch Methoden wie gemeinsames Brainstorming oder Brainwriting die Probleme sammeln, die Sie lösen wollen. Beim Brainwriting schreibt jede:r seine oder ihre

Gedanken in einer vorgegebenen Zeit, z. B. 3–5 min, auf einen – eventuell virtuellen – Haftnotizzettel. Dabei schreibt man pro Haftnotiz eine Idee auf. Anschließend stellt jede:r Teilnehmer:in seine oder ihre Ideen vor.

Im zweiten Schritt werden die ähnlichen Gedanken zu Gruppen zusammengefasst und mit einer Überschrift versehen. Wenn alle Probleme gesammelt sind, können Sie durch eine Priorisierungsmethode (z. B. Dot-Voting, bei dem jede:r Teilnehmer:in eine bestimmte Anzahl an Klebepunkten bekommt, die er oder sie auf diejenigen Überschriften klebt, die er oder sie als die größten Probleme identifiziert) oder eine einfache Abstimmung herausfinden, was nach Ansicht Ihrer Teilnehmenden das Hauptproblem ist.

Nun starten wir mit dem Lösungsraum, bei dem – erneut über Brainwriting oder Brainstorming – nach Ideen gesucht wird, die dann im Anschluss erneut priorisiert werden und auf eine bestimmte Anzahl von priorisierten Lösungen zugespitzt werden.

In der Theorie mag das zugegebenermaßen etwas technisch klingen. An einem konkreten Beispiel wird es aber schnell klarer: Wenn Sie überlegen, welche Überschrift auf Ihrem nächsten Flyer für Ihre Zielgruppe besonders überzeugend wäre, können Sie dafür den Double Diamond verwenden. Sie beginnen ganz links und fragen sich, welche Probleme Ihrer Zielgruppe gerade schlaflose Nächte bereiten. Das können gestiegene Energiekosten sein oder die Angst vor dem Klimawandel oder dass sie ihren Porsche mit einem Tempolimit nicht mehr voll ausfahren können. Brainstormen Sie oder nutzen Sie eine andere Methode (ggf. im Vorfeld bereits Interviews mit der Zielgruppe), um gemeinsam mit Ihrem Team alle möglichen Probleme Ihrer potenziellen Wähler:innen zu sammeln. Dieses Potpourri an Problemen sollten Sie nun gruppieren und auf das dringendste und wichtigste Problem eindampfen. Dies kann durch ein einfaches Voting geschehen oder auch unter Zuhilfenahme der Eisenhower-Matrix, indem Sie die Probleme nach Wichtigkeit und Dringlichkeit sortieren. Das Problem, das am dringendsten und wichtigsten ist, wäre demnach das Hauptproblem der Zielgruppe.

Nun überlegen Sie sich im Lösungsraum, mit welchen konkreten, knackigen Aussagen und politischen Forderungen Sie dieses soeben identifizierte Hauptproblem adressieren können und sammeln erneut Ideen im Team – der Fantasie sind dabei keine Grenzen gesetzt. Sobald alle Ideen auf dem Tisch sind, gruppieren Sie ggf. erneut und spitzen Sie Ihre Vorschläge auf den besten zu. Et voilà, Sie haben soeben erfolgreich Design Thinking angewendet, um eine konzeptionelle Fragestellung zugeschnitten auf Ihre Zielgruppe zu lösen.

Auf dieselbe Weise können Sie ganze Wahlprogramme entwickeln oder die Inhalte der Website Ihres Kandidaten oder Ihrer Kandidatin, ebenso wie Redemanuskripte, die nächste Podcast-Folge, Ihre Kernbotschaften im Wahlkampf, die Inhalte Ihrer Social-Media-Kampagnen oder die perfekte Zusammenarbeit im Wahlkampf-Team. Die Schritte sind immer dieselben: Die Probleme der beteiligten oder anzusprechenden Personen zu identifizieren, muss immer der Ausgangspunkt sein. Eine Fülle an Lösungsideen sorgt schließlich dafür, dass Sie die richtige Antwort aus der Menge der möglichen Lösungen auswählen können.

Die Kreise aus Pfeilen in der Abbildung zeigen an, dass Sie im Lösungsraum verschiedene Lösungen auch testen sollten. Wenn Sie feststellen, dass die ursprünglich favorisierte Lösung doch nicht funktioniert, nehmen Sie die nächste. Das Testen ist entscheidender Bestandteil, um das in einem Design-Thinking-Workshop Erarbeitete auch langfristig nutzen und schließlich erfolgreich umsetzen zu können.

Neben den von mir in Abb. 2.4 angeführten Methoden für die einzelnen Phasen gibt es noch viele weitere innovative und kreative Ansätze. Eine gute Übersicht finden Sie beispielsweise hier: https://designthinking-methods.de. Probieren Sie im Laufe des Wahlkampfes gerne ein paar verschiedene aus. In der Regel merkt man recht schnell, was am besten funktioniert und findet auch seine persönlichen Lieblingsmethoden.

2.3.7 Retrospektiven

Retrospektiven sind – im Idealfall regelmäßige – Teamtreffen, die dazu dienen, gemeinsam die eigenen Arbeitsweisen und Ergebnisse zu beleuchten und herauszufinden, was bisher (bzw. seit der letzten Retrospektive) gut oder schlecht lief und wo Optimierungspotenziale liegen. Retrospektiven können regelmäßig während des Wahlkampfes stattfinden, sollten aber zumindest nach dem Wahlkampf eine Gesamtrückschau darstellen. Damit eine Retrospektive geordnet abläuft und wirklich zu guten Ergebnissen führt, empfehle ich die folgende, fünfstufige Agenda:

1. **Einstieg/Intro:**
   Hier sollte durch eine einführende (spielerische) Methode eine offene Atmosphäre geschaffen werden, damit in den folgenden Schritten ein ehrliches Feedback, wohlwollender Austausch und konstruktives Arbeiten möglich sind.
2. **Fakten sammeln:**
   Hier können mit verschiedenen Brainstorming- oder Brainwriting-Methoden Daten und Fakten gesammelt werden, was während der letzten Zeit aufgefallen ist, was gut lief, welche Probleme es gab oder wo Konflikte aufgetaucht sind. Hier kann es sich anbieten, eine Zeitleiste vorzubereiten, die dann kollektiv befüllt wird, um schneller auf zentrale Aspekte zu kommen, um sich leichter zu erinnern und um eventuell Entwicklungen im Team festzustellen.
3. **Einsichten gewinnen:**
   Die gesammelten Daten können nun zu Themenbereichen gruppiert und als übergeordnete Themen diskutiert werden. Eine Priorisierung der zu behandelnden Themen kann bereits vor der eigentlichen Diskussion stattfinden, sollte in jedem Fall aber nach der Diskussion erfolgen, um davon auch die Priorisierung der nächsten Schritte abzuleiten.
4. **Konkrete nächste Schritte beschließen:**
   Von den Einsichten werden konkrete Verbesserungsvorschläge abgeleitet und – wo nötig – Verantwortlichkeiten festgelegt, wer welche aus der Retrospektive entstandene Aufgabe bis wann erledigen wird. Hier geht es nicht um operative Wahlkampf-Aufgaben, sondern um Verbesserungsvorschläge für die Zusammenarbeit.

5. **Abschluss/Outro:**
Am Ende der Retrospektive kann je nach Team-Stimmung noch einmal ein motivierender Abschluss gewählt oder die Retrospektive selbst reflektiert und bewertet werden.

In den meisten Fällen setzt man für eine Retrospektive 1–3 Stunden an, um wirkliche Einsichten generieren zu können. Allerdings gilt gerade im nicht-beruflichen, freiwilligen und ehrenamtlichen Umfeld, dass die Dauer auch dem Zweck und dem gesamten Umfang des Wahlkampfes angepasst werden sollte. In jedem Fall gilt: Lieber eine kurze Speed-Retrospektive als gar keine Retrospektive. Denn wichtiger als die Dauer ist die grundlegende Bereitschaft, die eigene Zusammenarbeit regelmäßig zu hinterfragen, diese besonderen Teamtreffen ernst zu nehmen und sie strukturiert und gewissenhaft durchzuführen, sodass mit den Ergebnissen auch wirklich eine künftige Verbesserung einhergeht.

Wenn Sie zum ersten Mal eine Retrospektive planen, ist z. B. der Retromat (https://retromat.org/de/) ein guter Startpunkt, um sich verschiedene Methoden mit konkreten Beispielen für unterschiedliche Anwendungsszenarien anzueignen.

2.4 Schwierigkeiten und Lösungen

Die Strukturen und Prozesse in politischen Kampagnen sind oft eingefahren und auch der Wille, neue und innovative Methoden zu probieren und dauerhaft einzuführen, fehlt häufig. Doch diese Bereitschaft ist unabdinglich für das Gelingen eines zeitgemäßen Wahlkampfes. Warum dieser nötig und nicht mehr verhandelbar ist, wurde im ersten Kapitel dieses Buches anschaulich dargestellt. Es gilt also die Devise: Wir müssen alle *mit der Zeit* gehen oder wir müssen *gehen* mit der Zeit.

Wenn Sie mit Ihrer Kampagne erfolgreich sein wollen, sollten Sie neue Ansätze ausprobieren und Ihre Arbeitsweisen verbessern *wollen*. Dabei reicht es nicht, wenn nur die Wahlkampfleitung das Gebot der Stunde verinnerlicht hat, sondern auch das Team und letztlich alle

Akteur:innen im Wahlkampf müssen bereit sein, sich auf neue, aber etablierte, millionenfach erprobte und erfolgreiche neue Arbeitsweisen einzulassen. Dafür kann einiges an Überzeugungsarbeit notwendig sein und es wird auch am Anfang nicht reibungslos klappen.

Ein Trick kann durchaus sein, dass Sie die ganzen Methoden und neuen Arbeitsmodelle nicht mit ihren Fachbegriffen benennen, sondern einfach umsetzen. So verhindern Sie, dass Ihre Vorschläge allein deshalb auf Ablehnung stoßen, weil alles so neu und kompliziert klingt und deshalb gerade viele ältere Mitglieder den Eindruck haben, nicht mehr mitzukommen und sich in ihrem Status als „alte Häs:innen" mit der meisten Erfahrung gefährdet sehen. Nutzen Sie auch hier ein Prinzip, das Kanban zugrunde liegt: Start small! Fangen Sie also klein an und versuchen Sie nicht, alles auf einmal umzusetzen. Nehmen Sie Ihre Parteikolleg:innen mit auf die Reise und etablieren Sie neue Arbeitsweisen und Ansätze ganz organisch nach und nach. Sammeln Sie auch gute Beispiele, über die Sie Ihre skeptischen Parteimitglieder bei Gelegenheit informieren können. Erfahrungen aus der Praxis schaffen oft leichter Akzeptanz als komplizierte theoretische Ausführungen.

Die Umsetzung neuer Arbeitsweisen wird am Anfang auch dadurch erschwert, dass Teams in der aktuellen Konstellation vielleicht noch nie zusammengearbeitet haben und die einzelnen Mitglieder sich nicht gut kennen und daher gar nicht wissen, wo die Kompetenzen der anderen Personen liegen. Außerdem kann es sein, dass die Mitglieder noch nie nach agilen Methoden gearbeitet und womöglich auch noch nie an einem Wahlkampf mitgewirkt haben. Es wird einige Zeit dauern, bis sich das alles einspielt. Aber seien Sie geduldig und erinnern Sie sich an das agile Prinzip: „Menschen und Interaktionen sind wichtiger als Prozesse und Werkzeuge." Erlaubt ist, was funktioniert und Ihnen hilft. Es muss auch nicht alles beim ersten Mal perfekt laufen. Wichtig ist nur, zu identifizieren, woran etwas gescheitert ist, um es beim nächsten Mal besser zu machen (Inspect and Adapt).

Auf Ihrem Weg zu einem schön organisierten und agil geplanten Wahlkampf stehen Ihnen noch zwei weitere Herausforderungen im Wege, die sich jedoch ebenfalls mit denselben Lösungsansätzen beseitigen lassen:

Einerseits ist ein Wahlkampf immer auch eine Ansammlung von Ad-hoc-Aufgaben, also spontan auftretenden Anfragen, Verpflichtungen oder To-Dos, die Sie in Ihren Plan integrieren müssen. Das bedeutet auch eine permanente Re-Priorisierung und Re-Fokussierung. Ist die plötzliche Presseanfrage wichtiger als die Vorbereitung einer fünfminütigen Rede beim Angler:innenverein? Ja, wahrscheinlich, denn Sie erreichen damit mehr Menschen und verleihen Ihrer Kampagne mehr Schlagkraft. Und hierin liegt auch schon das Geheimnis: Sehen Sie die Priorisierung nicht als lästige Notwendigkeit an, sondern als ganz entscheidendes Mittel, um einen sehr guten Wahlkampf zu führen.

Zum anderen sind Ihre Wahlkämpfer:innen in der Regel ehrenamtlich tätig und es kann schwer sein, den Ehrenamtler:innen zu vermitteln, warum eine Retrospektive oder ein Treffen, in dem über die Zusammenarbeit gesprochen wird, die Zeit wert ist, anstatt sie lieber in die eigentlichen Aufgaben zu investieren. Doch auch hier sollten Sie diese Meetings als Vorteil sehen und nicht als notwendiges Übel. Wenn sich herausstellt, dass Personen für so ein Treffen gar keine Zeit finden, dann wissen Sie, dass Ihre Teammitglieder ausgelastet sind und keine übrigen Ressourcen mehr haben oder für den Wahlkampf aufbringen können – was völlig legitim ist. Aber es ist für Sie wichtig, das zu wissen, um entweder neue Mitglieder zu rekrutieren, die Prozesse weiter zu verbessern, zu verschlanken und mehr Synergien zu schaffen oder die Aufgaben neu zu verteilen. Versuchen Sie hier niemanden zu Sitzungen zu zwingen, sondern kommunizieren Sie die Vorteile.

Nachdem Sie ja nun wissen, was ein MVP ist: Arbeiten Sie auch auf organisationspolitischer Ebene mit dem Konzept einer MVO (Gibbs Howard, o. J.), einer Minimum Viable Organisation. Adaptieren Sie das MVP-Prinzip für Ihren Wahlkampf, indem Sie schnell starten, schnell Fehler und Ineffizienzen entdecken und somit schneller erfolgreich sein können. Beziehen Sie alle relevanten Personen mit ein und arbeiten Sie gemeinsam und transparent zusammen. Die ersten funktionierenden Teilbereiche können dann immer weiter ausgeweitet werden, um einen echten Wandel im Wahlkampfmanagement Ihrer Parteigliederung zu verankern – für einen effektiven aktuellen Wahlkampf, aber auch für viele noch folgende Parteiaktivitäten und Kampagnen.

Literatur

Beck, K., Beedle, M., Bennekum, A. van, Cockburn, A., Cunningham, W., Fowler, M., Grenning, J., Highsmith, J., Hunt, A., Jeffries, R., Kern, J., Marick, B., Martin, R. C., Mellor, S., Schwaber, K., Sutherland, J., & Thomas, D. (2001). Manifesto for Agile software development. https://agilemanifesto.org/. Zugegriffen: 31. Okt. 2022.

Gibbs Howard, S. (o. J.). *How to prototype organizational change*. Interview mit Mathew Chow. IDEOU. https://www.ideou.com/blogs/inspiration/how-to-prototype-organizational-change. Zugegriffen: 22. Okt. 2022.

Greiner, R., Berger, D., & Böck, M. (2022). *Analytics und Artificial Intelligence – Datenprojekte mehrwertorientiert, agil und nachhaltig planen und umsetzen.* Springer Gabler.

Inthapichai, L. (2020). Little's law applied in agile & knowledge work – Part 1 of 2. The science behind limiting work in process and why it is done in Agile & knowledge work. Medium. https://medium.com/swlh/littles-law-applied-in-agile-knowledge-work-part-1-81c0c1f217ec. Zugegriffen: 21. Okt. 2022.

Kanban University. (2021). *The official guide to the Kanban method*. 1. Version. Mauves Group. https://kanban.university/kanban-guide/#download. Zugegriffen: 3. Nov. 2022.

Kreye, A. (18. September 2021). Agile Demokratie. *Süddeutsche Zeitung*. https://www.sueddeutsche.de/meinung/digitalisierung-bundestagswahl-parteien-demokratie-internet-1.5413572. Zugegriffen: 9. Okt. 2022.

3

Team

Zusammenfassung Die Qualität des Wahlkampfes steht und fällt mit der Qualität der Wahlkampfleitung und des Wahlkampfteams. Punkt. Am besten, Sie lesen diesen Satz noch mindestens einmal. Die besten Ideen, alle Methoden und Tools für den Wahlkampf, das tiefgreifendste Know-how und die tollsten Kandidierenden reichen nicht aus, um einen erfolgreichen Wahlkampf zu führen. Sie brauchen ein gutes Team, das motiviert ist, Verantwortung übernimmt, selbstständig mitdenkt und Ihrer Kampagne so zur Exzellenz verhilft. Wie Sie Ihr Team besetzen, bei der Stange halten und die Aufgaben am besten verteilen, erfahren Sie in diesem Kapitel.

3.1 Besetzung und rollenbasiertes Arbeiten

Die Besetzung des Teams sowie die Sicherstellung der langfristigen Motivation sind die ersten Aufgaben, die in einem Wahlkampf angegangen werden müssen. Ideale Teammitglieder zeichnen sich durch folgende Eigenschaften aus:

- Kenntnis der politischen Großwetterlage
- Netzwerk innerhalb und außerhalb der Partei
- Charmante Schlitzohrigkeit und Trüffelschwein-Kompetenzen
- Technische Versiertheit, vor allem im Digitalen und in den Sozialen Medien
- Organisationstalent und Feuer-Lösch-Qualitäten
- Marketing-Know-how, am besten visuell und textlich
- Erfahrung in Fundraising und Finanzplanung
- Rechtliche Expertise und Satzungssicherheit
- Zahlenaffinität und Akribie
- Flexibilität, Zuverlässigkeit
- Teamgeist
- Verantwortungsbewusstsein
- Nachsicht, Empathie und Einfühlungsvermögen
- Führerschein Klasse B

Die gute Nachricht: Die genannten Kompetenzen müssen nicht von einer einzigen oder sogar jeder Person im Team mitgebracht werden. Genau deshalb bildet man ja ein Team, damit die Einzelkompetenzen sich zu einer geballten Teamkompetenz ergänzen können.

Unterschiedliche Menschen haben viele der genannten Kompetenzen in unterschiedlich starken Ausprägungen. Es ist Aufgabe der Wahlkampfleitung, die verschiedenen Fähig- und Fertigkeiten der Mitglieder an der richtigen Stelle einzusetzen und die Mitglieder zu befähigen, ihre individuellen Stärken bestmöglich in den Wahlkampf einbringen zu können. Dabei sind auch Schnittstellenkompetenzen gefragt, die eine Verbindung zwischen den Aufgabenfeldern herstellen, beispielsweise zwischen Grafik und Social Media oder zwischen inhaltlicher Recherche und dem Verfassen von Texten.

Aus den genannten Gründen sollten Sie im Wahlkampf auch rollenbasiert arbeiten. Doch was bedeutet das? Beim rollenbasierten Arbeiten werden Aufgaben sinnvoll gebündelt und einer Rolle im Wahlkampfteam zugeordnet. Die so entstehenden Bereiche werden von den Rolleninhaber:innen eigenständig verantwortet. Dies zahlt auf den Erfolgsfaktor Autonomie ein. Dabei muss eine Rolle nicht zwangsläufig von einer einzigen Person ausgefüllt werden. Eine Rolle können sich mehrere Personen teilen oder eine Person kann mehrere Rollen gleichzeitig übernehmen. Diese Verteilung der Verantwortung auf mehrere Schultern sorgt einerseits dafür, dass die Wahlkampfleitung sich auf die übergeordnete Strategie fokussieren kann und verhindert andererseits Fehler, da jede Person nur einen abgesteckten Bereich im Blick haben muss und nicht alles bei der Wahlkampfleitung zusammenläuft.

Das etwas antiquierte Gegenmodell zum rollenbasierten Arbeiten sind streng hierarchische Strukturen, bei denen Entscheider:innen (z. B. die Wahlkampfleitung) die anfallenden Aufgaben einfach auf zur Verfügung stehende Personen verteilen. Das bedeutet, dass nicht notwendigerweise die richtigen Kompetenzen im Vordergrund stehen, sondern eine Aufgabe an die Person verteilt wird, die gerade Zeit hat. Wenn Personen aber immer nur kleinteilige Einzelaufgaben bekommen, können sie ihre Arbeitsweisen nur bedingt optimieren und über den gesamten Wahlkampf hinweg nicht die Expertise aufbauen, die sie benötigen, um Aufgaben immer schneller und besser erledigen zu können. Dadurch werden Aufgaben insgesamt weniger gut und langsamer erfüllt. Hinzu kommt, dass die Teammitglieder sich durch das Arbeiten auf Zuruf nicht in die Gesamtstrategie eingebunden fühlen und der Eindruck entsteht, es handele sich bei den Wahlkämpfer:innen nur um austauschbare Zuarbeitende und nicht um die tragenden Säulen des Wahlkampfes, die sie jedoch sind. Rollenbasiertes Arbeiten schafft hingegen

- Effizienz durch wegfallende Erklärungen und Arbeitsanweisungen,
- Effektivität durch die Kompetenz und den Gesamtüberblick der Rolle-Innehabenden,
- Zufriedenheit durch Autonomie und
- Entlastung und Flexibilität durch klar abgesteckte und selbstständig verantwortete Aufgabenbereiche.

Transparenz durch regelmäßige Abstimmungen und ein gemeinsames Kanban-Board sorgen dafür, dass sich durch rollenbasiertes Arbeiten keine parallelen Team-Stränge etablieren, sondern alle eine gemeinsame Agenda haben. Dadurch kann auch schnell im Team festgestellt werden, wenn ein Bereich noch nicht optimal läuft (Inspect and Adapt) und den jeweiligen Personen gerade am Anfang noch unter die Arme gegriffen werden muss.

Einen eigenen Bereich zu verantworten ist sicher nichts, was jede:r auf Anhieb kann, aber genau dafür können Rollen ja auch aufgeteilt und optimal zugeschnitten werden. Wer einmal einen Bereich verantwortet oder mitverantwortet hat, gewinnt dadurch praktische Erfahrung, die er oder sie nicht nur im politischen Umfeld gebrauchen kann, sondern vielleicht auch im Berufs- oder Privatleben. Zu diesen, in allen Lebenslagen hilfreichen, Kompetenzen gehören unter anderem Projektmanagement, Arbeiten im Team, das Durchführen von Workshops, Stressresistenz, (Krisen-)Kommunikation oder das Verfassen von Texten.

3.2 Motivation und Wertschätzung

Da die meisten Wahlkämpfer:innen ihre Freizeit für die Parteiarbeit opfern, sollte dieser Einsatz auch Vergnügen bringen und angemessen wertgeschätzt werden. Neben dem Erwerb wichtiger Kompetenzen und der Identifikation mit den Werten der Partei, sind Spaß und Wertschätzung sicher die motivierendsten Faktoren, um sich aktiv in einem Wahlkampfteam zu engagieren. Wenn es den Teammitgliedern aus vergangenen Wahlkämpfen Spaß gemacht hat, sich für die gemeinsame Kampagne zu engagieren, und sie Wertschätzung erfahren haben, dann machen sie vielleicht auch im nächsten Wahlkampf wieder mit oder motivieren neue Teammitglieder durch überzeugende Mund-zu-Mund-Propaganda.

Oft gibt es nur geringe Möglichkeiten für monetäre Kompensationen. Diese sollten jedoch, wo möglich, ausgeschöpft werden – zumindest durch die Erstattung aller Unkosten der Wahlkampfteammitglieder. Darüber hinaus sollten Sie auch nicht-monetäre Wege finden, Ihre Wertschätzung und Dankbarkeit zu zeigen.

Gute Möglichkeiten, sich bei Ihrem Team erkenntlich zu zeigen und die Motivation zu steigern, sind die folgenden:

(Fahrt-)Kostenerstattungen
Häufig wird am Ende des Wahlkampfes in den Teams verkündet, dass nun Fahrtkostenabrechnungen oder Quittungen für Ausgaben eingereicht werden könnten. Das Problem ist dabei oft, dass die Teammitglieder unter Umständen keine Belege, Tickets oder Tankquittungen aufgehoben haben, da sie – vor allem wenn sie sich zum ersten Mal in einem Wahlkampf engagieren – gar nicht wissen, dass man sich gewisse Ausgaben erstatten lassen kann.

Daher sollten Sie bereits zu Beginn des Wahlkampfes Ihre Mitglieder darauf hinweisen, dass die Belege für Kosten, die im Wahlkampf für Fahrten oder Wahlkampfmaterial angefallen sind, aufbewahrt und spätestens am Ende des Wahlkampfes eingereicht werden sollten.

Bei der Abrechnung von Tankquittungen ist es ratsam, bereits während des Wahlkampfes zu notieren, wer wann welche Fahrten zu welchem Zweck gemacht hat, um die Tankkosten belegen und rechtfertigen zu können, falls Rückfragen kommen. Durch frühzeitiges Hinweisen auf die Regeln einer (Fahrt-)Kostenerstattung verhindern Sie Unmut – während des Wahlkampfes und auch danach.

Persönliche Erwähnungen
Manchen ist die Nennung des eigenen Namens in der Öffentlichkeit gar nicht so wichtig oder sogar unangenehm. Für andere ist es eine willkommene und niedrigschwellige Möglichkeit, sich vor allem im internen Parteikosmos als jemand bekannt zu machen, der bereit ist, mitzuhelfen, anzupacken und sich aktiv für die Partei einzubringen. Daher sollte im Team abgestimmt werden, ob man die einzelnen Mitglieder auch kurz auf der Website vorstellt oder zumindest ihre Namen nennt.

Im Rahmen des Wahlkampfes können die Teammitglieder auch auf den sozialen Medien vorgestellt werden. Das gibt den einzelnen Mitgliedern Sichtbarkeit, schafft für die Konsument:innen Ihrer Inhalte eine virtuelle Nähe zum Team und ist guter Content, den Sie immer dann einstreuen können, wenn gerade eine Flaute an sonstigem relevanten Content herrscht. Win-win-win sozusagen.

Im Rahmen von Begrüßungen oder Verabschiedungen bei Veranstaltungen und Aktionen sollte immer den Personen gedankt werden, die für die Organisation verantwortlich waren oder in anderer Form unterstützt haben. Das kostet nichts und bedeutet den Personen unter Umständen sehr viel.

Gemeinsame Teamevents
Teambuilding ist wichtig. Dabei muss es nicht immer gleich das Wildwasser-Rafting-Event in den Alpen sein, das man von manchen Großkonzernen kennt. Es sollte auch nichts sein, was die Wahlkampfkasse überstrapaziert. Gerade bei engen Budgets ist es völlig in Ordnung, sich einfach zum gemeinsamen Essen in einem Restaurant, im Sommer auf ein Eis oder zum Frühstücken zu treffen.

Diese Events sollten jedoch – bei aller Vergnüglichkeit – homöopathisch dosiert werden. Bei zu vielen Teamevents besteht die Gefahr, dass sie sich abnutzen, d. h. immer weniger Mitglieder teilnehmen, oder noch mehr kostbare Freizeit der Mitglieder beschnitten wird.

Als Faustregel gilt: Pro Wahlkampf-Halbjahr sollte es nicht mehr – aber auch nicht weniger – als ein bis zwei solcher Events geben, die dem lockeren Austausch dienen und den gemeinsamen Spaß und die Freude an der Parteiarbeit in den Vordergrund stellen. Gerade in der heißen Wahlkampfphase verbringt das Team ohnehin viel Zeit miteinander – sei es bei Veranstaltungen, Infoständen oder den regelmäßigen Team-Meetings.

Möglichkeit, Tools auch privat zu nutzen
Wird eine teure Software für Wahlkampfzwecke angeschafft, sollte den Mitgliedern auch die Möglichkeit gegeben werden, diese für private Zwecke zu nutzen. Dies bietet sich vor allem bei Grafik-Tools wie der Adobe Creative Cloud (z. B. Photoshop und InDesign) an, da diese wegen der hohen Kosten in den wenigsten Privathaushalten zur Verfügung stehen. Um sicherzugehen, dass die private Nutzung auch erlaubt ist, sollten Sie unbedingt vorher die Lizenzbestimmungen prüfen und gezielt eine geeignete Lizenz erwerben.

Vermittlung von Kompetenzen und Soft-Skills
Oft hilft es bereits bei der Rekrutierung Freiwilliger fürs Wahlkampfteam, wenn darauf hingewiesen wird, dass man in Wahlkämpfen unglaublich viel lernen kann: Projektmanagement sowieso, aber auch Grafikgestaltung, Eventmanagement, Pressearbeit, das Verfassen von Texten oder den versierten Umgang mit den sozialen Medien – um nur eine Auswahl zu nennen.

Das ist auch nicht nur ein Köder, sondern findet tatsächlich statt. Besonders hilfreich ist es, wenn es in den einzelnen Kompetenzfeldern wirkliche Expert:innen innerhalb des Teams gibt, die ihr Wissen gerne teilen. Solches Wissen (gerade der Umgang mit den sozialen Medien und das Verfassen von Texten) ist in der heutigen Berufswelt sehr wichtig und kann hier nebenbei erworben werden.

Diese interne Weiterbildung sorgt an der ein oder anderen Stelle im Wahlkampf eventuell für zusätzlichen Aufwand. An dieser Stelle sollte aber nicht gespart werden, da die Befähigung der einzelnen Mitglieder auf lange Sicht auch auf den Erfolg der Kampagne einzahlt, indem Aufgaben von mehreren versierten Menschen übernommen, überprüft, hinterfragt und schneller erledigt werden können.

Ein Team, das sich wertgeschätzt fühlt und dessen Einsatz Anerkennung findet, arbeitet besser und motivierter. Personen in einem motivierten Team sind eher bereit, hier und da den oft zitierten Extrameter zu gehen, auch mal kurzfristig einzuspringen und vielleicht sogar die ein oder andere Nachtschicht einzulegen, wenn es wirklich dringend ist.

Die gute Stimmung im Team strahlt auch nach außen: Sie wirkt positiv in die Partei hinein und überträgt sich auf die Bürgerinnen und Bürger an den Infoständen. Engagement im Wahlkampf basiert unter anderem auf der freiwilligen Zusammenarbeit. Diese wird befördert, wenn die Menschen Spaß daran haben, was sie tun. Nicht zuletzt trägt auch die Art der Zusammenarbeit – in Form agiler Methoden – zu dieser Teamzufriedenheit bei.

3.3 Rollen und Aufgaben

3.3.1 Kandidat:in

Die Kandidierenden stehen während des Wahlkampfes im Licht der Öffentlichkeit. Im Idealfall ist die Kampagne daher so organisiert, dass die Kandidat:innen sich voll darauf konzentrieren können, diese Bühne zu bespielen. Das Team hält ihnen dabei den Rücken frei, denn nicht nur die Wahlkampfauftritte selbst kosten Kraft, auch die Vorbereitung im Hintergrund nimmt oft mehr Zeit in Anspruch als man vermuten würde.

Die Kandidierenden sollten bei jedem Auftritt, sei es die Eröffnung des neuen Vereinsheims der Kaninchenzüchter:innen oder ein Termin mit der Presse, gut vorbereitet und gleichzeitig entspannt sein. Zur Vorbereitung gehören sowohl die inhaltliche Vertiefung des jeweiligen Themas als auch die Pflege der äußeren Erscheinung. Damit beides gelingt, müssen sich die Kandidierenden bewusst Zeit dafür nehmen. Wenn in den heißen Phasen des Wahlkampfes Termin auf Termin folgt, sind eine gute Organisation und bewährte Methoden zum Krafttanken besonders wichtig.

Um die genannten zeitlichen Freiräume als festes Element in die Planung zu integrieren, sollten die Kandidierenden alle Zeiten, in denen sie nicht verfügbar sind, in den gemeinsamen Wahlkampfkalender eintragen. Das hat den weiteren Vorteil, dass das Wahlkampfteam auf diese Weise die übrigen, freien Slots nach Belieben vergeben kann und nicht für jeden neuen Termin eine gesonderte Absprache mit den Kandidierenden notwendig ist. Die privaten Termine der Kandidierenden können einfach als „Privat" betitelt werden – das Team muss in der Regel nicht wissen, ob ein Zahnarzttermin oder ein Rendezvous ansteht. Handelt es sich allerdings um Termine, die zwar in erster Linie privat sind, aber vielleicht medienwirksam für den Wahlkampf genutzt werden können, ist es durchaus sinnvoll, das Ereignis auch explizit zu benennen. Beispiele hierfür sind sportliche Aktivitäten, wie Laufen oder Fahrradfahren – beispielsweise bei einem Stadtlauf, da dies gutes Bildmaterial für die sozialen Medien verspricht und Sympathien schaffen kann.

3.3.2 Wahlkampfleitung

Strukturiertes Arbeiten, Geduld, Nachsicht und Empathie sowie ein ausgeprägtes Organisationstalent sind die Mindestanforderungen, die Wahlkampfleiter:innen mitbringen sollten. Erfahrungen als Führungskraft und/oder im Projektmanagement schaden auch nicht.

Die Aufgaben der Wahlkampfleitung bei agil geführten Wahlkämpfen unterscheiden sich von den Aufgaben in herkömmlichen Wahlkämpfen. Im agilen Wahlkampf delegiert die Wahlkampfleitung nicht kleinste Aufgaben, sondern hält das Team zusammen und hat die Gesamtstrategie im Blick, während alle Teammitglieder ihre Bereiche eigenverantwortlich betreuen. Genau diese freiwerdenden Kapazitäten der Wahlkampfleitung sorgen dafür, dass über den gesamten Wahlkampf hinweg eine einheitliche (wenngleich immer anzupassende oder anpassbare) Strategie entwickelt, gelebt und umgesetzt werden kann. Die Hauptaufgaben für die agile Wahlkampfleitung sind die folgenden:

Gesamtstrategie
Die Gesamtstrategie muss nicht allein aus dem Kopf der Wahlkampfleitung kommen. Sie ist aber dafür verantwortlich, die Strategie entsprechend neuer Entwicklungen und Erkenntnisse anzupassen und sie beständig bis zum Schluss des Wahlkampfes zu optimieren. Diese Aufgabe endet wirklich erst am Vorabend der Wahl, da noch am letzten Tag ein aktueller und zugespitzter Beitrag in den sozialen Medien große Reichweite generieren und die ein oder andere Stimme bringen kann.

Bei dieser Aufgabe ist die Wahlkampfleitung aber nicht alleine: Die Gesamtstrategie muss notwendigerweise mit dem Kandidaten oder der Kandidatin abgestimmt werden, da diese:r die Strategie verkörpern und mit Persönlichkeit füllen muss. Eine noch so gute Strategie ist schon vor der Umsetzung zum Scheitern verurteilt, wenn sie nicht zum Kandidaten passt, den inhaltlichen Ansichten einer Kandidatin widerspricht oder Kandidierenden Formate überstülpt, in denen diese sich nicht wohlfühlen (z. B. das Aufnehmen von Instagram-Videos oder schmissige Faschingsreden bei einer Prunksitzung). Die Wähler:innen merken sehr schnell, ob Kandidierende authentisch sind – und ein

Fremdscham-Pluspunkt für Kandidierende, die sich nicht wohlfühlen, hat sicher auch noch nie zu einer Stimme an der Wahlurne geführt.

Betreuung des Kanban-Boards
Die Wahlkampfleitung sollte immer wissen, welche Aufgabe gerade wie weit erfüllt ist und woran die Umsetzung und Fertigstellung ggf. hakt. So kann sie auf die verantwortliche Person zugehen oder direkt im Kanban-Ticket kommentieren und den Fortschritt immer mit der Gesamtstrategie abgleichen.

Wenn ein Teammitglied auf ein Problem stößt, sollte es die Wahlkampfleitung per Kommentarfunktion im passenden Ticket verlinken. Dadurch wird die verlinkte Person aufmerksam gemacht und muss nicht jeden Tag alle Tickets proaktiv durchgehen, um zu wissen, wo wichtige Entwicklungen stattgefunden haben. Das erfordert anfänglich ein wenig Disziplin, bewährt sich aber schnell, weil es in vielen Fällen sowohl den Verantwortlichen wie auch der Wahlkampfleitung lange Gespräche, Telefonate und Rückfragen erspart.

Interne Terminkoordination
Damit der Wahlkampf reibungslos verläuft, die Aufgaben priorisiert werden können und es regelmäßigen Austausch über Verbesserungspotenziale und neue Ideen gibt, sollte es ein regelmäßiges Treffen mit allen Teammitgliedern geben. Dieses findet im Idealfall wöchentlich statt, zweiwöchentlich ist aber ebenso möglich – je nachdem wie gut die agile Zusammenarbeit in eigenständiger Weise funktioniert. Diese Team-Treffen moderiert die Wahlkampfleitung gemäß der Prioritätensetzung, sodass die wichtigsten und dringendsten Themen am Anfang besprochen werden. Je nach Wahlkampfphase sollten die Termine 2–4 Stunden dauern. Am Anfang gibt es noch viel zu besprechen, aber wenn das Team einmal eingespielt ist, geht die Koordination viel schneller.

Jeder Termin sollte eine schlanke Agenda haben, die allen Mitgliedern im Vorfeld zugeht. Diese kann in einem Kanban-Ticket erstellt werden, sodass jedes Mitglied kommentieren und ggf. auch noch neue Punkte hinzufügen oder zur Diskussion stellen kann. Eine mögliche Standard-Agenda für ein Gesamt-Team-Treffen kann folgendermaßen aussehen:

1. Ankommen und Begrüßung
2. Kurzübersicht über die wichtigsten Neuigkeiten und zu besprechenden Punkte
3. Anstehende Wahlkampftermine
4. Welche Erfolge (Social Media, Presse etc.) wurden erzielt? Sind alle damit zufrieden? Was sind hier die nächsten Schritte?
5. Größere Projekte (eigene Großveranstaltungen, größere Kampagnenprojekte)
6. Budget-Update
7. Verschiedenes
8. Lob und Kritik, Verbesserungspotenziale identifizieren

Die Wahlkampfleiter:innen können hinter den jeweiligen Agendapunkt in Klammern direkt die Namen der Mitglieder schreiben, von denen an diesen Stellen Updates und Informationen erwartet werden, sodass alle im Vorfeld wissen, worauf sie sich vorbereiten sollten.

Gezielte Abstimmung mit einzelnen Teammitgliedern
Da es immer unvorhergesehene Entwicklungen, Verteuerungen oder Probleme geben kann, muss die Wahlkampfleitung via Messenger oder Telefon schnell erreichbar sein, um Entscheidungen treffen zu können. Bei größeren Weichenstellungen sollte zusätzlich eine kurze Abstimmung mit dem Kandidaten oder der Kandidatin erfolgen.

In regelmäßigen Abständen sollte sich die Wahlkampfleitung mit den zentralen Rollen im Team abstimmen. Eine Budgetabstimmung ist vermutlich nicht jede Woche notwendig, wenn man sich auf die zuständige Person gut verlassen kann. Jedoch ist es sinnvoll, häufiger mit den Personen zu sprechen, die für kommende Termine, die Pressearbeit und für den Online-Wahlkampf zuständig sind. Für anstehende, aufwändige Termine kann so frühzeitig identifiziert werden, wenn es beispielsweise persönliche Unstimmigkeiten bei der Organisation gibt. Bei den Abstimmungen mit Presse- und Online-Verantwortlichen können schnell neue Anforderungen diskutiert werden, die sich meist aus dem politischen Tagesgeschehen ergeben. Theoretisch funktioniert dies alles auch durch die Zusammenarbeit im Kanban-Board, aber gerade bei Terminen, der Pressearbeit und dem Online-Wahlkampf müssen häufig schnell Entscheidungen getroffen werden, die vorher aus mehreren Perspektiven beleuchtet und im Gespräch abgewogen werden sollten.

Moralische Unterstützung für Kandidierende
Wer sich bereit erklärt, die Wahlkampfleitung zu übernehmen, wird für die Kandidierenden für die gesamte Dauer des Wahlkampfes zum besten Freund oder der besten Freundin: Die Wahlkampfleitung hat dasselbe Ziel, ärgert sich über dieselben Dinge, fiebert mit, leidet mit, freut sich mit und ist für vieles, was im Leben der Kandidierenden passiert, ab dann die erste Ansprechperson.

Auch hier ist eine gute Erreichbarkeit extrem wichtig, um ein Vertrauensverhältnis zwischen Wahlkampfleitung und Kandidierenden aufbauen und bei Problemen schnell gemeinsam die beste Lösung finden zu können – manchmal sind wenige Minuten entscheidend. Ja, der Job der Wahlkampfleitung ist ein 24-Stunden-Job, wenn man es richtig machen will.

Wahlkampf-Feuerwehr
Wir alle kennen es aus dem Beruf: Kündigungen, plötzliche Erkrankungen oder andere widrige Umstände drohen ein Projekt schnell in Flammen aufgehen zu lassen. Sollte so etwas im Wahlkampf passieren, ist es nicht nur die dringende Aufgabe der Wahlkampfleitung, sondern auch in ihrem Interesse, Feuerwehr zu spielen und den Brand möglichst schnell zu löschen.

Das geschieht am besten, indem schnell Ersatz für eine ausgefallene Person gefunden oder eine vorher nicht abzusehende Aufgabe mit einer geeigneten Person besetzt wird. Im Notfall muss die Wahlkampfleitung selbst einspringen, bis eine andere Lösung parat ist. Nicht zuletzt deshalb ist es so wichtig, dass die Wahlkampfleitung zu jedem Zeitpunkt des Wahlkampfes in alle Prozesse zumindest oberflächlich involviert ist – so weiß sie, was getan werden muss und kann schnell reagieren.

Um solche Feuerwehr-Situationen zu vermeiden, kann es sinnvoll sein, jede Rolle im Team von Anfang an mit einer Ersatzperson zu versehen. Diese kann dann Urlaubsvertretungen übernehmen, als zweite Meinung bei kleineren Entscheidungen fungieren und im Notfall schnell einspringen.

3.3.3 Grafik

Die Grafik ist, meiner Erfahrung nach, der Bereich, der am meisten unterschätzt wird und bei dem es meistens erst zu spät auffällt. Um es ganz deutlich zu sagen: Ohne Grafik geht gar nichts: keine Social-Media-Kampagne, keine Plakate und damit auch keine Veranstaltungen. Die Grafik ist das wichtigste Vehikel, um die Kampagnenbotschaft, die Gesamtstrategie, die Vorzüge der Kandidierenden, die inhaltlichen Überzeugungen, das Wahlprogramm und alles, was Sympathien schafft, zu transportieren. Es nützen die besten Gedanken nichts, wenn sie nicht in ansprechender Weise so rübergebracht werden, dass die Menschen da draußen sie auch wirklich konsumieren (wollen!).

Kompetenzen, Tools und Alternativen
Im Idealfall gibt es im Team jemanden, der auf einem professionellen Level mit Grafikprogrammen umgehen kann und die Grundzüge grafischer Gestaltung beherrscht. Alternativ sollte es zumindest jemanden geben, der weiß, wie man sich behilft, und halbwegs gute Grafiken erstellen und/oder die Kommunikation mit externen Grafiker:innen übernehmen kann.

Die Grenzen zwischen *gut* und *nicht-so-gut* sind bei grafischen Gestaltungen natürlich fließend und häufig subjektiv. Als Faustregel können Sie hernehmen: Wenn alle Teammitglieder gut mit den ersten Grafiken und Entwürfen leben können, dann wird es schon passen. Besser geht immer, aber leider werden professionelle Grafikdienstleistungen auch sehr schnell sehr teuer.

Sollte die Wahlkampfkasse schmal sein, gibt es auch die Möglichkeit, das initiale Layout für Plakate, Flyer und Co. von einem Profi erstellen zu lassen und dann die bearbeitbare Datei einzukaufen, sodass Sie ohne große künstlerische Eigenambition einfach nur Texte und Daten austauschen können. Hier gilt es zu beachten, dass die meisten Dateien im kostenpflichtigen Programm InDesign von Adobe erstellt sind. Das ist definitiv der Standard für professionelle Grafik, aber nicht intuitiv zu bedienen und auch nicht jedes Wahlkampfteam verfügt über eine Lizenz für diese Software. Sollte Ihnen also von vornherein klar sein, dass weder die Kompetenz im Team vorhanden ist noch die Absicht besteht, die Lizenz zu erwerben, sollten Sie direkt über Alternativen nachdenken. Hierbei bieten sich sogenannte Freemium-Anbieter, wie z. B. Canva, an. Das bedeutet, dass man ein paar grundlegende Funktionen kostenlos nutzen kann, für erweiterte Funktionalitäten dann aber zahlen muss. Im Vergleich zum Profi-Tool Adobe InDesign sind die Preise aber sehr überschaubar.

Wenn Sie es noch einfacher haben möchten, gibt es eine kostenlose Alternative, mit der heutzutage die meisten Menschen gut umgehen können, weil sie wirklich sehr intuitiv zu bedienen ist: Microsofts PowerPoint. PowerPoint ist das InDesign des kleinen Mannes. Wenn man weiß, wie man es bedient, und selbst ein bisschen ästhetisches Grafik-Gespür mitbringt, kommt man damit schon recht weit. Mit PowerPoint können Sie auch Grafikvorlagen entwerfen, die es anderen Mitgliedern des Teams ermöglichen, ohne gestalterische Expertise eigene Werbemittel auf Basis der Vorlage zu erstellen. Für Drucksachen empfiehlt sich PowerPoint nicht, da zur Erzeugung von Druckdateien meist komplizierte Vorgaben der Druckereien eingehalten werden müssen (Beschnittkanten etc.).

Styleguide und Anwendungsfälle
Egal welche Lösung Sie wählen: Gute Grafiken beginnen in den meisten Wahlkämpfen mit einem guten Styleguide. Darin werden die standardmäßig zu verwendenden Farben, Schriften und Schriftgrößen festlegt, um über den gesamten Wahlkampf hinweg durch Einheitlichkeit einen hohen Wiedererkennungswert sicherzustellen. Meist werden diese Styleguides von der Partei vorgegeben.

Die wichtigsten Drucksachen und Grafiken, die während eines Wahlkampfes zu erstellen sind, sind die folgenden:

- Flyer (einseitig oder mehrseitig)
- Broschüren
- Großflächenplakate
- Plakate
- Anzeigen für Zeitungen oder Display-Werbung im Internet
- Bedruckte Werbemittel

- Social-Media-Kacheln
- Website-Bilder und Kacheln

Fotos und Bildbearbeitung
Ein weiterer Aufgabenbereich, der häufig bei der für die Grafik zuständigen Person liegt, sind die Fotos der Kandidierenden. Hier können Sie sich sehr viel Zeit sparen, wenn Sie frühzeitig wissen, was Sie brauchen. Diese benötigten Fotos können Sie dann in ein oder zwei Sitzungen von professionellen Fotograf:innen erstellen lassen (siehe Abschn. 4.4.1).

Die Bilder erhalten Sie in der Regel schon nachbearbeitet, aber nicht alle Fotograf:innen treffen dabei den Geschmack der Kandidierenden. Daher ist es sinnvoll, auch jemanden mit grundlegenden Kompetenzen in der Bildbearbeitung im Team zu haben, um an der ein oder anderen Stelle noch einmal selbst Hand anlegen zu können.

Besonders wichtig ist diese Bildbearbeitungskompetenz aber bei den unzähligen Fotos, die während des Wahlkampfs erst entstehen werden und den Fleiß und die Umtriebigkeit der Kandidierenden dokumentieren sollen. Daher hat man oft nicht die Zeit, mehrere Tage auf eine Bearbeitung zu warten. Inzwischen sind die Kameras der Smartphones so gut, dass es kaum nötig ist, jemanden mit einer Spiegelreflexkamera zu Terminen zu bestellen. Auf dem Smartphone gibt es einerseits die Standard-Apps, mit denen grundlegende Bildbearbeitung gelingt, und andererseits eine Vielzahl an kostenlosen wie kostenpflichtigen Zusatz-Apps, die aus einem „okayen" Bild ein richtig gutes Bild machen können.

Das hängt natürlich vom Einzelfall ab, aber als erste und grundlegende Faustregel können Sie sich merken: Wenn Sie die Helligkeit von Bildern etwas erhöhen, ist meistens schon viel gewonnen und das Bild fällt vor allem in den sozialen Medien eher auf.

3.3.4 Inhalte und Recherche

Ihre Kandidierenden sollten wissen, welche Themen in einzelnen Politikfeldern gerade diskutiert werden, umstritten sind und welche

Standpunkte dazu von Ihrer Partei vertreten werden. Gerade jungen und eher unerfahrenen Kandidierenden kann es helfen, ein paar nützliche, kompakte Informationen zu relevanten politischen Themen zur Hand zu haben.

Hier ergibt es Sinn, mit Fact Sheets zu arbeiten, also rund 1-bis-3-seitigen Zusammenstellungen, die den Kandidierenden einen ersten Überblick verschaffen. Diese Fact Sheets sollten in der jeweils angemessenen Detailliertheit und Flughöhe erstellt werden – je nachdem, ob es um allgemeines Wissen zum Thema geht oder ob Kandidierende vor themenspezifischen Podiumsdiskussionen auf die aktuelle Sachlage vorbereitet werden sollen.

Ein gutes Fact Sheet erfüllt vor allem folgende Kriterien:

- 1–3 DIN A4 Seiten
- kein Fließtext
- gute Gliederung und Struktur
- Beschreibung des Ist-Zustands
- Beschreibung, was die eigene Partei möchte
- Beschreibung, was die politischen Mitbewerber:innen möchten
- Faktencheck: Objektives Abwägen der Argumente
- Aktuelle Zahlen und Studien zum Thema
- Ein Fazit, wie mit dem Thema im Wahlkampf verfahren werden sollte

Mögliche thematische Überkategorien, die schon vor dem offiziellen Wahlkampf bzw. in der noch ruhigen Phase recherchiert und aufbereitet werden können, sind:

- Gesundheitspolitik
- Digitalpolitik
- Außenpolitik
- Innenpolitik
- Sozialpolitik
- Feminismus und Gleichstellung
- Umweltpolitik
- Energiepolitik und Energiewende

Je nach politischer Ebene des Wahlkampfes muss die Ausrichtung der übergeordneten Kategorien angepasst werden. Bei einer Kommunalwahl können die Überkategorien also durchaus auch „Neues Schwimmbad" oder „Kindergartenplätze" lauten.

Die Person, die im Wahlkampfteam für die Inhalte zuständig ist, kann diese Fact Sheets natürlich selber erstellen. Allerdings ist es selten, dass eine Person in allen Politikfeldern auf dem neuesten Stand ist, ohne dass es oberflächlich wird. Eine koordinative Aufgabe könnte daher sein, dritte Personen zu finden, die geeignet und bereit wären, ein solches Fact Sheet zu erstellen. In der Regel fühlen sich die angesprochenen Expert:innen für ihr Thema von der Anfrage geehrt und helfen gerne. Dabei schaffen Sie auch die Einbindung von Dritten in Ihren Wahlkampf: Diese können Sie erstens im weiteren Verlauf des Wahlkampfes als Multiplikator:innen für Ihre Kampagne nutzen oder zu einer Veranstaltung einladen, bei der sie zu ihrem jeweiligen Spezialthema als Referent:in zur Verfügung stehen.

Abgesehen von dieser Tätigkeit, die jeweils gut im Vorfeld des eigentlichen Wahlkampfes organisiert werden kann, kümmert sich die für Inhalte zuständige Person um Recherchen, die die Kandidierenden im Vorfeld von Terminen brauchen oder um zu einem aktuellen politischen Thema sprechfähig zu sein. Hierbei kann es auch darum gehen, zu einem aktuell kontroversen Thema eine Stellungnahme zu veröffentlichen, die inhaltlich auf soliden Beinen steht. Die Erstellung der Texte selbst kann bei einer anderen Person liegen, da nicht jede:r gute Rechercheur:in auch ein:e gute Schreiber:in ist. Dies ist der Grund, warum die Rollen hier getrennt aufgeführt sind. In den meisten Wahlkampfteams deckt jedoch eine Person die Rollen für Inhalte, Texte und die Pressearbeit gleichzeitig ab, ggf. gemeinsam mit weiteren Personen.

3.3.5 Texte

Im Idealfall wird diese Rolle von jemandem erfüllt, der oder die journalistische Vorerfahrung hat oder zumindest eine gewisse Erfahrung im und Affinität fürs Verfassen von Texten mitbringt. Hier kommt es besonders auf die zielgruppengerechte Ansprache an und darauf, einen Text abzuliefern, der für die Erreichung eines Ziels genau das Richtige mitbringt, d. h. die richtige Tonalität, die richtige Länge (bzw. die richtige Kürze) und eine gute Struktur, die das zu Sagende für Leser:innen schnell erfassbar macht.

Ebenso wie Grafiken braucht es überall auch Text: für Postings in den sozialen Medien, für Veranstaltungsankündigungen, für die Website, für Stellungnahmen, für Flyer und Broschüren, natürlich für Pressemitteilungen und eventuell sogar für Visitenkarten und Plakate.

Gute Texte sind einfach und schnell zu konsumieren, bringen das Wichtige auf den Punkt und sprechen das Zielpublikum an. Als i-Tüpfelchen sind sie auch noch klug, geistreich und gewitzt. Die große Schwierigkeit im Wahlkampf ist, dass solche Texte oft unter Zeitdruck geschrieben werden müssen, weshalb eine zuständige Person mit dem nötigen sprachlichen Geschick Gold wert ist.

Doch nicht nur Fließtexte und Formatgebundenes für den eigenen Wahlkampf gehören hier zu den Aufgaben. Was immer(!) unterschätzt wird, ist die schiere Masse an Anfragen aus Vereinen und Verbänden, von Gewerkschaften und Jugendorganisationen, von Privatpersonen oder journalistischen Medien. Die Anfragen kommen meist per E-Mail und bitten die Kandidierenden, zu einem bestimmten Thema Stellung zu nehmen oder ein paar vorgegebene Fragen zu beantworten. Klar ist: Es ist keine Option, nicht zu reagieren. In der heißen Wahlkampfzeit häufen sich jedoch die Anfragen. Dann ist es im Einzelfall durchaus legitim, die Themen in wenigen Sätzen abzufrühstücken und darauf hinzuweisen, dass gerade keine Möglichkeit besteht, die Fragen in der gebotenen Ausführlichkeit zu beantworten. In der Regel sollte man die Chance aber nutzen, mit der Zivilgesellschaft in Kontakt zu treten und die eigenen Positionen darlegen zu können. Deshalb sollte es auch eine dedizierte Person für diese wichtige Aufgabe geben.

3.3.6 Pressearbeit

Die Mitglieder des Teams reißen sich in der Regel nicht um die Pressearbeit. Das liegt einerseits daran, dass man oft nicht einfach loslegen kann, sondern es einer gewissen Strategie und Vorarbeit bedarf, und andererseits daran, dass schlichtweg die nötigen Kompetenzen fehlen. Pressearbeit kann zäh und mühsam sein, allerdings ist sie einer der wirksamsten Hebel, um Ihrer Kampagne zum Erfolg zu verhelfen. Wenn man hier gut aufgestellt ist und die notwendigen Vorlagen, Anleitungen und Materialien hat, kann man sehr effizient messbare Erfolge erzielen. Die Kommunikation mit Journalist:innen und das Verfassen von adäquaten Inhalten kann richtig Spaß machen und auch für die Erweiterung des eigenen Netzwerks in journalistischen Kreisen – weit über die Zeit des eigentlichen Wahlkampfes hinaus – dienen.

Die Aufgaben der Person, die für die Pressearbeit zuständig ist, hängen eng mit den Rollen für Inhalte und Texte zusammen. Deshalb werden die drei Rollen oft in Personalunion ausgeführt. Zu den typischen Pflichten gehört die Vernetzung mit Vertreter:innen der Presse, deren Einladung zu wichtigen Veranstaltungen sowie die Übersendung von spannenden Inhalten (Texten und Bildern) an die relevanten Medien. Dies sind meist keine Aufgaben, die viel Aufschub dulden.

Hat der oder die Kandidierende ein Event erfolgreich absolviert, sollte innerhalb von rund 24 h ein sympathisches und aussagekräftiges Foto der Veranstaltung zusammen mit einem Pressetext an die entsprechenden Journalist:innen gesendet werden, mit der Bitte um Abdruck. Noch wichtiger allerdings sind die Veranstaltungsankündigungen im Vorfeld. Veranstaltungshinweise erreichen nicht nur die Pressevertreter:innen selbst, sondern dienen veröffentlicht auch dazu, dass möglichst viele interessierte Menschen außerhalb der Partei rechtzeitig von Ihrem Event erfahren.

Pressearbeit profitiert ebenfalls von Inspect and Adapt. Das zuständige Teammitglied wird schnell herausfinden, was im Wahlkampf mit welchem Medium und welcher Person auf journalistischer Seite wie gut funktioniert. Es gibt dafür kein Patentrezept, sondern viele verschiedene Ansätze, die ausprobiert und immer weiter verfeinert werden sollten. Die Pressearbeit ist ein ganz entscheidender Teil Ihres Wahlkampfes und wenn Sie gut gemacht ist, ist den dafür zuständigen Personen große Dankbarkeit gewiss.

Medien recherchieren und priorisieren
Je nach Art Ihres Wahlkampfs sind unterschiedliche Medien relevant. In der Kommune ist es sicher das Gemeinde- oder Stadtblatt, vielleicht noch die Regionalzeitung. Wenn es sich um Bundestags- oder Landtagswahlen handelt, sind auch überregionale Zeitungen, Fernsehsendungen oder Podcasts interessant, da sie ein gewisses Gewicht mitbringen („Also wenn so eine große Zeitung über unsere Kandidatin schreibt, dann muss die ja was drauf haben!") und zum anderen die Reichweite noch einmal deutlich größer ist. Gute Berichterstattung, vor allem bei bekannten, überregionalen Medien, sollten Sie auch auf Ihren Social-Media-Kanälen teilen, um die Reichweite zusätzlich zu erhöhen.

Die Sammlung relevanter Medien und eine grobe Einschätzung, welche Medien wie wichtig für Ihren Wahlkampf sind, sollte frühestmöglich erfolgen. Die Medien können Sie dann in der Gruppe – mindestens bestehend aus dem oder der Kandidierenden, der Wahlkampfleitung und der für Presse zuständigen Person – priorisieren. Am besten ist es, wenn Sie hierbei die Unterstützung von ein paar „alten Hasen und Häsinnen" erhalten, die den Pressebetrieb gut kennen, noch den ein oder anderen Einblick geben und vielleicht sogar weitere relevante Kontakte vermitteln können.

Beziehung zu Journalist:innen aufbauen
Die traurige Wahrheit: Für Journalist:innen sind Sie und Ihr Wahlkampfteam nur eines von vielen. Bei den Veranstaltungshinweisen konkurrieren Sie zusätzlich gegen den örtlichen Töpfer- und Bauernmarkt oder das 120-jährige Jubiläum der Freiwilligen Feuerwehr. Sie brauchen also eine persönliche Beziehung zu den Journalist:innen, um aus der breiten Masse herauszustechen und dadurch eine erhöhte Chance auf Berichterstattung zu haben. Das ist leider kein Geheimtipp. Das heißt, auch beim persönlichen Beziehungsaufbau konkurrieren Sie gegen findige Presseleute aus dem Töpferverein oder vom Festkomitee der Feuerwehr.

Für den Aufbau einer persönlichen Beziehung zu den Journalist:innen und eine insgesamt wirksame Pressearbeit empfehle ich folgende sechs Maßnahmen:

- **Wichtigste Journalist:innen recherchieren:** Die geeignetsten Journalist:innen, die über Ihren Wahlkampf schreiben sollen, müssen Sie zunächst einmal finden. Die Auswahl ist abhängig vom Medium und dem jeweiligen Ressort. Legen Sie am besten eine Tabelle als Google Sheet an, fügen Sie dort bereits existierende Presseverteiler und Kontaktinformationen hinzu und füllen Sie die freien Felder nach und nach mit Namen, E-Mail-Adressen, Telefonnummern, dem letzten Kontakt und weiteren relevanten Informationen aus. Teilen Sie den Link zu Ihrem Sheet mit den Teammitgliedern, die Sie bei der Recherche unterstützen können oder langfristig Aufgaben der Pressearbeit übernehmen sollen.
- **Pressegespräch vereinbaren:** Sobald eine Kandidatur feststeht, sollten Sie den Redaktionen Ihrer Wahl ein Pressegespräch anbieten, bei dem Sie die Redaktion gemeinsam mit Ihren Kandidierenden besuchen und sich persönlich vorstellen.
- **Persönliche (digitale) Pressemappe erstellen und versenden:** Das klingt zugegeben etwas altbacken, kann aber – kreativ umgesetzt – eine wirkungsvolle Maßnahme sein, um sich bei Journalist:innen vorzustellen. Die Pressemappe sollte eine spannend gestaltete Biografie, aktuelle Fotos der Kandidierenden und im Idealfall ein paar weitere Informationen beinhalten, die aus der Masse herausstechen. So bleiben Sie im Gedächtnis und grenzen sich von Ihren politischen Mitbewerbern ab.
- **Pressedinner zum Wahlkampfauftakt veranstalten:** Wenn Ihr Budget das hergibt, laden Sie die wichtigsten Pressevertreter:innen zu Beginn des Wahlkampfes zu einem exklusiven Abendessen ein. Exklusiv bedeutet dabei nicht, dass es besonders chic oder teuer sein soll, sondern dass der Teilnehmendenkreis beschränkt ist – erstens, damit die Journalist:innen sich wertgeschätzt fühlen und zweitens, damit Sie als Wahlkampfteam und Kandidierende auch wirklich mit allen Pressevertreter:innen ins Gespräch kommen können.
- **Anzeigen schalten:** Obwohl Anzeigenabteilung und Redaktion nach journalistischen Standards strikt getrennt sind und Werbeanzeigen nicht zu besserer oder häufigerer Berichterstattung führen dürften, sollten Sie die Wirkung von geschalteten Anzeigen auf die Beziehungspflege nicht unterschätzen.

- **Journalist:innen gezielt ansprechen:** Wenn Sie relevante Journalist:innen auf einer Veranstaltung oder bei einem externen Termin sehen, sprechen Sie die Person ruhig an und rufen Sie sich bei der Person ins Gedächtnis. Sie sollten nicht zu aufdringlich sein, aber schon ein freundlicher Smalltalk und das Übergeben einer Visitenkarte erhöhen die Chance, dass die Person bei Ihrer nächsten E-Mail weiß, wer Sie sind und Ihr Anliegen deshalb vielleicht priorisiert bearbeitet.

Was Sie an Ihre Pressevertreter:innen schicken sollten
Im Journalismus bringt man sehr knapp auf den Punkt, was eine gute Pressemeldung ausmacht: „Hund beißt Mann" ist *keine* gute Meldung, „Mann beißt Hund" *ist* eine gute Meldung. Es geht also um eine relevante Neuigkeit, etwas, das von der Norm abweicht und auch für Journalist:innen erzählenswert ist. Sie sollten die Redaktionen Ihrer Region also nicht mit belanglosen Pressemeldungen zu jedem einzelnen Auftritt fluten, sondern gezielt vorgehen.
  Was Sie schicken sollten:

- **Einmal pro Monat oder alle zwei Wochen die anstehenden Termine** – inkl. Titel, Ort, Zeit, teilnehmenden Akteur:innen und einer Kurzzusammenfassung in einem einzigen Satz. Bei größeren Veranstaltungen können Sie noch einen ausführlicheren Text ergänzen, der weitere Hintergrundinfos zur Veranstaltung enthält. So haben Sie eine Chance, dass diese Termine in den Veranstaltungshinweisen des Mediums auftauchen oder die Journalist:innen sogar eine der Veranstaltungen persönlich besuchen und darüber berichten.
- **Persönliche Einladungen** – nur zu wirklich wichtigen Veranstaltungen.
- **Pressemeldungen zu wirklich relevanten Themen** – inkl. knackiger Zitate der Kandidierenden und aussagekräftiger Bilder.

Allein durch diese drei Maßnahmen erreichen Sie ein stabiles Grundrauschen Ihres Wahlkampfes, das in den Redaktionen – und dadurch wahrscheinlich auch außerhalb – wahrgenommen wird.

3.3.7 Terminkoordination

Für die Terminkoordination sollten alle Parteimitglieder und Gliederungen (z. B. Ortsvereine) eine zentrale Anlaufstelle im Team haben. Dies gelingt in Form einer eigenen E-Mail-Adresse (z. B. termine@xyz.de). Diese sollte dann auf der Website einsehbar sein und innerhalb der Partei geteilt werden, sodass Terminanfragen und Veranstaltungseinladungen direkt und zentral bei den zuständigen Personen ankommen. Hier ist es sinnvoll, dass sich zwei Leute die Aufgabe teilen: Die Terminplanung ist aufwändig, abstimmungsintensiv und Fehler sind oft schmerzhaft, da falsch eingetragene Termine den Kandidierenden mehrere Stunden und viele Kilometer kosten können. Mit dem Vier-Augen-Prinzip werden die Termine doppelt überprüft und Unstimmigkeiten und falsch eingetragene Termine schneller bemerkt.

Zur Koordination sollte das Team auf einen gemeinsamen Kalender zurückgreifen. Hier hat sich der kostenlose Kalender von Google bewährt, da die Rechte für Eintragungen und Bearbeitungen gut verwaltet werden können und er einfach zu bedienen ist. Zeiten, in denen die Kandidierenden und Teammitglieder nicht für den Wahlkampf zur Verfügung stehen, z. B. wegen Urlauben, sollten für alle klar ersichtlich sein. Dadurch kann für die Teammitglieder – falls notwendig – frühzeitig Ersatz für diesen Zeitraum gesucht werden. Bei den Kandidierenden ist es besonders wichtig, Abwesenheiten und Nichterreichbarkeiten im Kalender zu vermerken. So kann das Team Termine mit Ortsvereinen, der Presse oder anderen Interessierten vereinbaren, ohne jeden einzelnen Termin vorher mit den Kandidierenden abstimmen zu müssen. Vorgeplante, aber noch nicht bestätigte Termine können vom Termin-Team mit einem „tbc" (to be confirmed) versehen werden. Analog können Termine, bei denen die Ausrichtung noch nicht klar feststeht, mit „tbd" (to be defined) gekennzeichnet werden.

Darüber hinaus sollten Sie folgende Informationen in Ihre Termineintragungen aufnehmen, um Verwirrung und panische Rückfragen kurz vor dem Termin zu verhindern:

- Name der Veranstaltung
- Beginn und Dauer
- Ort (mit Adresse)
- Ansprechperson vor Ort
- Veranstaltende Organisation
- Kurze Beschreibung der Veranstaltung
- Hintergrundinformationen

Bei der Planung von Terminen ist es unbedingt ratsam, Synergien zu nutzen und im Wahlkampf Zeit zu sparen. Achten Sie daher darauf, dass aufeinanderfolgende Termine örtlich nicht allzu weit voneinander entfernt sind. Außerhalb von Städten ist dies noch wichtiger.

3.3.8 Interne Vernetzung und Mobilisierung

Auch wenn das Team noch so gut und breit aufgestellt ist, ohne viele weitere Helfer:innen innerhalb und außerhalb der Partei kann es kein guter Wahlkampf werden. Oft werden die Bereiche Terminkoordination sowie Interne Vernetzung und Mobilisierung in Personalunion erledigt, damit die Mitglieder und Gliederungen eine zentrale Ansprechstelle für all ihre Anliegen haben.

Bei der internen Vernetzung und Mobilisierung geht es darum, die Mitglieder und Gliederungen für den Wahlkampf zu begeistern und zum aktiven Mitmachen anzuregen. Dies geschieht durch Transparenz, wie die Wahlkampfstrategie aussieht und welche Aktionen geplant sind, aber auch durch das Eingehen auf und Annehmen von Ideen, die an das Wahlkampfteam herangetragen werden.

Um einen kontinuierlichen und engen Austausch zu gewährleisten, sollte zu Beginn des Wahlkampfes ein Treffen in großer Runde – mit dem Wahlkampfteam sowie Vertreter:innen von Arbeitsgemeinschaften und Ortsvereinen – organisiert werden. In diesem Treffen kann die Strategie des Wahlkampfteams vorgestellt und diskutiert sowie Entscheidungen zur weiteren Zusammenarbeit mit Ortsvereinen und anderen Gruppen getroffen werden. Diese Entscheidungen können festlegen, ob man sich in einer Messenger-Gruppe mit allen

Beteiligten zusammenfindet, um schneller kommunizieren zu können, oder ob ein interner Newsletter gewünscht ist und wenn ja, in welcher Regelmäßigkeit.

Es empfiehlt sich, während des Wahlkampfes in dieser Runde etwa alle ein bis drei Monate erneut zusammenzukommen, um Feedback zu teilen, neue Herausforderungen zu identifizieren und die nächsten Schritte konkret und mit allen Beteiligten zu planen und zu besprechen. Beispielhafte Themen für diese Sitzungen sind meist organisatorischer Natur: Was passiert wann? Wann sollen welche Plakate geklebt werden und wo sind diese abzuholen? Welche großen Veranstaltungen stehen an und wo werden noch Helfer:innen gesucht? Wie läuft die Kampagne insgesamt und wo gibt es Verbesserungspotenzial?

3.3.9 Social Media und Online-Wahlkampf

In den letzten Jahren und Wahlkämpfen hat sich die Aufgabe des Social-Media-Managers zu einer der wichtigsten entwickelt. Gerade während der Corona-Pandemie, in der kein Wahlkampf in Präsenz und im herkömmlichen Sinn stattfinden konnte, waren die sozialen Medien die beste Möglichkeit, mit potenziellen Wähler:innen in Kontakt zu treten und sie von den eigenen Kandidierenden und Programmen zu überzeugen. Doch auch nach der Pandemie ist der Online-Wahlkampf ein wichtiges Vehikel, weshalb sich auch ein eigenes Kapitel im weiteren Verlauf dieses Buches nur darum dreht.

Social-Media-Beauftragte sollten sich mit den gängigen, relevanten Plattformen (Facebook, Instagram, Twitter, ggf. auch TikTok und LinkedIn) auskennen und im Idealfall erste Erfahrungen beim Erstellen und Verwalten von bezahlten Online-Anzeigen haben. Die Benutzeroberfläche der dafür zu verwendenden Tools ist nicht immer intuitiv und es wird vermutlich ein paar Experimente brauchen, bis man versiert damit umgehen kann.

Wichtig sind auch hier eine sehr gute und kurzfristige Erreichbarkeit sowie die Bereitschaft, jeden Tag ein paar Minuten für die Social-Media-Arbeit aufzuwenden, denn davon lebt sie. Einen Großteil der Postings kann man zwar vorausplanen, sodass sie am Wunschdatum zur

Wunschuhrzeit automatisiert ausgespielt werden, aber es zählt auch die Reaktionsfähigkeit auf aktuelle Ereignisse. Das Gefühl von Nähe zu den Kandidierenden, das die sozialen Medien erzeugen können, stellt sich dann ein, wenn Sie Inhalte aus dem Wahlkampf-Alltag (mehrfach) täglich mit Ihrer Community teilen.

Die meisten Kandidierenden betreuen selbst zumindest einen der Social Media Accounts (in der Regel den eigenen Privat-Account). Von diesem können dann Inhalte auf anderen Kanälen, also anderen Plattformen wie auch anderen Accounts (z. B. von Parteigliederungen) geteilt werden. Das bedeutet einen geringeren Zeitaufwand für die Social-Media-Person. Allerdings sind Kandidierende oft so sehr im Wahlkampftrubel eingespannt, dass sie einfach nur ein aktuelles Foto an das Team spielen. Die erste Aufgabe der Social-Media-Beauftragten wäre es dann, gemäß den Regeln für gute Social Media-Arbeit (siehe Kap. 6) zu entscheiden, ob, wie und wo das Foto veröffentlicht werden sollte. Danach sollte die zuständige Person einen passenden Post erstellen und diesen auf den relevanten Kanälen verbreiten. Ein grober Textvorschlag oder zumindest ein paar zentrale Stichpunkte können entweder von den Kandidierenden direkt mitgeschickt werden oder die Social-Media-Beauftragten können sich aus dem – gut gepflegten – Wahlkampfkalender die nötigen Informationen heraussuchen. Profi-Tipp: Wenn die Kandidierenden gleich ein griffiges Zitat mitschicken, wird der Post weniger generisch und kann damit auch mehr Reichweite erzielen.

Die Betreuung der weiteren Kanäle des Online-Wahlkampfes, wie Website, E-Mail-Newsletter oder Wahlkampf-Podcast, können bei denselben Personen liegen, müssen aber nicht. Gerade bei größeren Wahlkämpfen bietet es sich an, für die Online-Wahlkampf-Aktivitäten ein kleines Sub-Team innerhalb des Wahlkampfteams zu bilden, das den Online-Wahlkampf dementsprechend ganzheitlich betreut.

3.3.10 Finanzen

Die Person, die für die Finanzen und Budgetplanung zuständig ist, muss zwangsläufig eng in die Gesamtstrategie eingebunden sein und in regelmäßigem Austausch mit der Wahlkampfleitung stehen. Die Rolle ist besonders dann wichtig, wenn es knappe Budgets zu verwalten gilt, da es dann auf jeden einzelnen Cent ankommt.

Diese Rolle kann auch die Aufgabe beinhalten, neue Geldquellen außerhalb des eigentlichen Budgets zu erschließen, beispielsweise durch Fundraising-Aktionen oder durch das Einsammeln von Spenden von Parteimitgliedern oder parteinahen Personen oder Institutionen.

Neben der andauernden, operativen Finanzkontrolle während des Wahlkampfes gehört auch die dafür erforderliche Vorarbeit in den Aufgabenbereich dieser Rolle. Das bedeutet unter anderem, dass im Vorfeld – falls noch nicht vorhanden – eine Kreditkarte beantragt werden sollte. Viele anfallende Services, zum Beispiel Werbung im Internet, kann man häufig nur mit Kreditkarte bezahlen.

Sinnvoll ist es, wenn auch die Bestellungen von Plakaten, Werbemitteln und Co. im Aufgabenbereich dieser Rolle liegen. Das hat einerseits den Vorteil, dass die Budgetübersicht immer aktuell gehalten werden kann. Andererseits müssen die Kreditkarten- oder Bankdaten sowie andere Login-Daten, die dafür benötigt werden, nicht mit allen Teammitgliedern geteilt werden.

Budgetplanung

Zur optimalen Finanzplanung sollten alle Wahlkampfausgaben in einem kollaborativen Online-Spreadsheet (z. B. Google Sheets) dokumentiert werden. Damit haben alle Mitglieder Zugriff und können ihre Ausgaben für Bestellungen oder Ähnliches tagesaktuell eintragen, sodass die Übersicht stets aktuell ist. Über Formeln im Sheet können Beträge ganz einfach zusammengezählt, subtrahiert oder die jeweilige Mehrwertsteuer ausgewiesen werden. Bei Facebook-Anzeigen beispielsweise ist diese bisher nicht standardmäßig im angezeigten „ausgegebenen Betrag" inkludiert und muss manuell hinzugerechnet werden, wenn man eine aktuelle und genaue Summe möchte.

Die Tabelle, die als Budgetübersicht dienen soll, verfügt idealerweise über folgende Spalten:

- **Grund der Ausgabe**, z. B. Flyer für Veranstaltung „Radschnellweg".
- **Betrag** auf den Cent genau.
- **Rechnungsdatum** oder Datum, an dem die Ausgabe angefallen ist.

- **Zahldatum**, an dem die Rechnung beglichen wurde.
- **Name** der Person, die die Rechnung beglichen hat.
- **Rückerstattung** an wen? Wenn die Rechnung nicht direkt vom Wahlkampfbudget bezahlt wurde, an wen soll die Rückerstattung gehen?
- Rückerstattung **erledigt?**
- **Rechnung abgelegt?** – direkt im gemeinsamen Ordner oder an die zuständige Person im Wahlkampfteam gesendet?
- **Kommentar**-Spalten schaden nie.

In einem zweiten Tabellenblatt im selben Spreadsheet können die Einnahmen analog dokumentiert und innerhalb des Spreadsheets miteinander verrechnet werden.

Spenden und Fundraising
Alles, was es über Parteispenden zu wissen gibt, was Sie dürfen und nicht dürfen, ist im Gesetz über die politischen Parteien (Parteiengesetz) § 25 Spenden (PartG § 25) besser und klarer definiert als ich es hier könnte. Deshalb gehe ich hier auch nicht auf die rechtlichen Bedingungen ein, sondern verweise Sie direkt ans Parteiengesetz.

Fundraising ist letztlich das neudeutsche Wort für Spendensammeln. Sie sollten es nicht mit Crowdfunding verwechseln, was so viel wie „Schwarmfinanzierung" bedeutet. Gut organisiertes und strukturiertes Fundraising wird in den meisten Wahlkämpfen in Deutschland kläglich vernachlässigt. Auch bei der Parteienfinanzierung ist der Anteil an Spenden in Deutschland äußerst gering. „Häufig wird behauptet, das läge daran, dass es in Deutschland keine politische Spendenkultur gäbe. Wir glauben, es liegt daran, dass klassische Parteien einfach schlecht im [Fundraising][1] sind, also dem Sammeln von sehr vielen kleinen und mittleren Spenden." (Burmester & Holtmann, 2021, S. 199). Die Frage ist nun, wie man es besser macht und durch Spenden die Wahlkampf-

---

[1] Im Originaltext steht hier „Crowdfunding", das jedoch oft eine bestimmte Gegenleistung impliziert. Daher erscheint mir „Fundraising" der präzisere Begriff zu sein.

kasse aufbessert. Ich schlage folgende Tipps und Tricks vor, die den ein oder anderen Euro in den Budgettopf spülen:

- Spendenaufruf prominent auf der Website platzieren und das Spenden so einfach wie nur möglich machen.
- Vorgedruckten Überweisungsschein mit den eigenen Bankdaten griffbereit haben – oft wollen Menschen einfach nur keinen Aufwand mit einer Spende haben.
- Persönlicher Spendenaufruf per E-Mail, Messenger, Brief oder mündlich: Je größer Ihr Netzwerk, desto wirksamer ist die Aktion.
- „Spende-ein-XY"-Aktionen: Oft lassen sich Leute leichter zu einer Spende hinreißen, wenn Sie einen konkreten Betrag spenden, dessen Gegenwert sie kennen. Natürlich dürfen Spenden nicht zweckgebunden sein, aber als Aufhänger kann man beispielsweise 24,99 € als Spende anfragen, um zehn Plakate im übertragenen Sinn zu stiften.
- Fragen Sie bei Unternehmensbesuchen direkt nach einer möglichen Spende.
- Erwähnen Sie als Alternative zum Spenden immer, dass die Menschen sich auch selbst in den Wahlkampf einbringen und so ihre persönliche Zeit spenden können.

Sparpotenziale

Geld, das Sie nicht ausgeben, müssen Sie schon nicht durch Spenden wieder reinholen. Es gibt einige Kniffe, die man anwenden kann, um im Wahlkampf kurz- oder langfristig Geld zu sparen, was vor allem bei kleineren Budgets sehr hilfreich ist:

- **Bei Drucksachen Mengenrabatt nutzen,** z. B. durch große Mengen des gleichen Plakates, das nur durch das Aufkleben sogenannter Störer für jeden Ortsverein individualisiert wird.
- **Auf Aktionen und Rabatte achten,** ggf. vorher googlen, bei welcher Online-Druckerei es gerade Rabattgutscheine gibt.
- **Visitenkarten und Werbemittel nicht mit dem aktuellen Wahlkampfjahr versehen,** sondern so gestalten, dass man sie in ein paar Jahren immer noch verwenden kann.

- **Stifte und Notizblöcke als Werbemittel haben kein Mindesthaltbarkeitsdatum,** Süßigkeiten schon.
- **Viel selber machen, wenig auslagern** – Die Zusammenstellung eines guten und kompetenten Teams ist also schon die erste Sparmaßnahme.
- **Bei Veranstaltungen um Anmeldung bitten,** um die Aufwände, Raumgröße, Mindestabnahme und Verpflegung besser planen zu können.

Wenn Sie die Aufgaben und Rollen in Ihrem Team gut verteilt haben, ist das die halbe Miete für einen erfolgreichen Wahlkampf. Wenn Sie dieses schlagkräftige Wahlkampfteam dann an der ein oder anderen Stelle noch mit externen Unterstützer:innen ergänzen, kann eigentlich nichts mehr schiefgehen.

3.4 Externe Unterstützer:innen

Externe Unterstützung ist die verlängerte Werkbank des Wahlkampfteams. Externe Unterstützer:innen können einerseits fehlende (Fach-)Kompetenzen innerhalb des Teams ergänzen und andererseits nach außen als glaubwürdige Multiplikator:innen wirken. Externe Unterstützer:innen sollten Sie aktiv in den Wahlkampf einbinden und deren Feedback und Ratschläge ernst nehmen. Die Perspektive von außen ist wertvoll, da Sie innerhalb des Teams ab einem gewissen Punkt die für eine objektive Bewertung notwendige Distanz zum eigenen Wahlkampf nicht mehr leicht herstellen können.

Möglichkeiten für externe Unterstützung:

- **Freiwillige, die bei operativen Tätigkeiten helfen** (Flyer verteilen, Plakate kleben).
- **Social-Media-Multiplikator:innen, die liken, teilen, kommentieren.** Freiwillige hierfür sollten in einer eigenen Gruppe in einem Messenger oder auf Facebook organisiert werden, damit die Social-Media-Unterstützung bei Bedarf unkompliziert angefragt werden kann und nicht in Vergessenheit gerät.

- **Expert:innen** als Gesprächspartner:innen für spannende Veranstaltungen.
- **Spender:innen.**
- **Berater:innen und Feedback-Geber:innen** mit politischem Knowhow, für Pressearbeit und Wahlkampfstrategie.
- **Expert:innen** für Grafik, Technik, Online-Marketing, Eventmanagement, Moderation, Fundraising etc.
- **Kuchen- und Plätzchen-Bäcker:innen** für Verteilaktionen oder Veranstaltungen.
- **Netzwerker:innen,** die Kontakte vermitteln können.

Wie findet und bindet man diese externen Unterstützer:innen?
Ein gutes Beispiel, wie Unterstützer:innen gewonnen und vor allem motiviert werden können, lieferte Sebastian Kurz in seinem Wahlkampf zur österreichischen Nationalratswahl 2017. In seiner Kampagne gab es – neben vielen anderen Elementen eines marketing- und digitaloptimierten Wahlkampfes (Business Punk Redaktion, 2017) – eine App, in der man sich als Unterstützer:in registrieren konnte und für verschiedene Unterstützungsaktionen Punkte bekam (Barišić, 2017). Die Punkte wurden dann in Rankings angezeigt. Richtig ausgereift war die App jedoch nicht: Es gab schon Punkte fürs alleinige Beitreten zu einer Challenge und ob die Aufgabe dann wirklich erfüllt wurde, wurde nicht kontrolliert. Punkte für eine nicht erfüllte Challenge konnte man auch nicht freiwillig zurücksetzen. Echte Wettbewerbsfans kamen so also nicht auf ihre Kosten. Der grundsätzliche Ansatz aber ist gut und das Schlüsselwort lautet Gamification. Es liegt in unserer Natur, uns mit anderen messen zu wollen; durch das Sammeln der Punkte werden die Nutzer:innen der App motiviert und bei der Stange gehalten.

Für die Organisation der Unterstützer:innen gab es außerdem Freiwilligenbüros, in denen Wahlkampfmaterial abgeholt werden konnte. Das ist für einen Kommunalwahlkampf sicher überdimensioniert, aber eine vereinfachte und praktikable Version davon kann für Bundestags- oder Landtagswahlkämpfe eine gute Idee sein. Wenn im Wahl- oder Stimmkreis drei bis vier Anlaufstellen (Bürger:innenbüros, Ladenflächen von Unterstützer:innen etc.) zu festen Zeiten zugänglich sind, kann die Distribution der Wahlkampfmaterialien deutlich erleichtert werden. Das Material kommt so schneller zu den Verteiler:innen und damit auch schneller zu den Bürger:innen – sorgt also für eine reduzierte Time-to-Voter.

Eine App à la Kurz ist sicher für die meisten Wahlkämpfe und Wahlkampfteams nicht umsetzbar. Dennoch können Sie sich von der Idee inspirieren lassen. Vielleicht hat jemand aus Ihrem Team die Kompetenzen, eine einfache Version einer solchen App zu entwickeln. Oder Sie erstellen auf der Kandidierenden-Website eine Unterseite für die Unterstützungsmöglichkeiten. Dort könnte – wie an einem schwarzen Brett – übersichtlich dargestellt werden, wo und bei welchen Aufgaben gerade Unterstützung benötigt wird und wo die Freiwilligen sich melden können. Hier sollten Sie betonen, dass auch eine einmalige Unterstützung möglich ist, da nicht alle Menschen Lust haben, sich dauerhaft an ein Team oder eine Partei zu binden. Flexible und kurzfristige Beteiligung anzubieten, erleichtert Ihnen das Finden vieler Unterstützer:innen ungemein.

Andere oder ergänzende Möglichkeiten, um Freiwillige zu sammeln, sind ein einfaches Registrierungsformular (z. B. bei Google Forms) für potenzielle Unterstützer:innen auf der Kandidierenden-Website sowie physische Listen zum Eintragen bei Veranstaltungen und Infoständen. Doch auf diese Website und zu den Veranstaltungen muss erstmal jemand kommen. Daher braucht es hier eine Kampagne, die entweder klassisch als kleine Zeitungsanzeige oder – viel günstiger – über die sozialen Medien die Freiwilligen aufruft, sich zu melden. Wichtig hierbei ist, dass man klar herausstellt, wieso sich jemand als Unterstützer:in im Wahlkampf engagieren sollte, vor allem, wenn diese Person noch nicht einmal Mitglied in der Partei ist. Mehrwertversprechen müssen in einem solchen Aufruf unbedingt enthalten sein und können wie folgt aussehen:

- „Sei Teil von etwas Großem!" → Zugehörigkeitsgefühl, Bandwagon-Effekt
- „Lerne die politische Arbeit kennen!" → Neugierde, Wissensaufbau
- „Hab mit uns den Sommer deines Lebens!" → Spaß
- „Tu's für uns, tu's für die Umwelt!" → Idealismus

Sind die Unterstützer:innen gefunden, gilt es, diese zu begrüßen, ggf. weitere Kontaktierungsmöglichkeiten zu erfragen und regelmäßig zu informieren. So kann die Eintrittsschwelle ins aktive Geschehen so niedrig wie möglich gehalten werden. Hierfür bieten sich E-Mail-Newsletter an sowie Gruppen in Messengern.

Um leichter Unterstützer:innen für bestimmte Aufgaben zu finden, sollten Sie die jeweiligen Fähigkeiten bereits am Anfang in einem Anmeldeformular (z. B. in Google Forms) abfragen. Für die Abfrage von Interessen und Kompetenzen bietet sich eine Liste mit festgelegten Aufgabengebieten an. Die folgende Granularität ist meist ausreichend für eine erste Erhebung und die Details können dann je nach Bedarf im Einzelfall geklärt werden:

- Grafik oder Fotografie
- Organisation und Strategie
- Fahrdienste
- Social Media
- Musik und Tontechnik
- Flyer verteilen
- Plakatierung
- Fachexperte für _____
- Kochen und Backen
- Große Reichweite und Netzwerk
- Was gerade anfällt

Beim Erstellen des Formulars sollten Sie darauf achten, dass beim Ausfüllen eine Mehrfachauswahl möglich ist. Das Formular sollte darüber hinaus den Namen, die E-Mail-Adresse und die Verfügbarkeiten enthalten. Verfügbarkeiten zeigen auf, wenn jemand nur am Wochenende oder nur abends kann oder einen längeren Auslandsaufenthalt geplant hat. Bevor Sie jedoch externe Personen per E-Mail kontaktieren, sollten Sie sich über die datenschutzrechtlichen Vorgaben informieren. In Abschn. 6.5 werden einige Hinweise dazu erläutert, aber für die letztliche Umsetzung sollten Sie mit der oder dem Datenschutzbeauftragten Ihrer Partei sprechen.

Literatur

Barišić, M. (7. September 2017). Handy-App für Kurz-Unterstützer. *Der Standard.* https://www.derstandard.at/story/2000063749939/handy-app-fuer-sebastian-kurz. Zugegriffen: 23. Okt. 2022.

Burmester, H., & Holtmann, C. (2021). *Liebeserklärung an eine Partei, die es nicht gibt.* Bastei Lübbe.

Business Punk Redaktion. (25. Oktober 2017). Wahlkampf in Europa: Wenn Marketing Parteiprogramme ersetzt. *Business Punk.* https://www.business-punk.com/2017/10/sebastian-kurz-nationalratswahl-oesterreich/. Zugegriffen: 23. Okt. 2022.

PartG §25. https://www.gesetze-im-internet.de/partg/__25.html. Zugegriffen: 13. Okt. 2022.

4

Planung und Strategie

Zusammenfassung Die Strategie ist Machen. In einer schnelllebigen Welt wäre es fatal, sich im Wahlkampf steif und fest an Planungen und Zielsetzungen zu halten, die vor vielen Monaten entstanden sind. Moderne Wahlkämpfe, die mit agilen Arbeitsweisen geführt werden, können auf Veränderungen schnell reagieren und die Strategie kontinuierlich der aktuellen Situation anpassen.

Wie Sie mit dem Wahlkampfstrategie-Canvas Ihr Vorgehen planen, Ihre Maßnahmen zielgerichtet vorbereiten, direkt am Anfang die notwendigen Grundlagen für eine erfolgreiche Kampagne entwickeln und dabei immer Ihre Wähler:innen im Blick behalten, erfahren Sie in diesem Kapitel.

Wahlkämpfe können ganz unterschiedliche Ziele verfolgen: Der Erhalt des Bürgermeister:innenamts, ein besseres Wahlergebnis als beim letzten Mal, der Wahlsieg und damit ein Machtwechsel, der erstmalige oder wiederholte Einzug in ein Parlament oder – bei anscheinend aussichtslosen Wahlkämpfen – eine gute Positionierung für's nächste Mal. Von Ihrem Ziel hängt Ihre Strategie ab: Wenn Sie ein neues Amt erringen wollen, müssen Sie ganz klar eingrenzen, bei welchen Wähler:innen Sie die größten Chancen haben und mit aller Kraft versuchen, deren

Zustimmung zu gewinnen. Wenn Sie hingegen einen aussichtslosen Wahlkampf führen, kann es durchaus Sinn ergeben, langfristiger zu denken und darauf zu setzen, sich erst einmal bekannt zu machen und sich einen guten, profilierten Ruf aufzubauen. Beide Ziele brauchen theoretisch einen völlig unterschiedlichen Wahlkampf, wobei die Wahrheit zwischen den Extremen liegt: Das Gewinnen möglichst vieler Stimmen für die eigene Partei und die eigenen Kandidierenden sollte schließlich immer das Ziel sein.

4.1 Kandidierendenfindung

Von den Zielen Ihres Wahlkampfes, den Perspektiven und Chancen hängt auch die Findung von geeigneten Kandidierenden ab. Hier pauschale Aussagen zu treffen, wer sich eignet und wer nicht, ist partei- und ebenenübergreifend schwierig. Die Anforderungen an Kandidierende unterscheiden sich stark darin, auf welcher Ebene der Wahlkampf stattfindet: Wo auf kommunaler Ebene eine gut vernetzte Person wichtig ist, die im vorpolitischen Raum die Möglichkeit hat, auf Stimmenfang zu gehen, geht es bei Wahlkämpfen auf höherer Ebene meist um eine überregionale Strahlkraft und ein authentisches Thema, das bei den Wähler:innen verfängt.

Die Identifizierung und Förderung politischer Talente wird in den Parteien oft sehr stiefmütterlich behandelt. Machen Sie es besser und fangen Sie in jedem Fall so früh wie möglich an, Kandidierende aufzubauen und mit vielen möglichen Bewerber:innen zu sprechen. Je eher Sie in der Partei planen können, wer vermutlich ins Rennen gehen wird, desto besser. Ein Jahr vor der Wahl damit zu beginnen, ist eigentlich zu spät.

Wichtige Faktoren bei Kandidierenden sind der unumstrittene Amtsinhaber:innenbonus, die soziale Repräsentativität, die allgemeine politische Kompetenz und die Wahlkreiskompetenz:

> „Letztere beschreibt die effektive Vertretung der Interessen der eigenen Wähler und entspricht weitgehend den klassischen Parlamentsfunktionen Artikulation und Initiative.

4 Planung und Strategie

> Allgemeine politische Kompetenz manifestiert sich in der parlamentarischen Kleinarbeit – der Debatte politischer Vorstellungen, der Auseinandersetzung mit Gesetzesvorlagen, der Kontrolle des Haushalts [...].
> Diese beiden Kompetenzarten stehen in einem Spannungsverhältnis. Zeit, die für die Parlamentsarbeit und die Ausbildung der allgemeinen politischen Kompetenz aufgewendet wird, steht nicht mehr zur Pflege des Wahlkreises und Steigerung der Wahlkreiskompetenz zur Verfügung (Herzog et al., 1990, S. 97). [...]
> Auch die soziale Repräsentativität eines Kandidaten kann Wähler veranlassen, für ihn zu stimmen. Versteht man unter der Repräsentativität eines Parlaments, dass alle gesellschaftlichen Gruppen entsprechend ihrer Stärke vertreten sind, kann der Bundestag nicht als repräsentativ gelten. [...] In Teilen der Bevölkerung existiert jedoch das Gefühl, dass die eigenen Anliegen nur dann ausreichend im Parlament vertreten sind, wenn dieses spiegelbildlich zur Gesellschaft zusammengesetzt ist. Am häufigsten ist der Wunsch nach Abgeordneten, die aus derselben Region stammen. Mehr weibliche Abgeordnete werden vor allem von jungen Frauen gefordert (Rebenstorf & Weßels, 1989)." (Mackenrodt, 2008, S. 73 f).

Neben den bisher genannten Faktoren – und obgleich wir es alle nicht gerne hören und wahrhaben wollen – erhöht auch gutes Aussehen die Chancen auf einen Wahlsieg:

> „Politikkandidaten, denen mit besserem Aussehen auch eine größere Kompetenz zugeschrieben wird, sind in Wahlen erfolgreicher – analog zur „Schönheitsprämie" auf dem Arbeitsmarkt. Ein von Ausländern in Unkenntnis der Kandidaten durchgeführtes Schönheitsranking kann deren Wahlerfolg relativ zuverlässig vorhersagen. Sich dieser Zusammenhänge stärker bewusst zu werden und die eigene Wahlentscheidung daraufhin zu überprüfen, ist für den demokratischen Prozess von einiger Bedeutung." (Poutvaara, 2017).

Auch wenn die Hypothesen und Ergebnisse der vorangegangenen Zitate aus teilweise schon etwas in die Jahre gekommenen Publikationen stammen, fassen Sie dennoch einige zentrale Punkte kompakt zusammen. Bevor wir allerdings zur Ableitung kommen, welche Lehren Sie für Ihre Kandidierendenfindung daraus ziehen können, hier noch zwei weitere Erkenntnisse zur Einordnung:

„Allerdings mag die Tatsache verwundern, dass fast überhaupt kein Erststimmenbonus für Listenabgeordnete existiert – anscheinend gelingt es diesen Abgeordneten nicht, öffentliche Aufmerksamkeit auf ihren Einsatz für die Bürger zu lenken und diese in Erststimmen umzumünzen. Gleiches gilt offenbar für die Tätigkeit in den Ausschüssen: Die Mitgliedschaft in Wahlkreisausschüssen wird anscheinend nicht als Urteilshilfe für Wahlkreiskompetenz eingesetzt und erzeugt keinen Stimmenbonus.[...] Einen erkennbaren Einfluss auf das Erststimmenergebnis besitzt hingegen nationale Prominenz. Prominente Direktkandidaten können durchschnittlich einen Erststimmenbonus von eineinhalb Prozentpunkten erwarten." (Mackenrodt, 2008, S. 80 f)

„Der Einfluss von persönlichen Eigenschaften auf das Erststimmenergebnis ist allerdings begrenzt. Der Zweitstimmenanteil der eigenen Partei und der des potentiellen Koalitionspartners vermögen einen sehr großen Anteil der Varianz im Erststimmenanteil der Direktkandidaten zu erklären. Nur für eine Minderheit von Wählern scheint bei der Auswahl eines Wahlkreisabgeordneten dessen Persönlichkeit der ausschlaggebende Faktor zu sein." (Mackenrodt, 2008, S. 83)

Die Erkenntnisse, die ich aus diesen und anderen Studien sowie meiner persönlichen Erfahrung ableite, sind die folgenden:

- Amtsinhaber:innen haben einen großen Bonus. Sollte kein:e Amtsinhaber:in (mehr) zur Verfügung stehen, sollten die bisherigen Amtsinhaber:innen durch Aussagen oder gemeinsame Termine die neuen Kandidierenden legitimieren.
- Es kann Sinn ergeben, einen Kandidaten oder eine Kandidatin aufzustellen, die sich bezüglich der sozialen Repräsentativität von den anderen Kandidierenden der politischen Mitbewerber unterscheidet. Treten in einem bestimmten Wahlbezirk beispielsweise nur Männer an, kann es sich lohnen, dem eine weibliche Kandidatur entgegenzustellen.

- Allgemeine (politische) Kompetenz kann sich auch in einem anspruchsvollen Beruf oder einer guten Ausbildung ausdrücken, ebenso wie in verantwortungsvollen Aufgaben in Vereinen oder Verbänden.
- Wahlkreiskompetenz lässt sich bei Kandidat:innen, die zum ersten Mal antreten, vor allem durch eine gute Kenntnis der lokalen Besonderheiten, der kommunalen Politik und der Verwurzelung in der Region vermitteln.
- Gutes Aussehen ist wichtig. So mancher Rohdiamant kann aber auch nach der Aufstellung noch geschliffen werden. Hier darf auch Wahlkampfbudget in einen Style-Check und eine Optimierung durch professionelle Beratung fließen.
- Kandidierende sollten im Idealfall passionierte Parteimitglieder sein und auch für den Erfolg der Partei werben, nicht nur für ihr Erststimmenergebnis. Dies sollte auch im Wahlkampf auf strategischer Ebene festgehalten und Möglichkeiten zur Umsetzung gesucht werden.
- Amtsinhaber:innen investieren meist zu wenig Energie in die *richtige* Kommunikation mit den Bürger:innen. So wissen diese oft einfach nicht, was die Abgeordneten oder Kommunalpolitiker:innen eigentlich machen, wofür sie sich engagieren und inwiefern die Region von ihnen profitiert. Das Problem: Die Menschen suchen sich diese Informationen nicht proaktiv. Deshalb müssen sie in leicht verdaulichen Häppchen an Wähler:innen herangetragen werden. Auch dafür braucht es eine analoge wie digitale Umsetzungsstrategie.
- Je bekannter ein Kandidat oder eine Kandidatin ist, desto höher sind meist seine oder ihre Wahlchancen. Arbeiten Sie im Vorfeld der Wahl, ggf. auch schon weit vor dem eigentlichen Wahlkampf, sukzessive und strategisch daran, mehr Bekanntheit für Ihre Kandidierenden zu erlangen. Auch das erfordert strategisches Vorgehen, z. B. durch Veranstaltungen, geschickte Pressearbeit, Plakat-Aktionen, durch eigene innovative Formate oder Tür-zu-Tür-Aktionen auch in wahlkampffreien Jahren.
- Wenn es zu internen Kampfkandidaturen kommt, ist es für Ihren späteren Wahlerfolg oft gar nicht so wichtig, *wer* letztendlich nominiert wird. Entscheidend ist, wie die Partei damit umgeht.

Sorgen Sie bereits im Vorfeld dafür, dass die Partei nach der Kandidierendenkür geeint auftritt und sich alle Mitglieder hinter dem oder der gewählten Kandidat:in versammeln. Wenn Sie diese Geschlossenheit nicht vermitteln können, wird es auch schwer, einen erfolgreichen Wahlkampf zu führen.

- Last but not least: Überschätzen Sie all die persönlichen Faktoren nicht. Die Wahlergebnisse hängen meist vom Momentum der jeweiligen Partei zum Zeitpunkt der Wahl ab. Wenn das Rennen mit den politischen Mitbewerbern allerdings knapp ist, kann die richtige Personalie dennoch über Sieg oder Niederlage entscheiden – ebenso wie bei herausragend charismatischen Personen, die sich auch einem negativen Parteitrend widersetzen können.

Zur Wahrheit über den Einfluss der richtigen Personalie gehört auch: Die Bürgerinnen und Bürger wollen sich oft einfach gar nicht mit den jeweiligen Kandidierenden oder Wahlprogrammen auseinandersetzen. Daher zählt meist der erste Eindruck, egal, ob er rein optisch ist oder ob es sich dabei um den ersten Satz in einem Gespräch, ein knackiges Zitat in einer Zeitung oder die Stimme im Radiointerview handelt. Ob Kandidierende diesen ersten Eindruck für sich entscheiden und als Person auch beim zweiten, dritten und vierten Mal wiedererkannt werden, hängt durchaus von ihrer Persönlichkeit ab und vor allem davon, wie aufmerksamkeitsstark, gewinnend und markant sie ist. Wie Kandidierende Ihre Markenpersönlichkeit entwickeln und pflegen können, erfahren Sie in Kap. 5.

4.2 Das Wahlkampfstrategie-Canvas

Ein Canvas (dt.: Leinwand) ist im Kontext der Strategieentwicklung eine rechteckige Fläche, die in weitere Rechtecke unterteilt ist. Dabei handelt es sich um ein beliebtes und etabliertes Werkzeug, um Inhalte gemeinsam zu erarbeiten, übersichtlich zu strukturieren und zu visualisieren, sodass am Ende ein kohärentes und überblicksartiges Gesamtbild entsteht. Das noch immer bekannteste Canvas ist das Business Model Canvas (Osterwalder & Pigneur, 2010), mit dem

Geschäftsmodelle analysiert und entwickelt werden können. Doch auch für Ihren Wahlkampf bietet sich die Verwendung eines Canvas an, wie Sie im Folgenden sehen werden.

Um mit dem Wahlkampfstrategie-Canvas (Abb. 4.1) wirklich gut arbeiten zu können, sollten Sie die folgende Vorlage scannen, fotografieren, sie möglichst groß ausdrucken oder auf einem großen Papier oder Whiteboard abzeichnen. Im Idealfall sollte das Canvas über die gesamte Dauer des Wahlkampfes zugänglich und sichtbar sein. Wenn es keinen Raum gibt, in dem ein DIN-A0-Plakat dauerhaft Platz hat, sollte das Canvas online bearbeitet und dort dauerhaft genutzt werden. Eine Software, die sich hierfür anbietet, ist das Workshop-Tool Miro[1], das auch in einer kostenlosen Version benutzt und getestet werden kann. Etwas improvisierter lässt sich das Canvas aber auch mit Google Slides gemeinsam bearbeiten.

Die initiale Bearbeitung, also das erste Ausfüllen aller Felder, findet am besten in Präsenz statt, mit dem Canvas für alle sichtbar an der Wand und mit Post-Its und Stiften vor allen Teilnehmenden. Der Teilnehmer:innenkreis kann dabei vom Wahlkampfteam selbst festgelegt werden. Kandidierende, Wahlkampfleitung und die für den Wahlkampf wichtigsten Personen im Wahlkampfteam sollten auf jeden Fall teilnehmen. Darüber hinaus sind aber auch weitere gute Strateg:innen, kreative Köpfe und erfahrene Parteimitglieder hilfreich. Im Idealfall bleibt die Gruppe bei einer Größe von drei bis etwa sieben Personen, damit konstruktives und effizientes Arbeiten möglich ist. Das erste Befüllen des Canvas sollte nicht mehr als zwei Stunden dauern, Anpassungen sind im Nachgang ja jederzeit möglich und gewünscht.

Das Ausfüllen selbst geschieht in der Reihenfolge der Nummerierung, da man für den jeweils nächsten Schritt die schon gesammelten Informationen und Ideen der vorhergehenden Schritte verwenden sollte. Die etwas kuriose Aufteilung und das Springen zwischen den Feldern ist dem Umstand geschuldet, dass das Canvas die einzelnen Elemente in Ihrem sinnvollen Zusammenhang visualisieren

---

[1] https://miro.com/de/.

Wahlkampfstrategie-Canvas

10. Verbündete
Auf welche Personen, Kompetenzen und Materialien können wir außerhalb des Teams und außerhalb der Partei zurückgreifen (Gruppierungen und Verbände, Synergien, Dienstleister:innen etc.)

9. Unsere Aktivitäten
Wie konzipieren und koordinieren wir unsere Aktivitäten? Wie setzen wir die Ideen um? Was machen wir wann?

8. Interne Ressourcen
Welche Personen bringen welche Kompetenzen mit und welches Material haben wir zur Verfügung? Über wie viel Budget verfügen wir?

3. Mehrwertversprechen
Worum verdienen wir die Aufmerksamkeit unserer Wähler:innen? Welchen Nutzen haben Wähler:innen davon, uns zu wählen? Was hilft unseren Wähler:innen wirklich? Welche Bedürfnisse stillen wir, was bieten wir an? Wie lösen wir Probleme? Was machen wir besser als die anderen?

4. Wettbewerber
Wer sind unsere Wettbewerber? Wofür stehen diese? Was machen diese? Was sind deren Schwächen?

5. Wähler:innenbeziehung
Welche Beziehung wird erwartet und welche Wähler:innen wollen wir leben? Welchen Aufwand sind wir bereit, in die Wähler:innenbeziehung zu investieren? Welche Prozesse sind etabliert? Wie können wir die Beziehung verbessern?

6. Kampagnenkanäle
Wo erreichen wir unsere Wähler:innengruppen? Wie bekommen wir deren Aufmerksamkeit? Wie und wo vermitteln wir Inhalte?

7. (Langzeit-)Ziele und Erfolge
Welche Ziele verfolgen wir – im aktuellen Wahlkampf aber auch langfristig? Wie lassen sich welche Erfolge im aktuellen Wahlkampf messen?

1. Wähler:innengruppen
Wer wählt uns? Wer soll uns wählen? Bei welchen Wähler:innen haben wir die größten Chancen, dass sie uns wählen?

2. Hauptanliegen unserer Wähler:innen
Welche Themen treiben unsere Wähler:innen um? Welche Sorgen und Wünsche haben sie?

11. Kosten und Hindernisse
Welche zeitlichen und monetären Aufwände werden benötigt? Welche Probleme sind vorhanden oder können auftreten? Welche Abhängigkeiten gibt es? Welche Gefahren drohen?

Abb. 4.1 Wahlkampfstrategie-Canvas

soll. Dabei zeigt der linke Teil des Canvas überwiegend, was man selbst in der Hand hat und an welchen Stellschrauben man noch drehen kann. Der rechte Teil gibt vor allem das Ziel (die Wähler:innen!) vor und wie man das Mehrwertversprechen an die Wähler:innen transportiert. Kleine Veränderungen in einem der Kästchen wirken sich auch auf andere Kästchen aus, vor allem auf die umliegenden. Um diese abhängigen Veränderungen schneller erfassen zu können, ist die vorliegende Anordnung also nicht unnötig kompliziert, sondern ganz bewusst so entwickelt.

Auch der begrenzte Platz ist keine Unzulänglichkeit des Canvas, sondern hilft Ihnen, sich zu fokussieren und gute Ideen von besseren Ideen verdrängen zu lassen. Sie sollten im Canvas nie alles aufschreiben, was Ihnen einfällt, sondern sich auf das wirklich Wichtige beschränken.

Theoretisch können Sie die Strategie auch ohne Canvas, z. B. in Form einer Liste erarbeiten, die die im Canvas abgefragten Elemente enthält. Die Gedanken, die Sie sich mit dem Canvas in der richtigen Reihenfolge machen, sind entscheidender als die letztliche Visualisierung. Wenn es Ihnen aber irgendwie möglich ist, sollten Sie mit der vorgeschlagenen Canvas-Form arbeiten, um die Strategie wirklich ganzheitlich erfassen zu können und vor allem die notwendige Beschränkung und Fokussierung auf das wirklich Relevante nicht zu vergessen.

4.2.1 Wähler:innengruppen: Zielgruppen definieren und Personas entwickeln

Zu wissen, wen genau Sie mit einer Wahlkampfaktion ansprechen, erreichen und überzeugen wollen, ist wesentlicher Bestandteil einer guten Kampagne. Viele Parteien hatten lange ihre Stammwähler:innen aus einer bestimmten Bevölkerungsgruppe. Wenn das bei Ihnen noch so sein sollte, können Sie diese Stammwähler:innen an dieser Stelle im Canvas aufführen. Dabei sollten Sie jedoch präzise vorgehen. Nur „Stammwähler:innen" in das Feld zu schreiben, wird Ihnen wenig bringen. Seien Sie spezifisch! Was macht Ihre Stammwähler:innen aus?

Welche Altersgruppen gehören dazu? Welche Einkommensgruppen? Welches Bildungsniveau? Welche Berufe?

Zugegebenermaßen ist es schwierig, alle relevanten Berufs- oder Altersgruppen aufzuzählen und hinzuschreiben. Also sollten Sie jeweils Überbegriffe finden und Altersspannen (z. B. 18 bis 29 Jahre) angeben. Wenn Sie mit den anderen Teilnehmer:innen überlegen und diskutieren, wird sich in der Diskussion auch herausstellen, welche Ihre Hauptzielgruppe ist, welche die nächstwichtigste oder die unwichtigste. Da Sie Ihre Wahlkampfstrategie auf Ihre (Haupt-)Zielgruppe ausrichten wollen, sollten Sie darauf achten, dass die von Ihnen definierten Gruppen nicht zu groß gefasst sind. Daher empfehle ich Ihnen die Verwendung von *Personas*, die in einem nachgelagerten Teamtreffen, basierend auf den ersten Ergebnissen der Zielgruppendefinition, erstellt und nachträglich in das Canvas eingetragen oder andernorts gespeichert werden können.

> **Personas**
>
> Personas sind fiktive Personen als beispielhafte Exemplare Ihrer Zielgruppe. Personas werden in einem häufig recht aufwändigen Prozess erstellt, unter Einbezug aller typischen Informationen, die Sie über Ihre vordefinierte(n) Zielgruppe(n) haben. Dabei kann es pro Zielgruppe auch mehrere Personas geben. Die einzelne Persona wird mit sehr konkreten Merkmalen (z. B. Name, Alter, Beruf und Vita, (Stock-)Profilfoto, Wohnort, Familienstand, finanzielle Situation, politische und gesellschaftliche Einstellungen, Freizeitbeschäftigungen, Mitgliedschaften, Freundeskreis etc.) beschrieben und gilt dann für das Team als ein prototypischer Wähler oder eine prototypische Wählerin. Wie viele Personas Sie erstellen, hängt von zwei Faktoren ab: erstens von der Menge der vorher gefundenen Zielgruppen und zweitens davon, wie viel Energie und Zeit Sie für die Erstellung haben und investieren wollen. Als Richtschnur würde ich sagen: Definieren Sie Ihre wichtigsten drei Zielgruppen und erstellen Sie für diese mindestens je eine Persona.
>
> Nun fragen Sie sich womöglich: Wozu der Aufwand, eine fiktive Person im Detail zu beschreiben, wo doch unsere Wähler:innen alle unterschiedlich sind und wir ja eigentlich die breite Masse ansprechen sollten und nicht nur einzelne (künstlich erzeugte) Personen? Die Antwort: Die Erstellung und Verwendung von Personas hilft Ihnen, Ihren Wahlkampf wirklich auf Ihre Zielgruppe zuzuschneiden, indem Sie einen echten Bezug zu Ihrer Zielgruppe herstellen und sich in sie hineinversetzen können. Davon ausgehend, können Sie dann die Anforderungen und Bedürfnisse

Ihrer Zielgruppe ableiten und darauf basierend bessere Entscheidungen treffen, im Wahlkampf zielführender priorisieren und gelungene Veranstaltungen planen, die die Leute begeistern.

Ein Beispiel: Sie haben folgende Persona entwickelt: Marie-Christin Schmidt, 34 Jahre alt, Bürokauffrau, alleinerziehende Mutter von Jonas (4) und Amelie (2), wohnhaft in einer 70qm-Mietwohnung am Rand einer deutschen Großstadt. Sie arbeitet halbtags, wenn die Kinder in der Kita sind. Bruttoeinkommen 2500 €/Monat. Die größten Ausgaben sind Miete, Lebensmittel, die Kita, Versicherungen und der Kleinwagen, den sie benötigt, um zu ihrem Arbeitsplatz in einer Gemeinde im Umland der Großstadt zu kommen. Sie hat einen großen Freundeskreis und geht einmal in der Woche abends zur VHS in einen Yogakurs. In dieser Zeit passt die 70-jährige Nachbarin Inge auf die Kinder auf.

Von diesen Informationen ausgehend, können Sie folgenden Fragen stellen, die die Qualität Ihres Wahlkampfes verbessern, weil Sie die Anforderungen und Ansprüche der Zielgruppe kennen und ernstnehmen:

- Welche Themen interessieren diese Person so sehr, dass sie eine Veranstaltung zu diesem Thema besuchen würde?
- Was würde das Leben dieser Person verbessern?
- Wann und wo sollte eine Veranstaltung stattfinden, damit diese Person teilnehmen kann?
- Braucht es eventuell Kinderbetreuung auf der Veranstaltung oder kann die Veranstaltung auch digital stattfinden?
- Welche digitalen Kompetenzen hat diese Person vermutlich? Wo und wie können digitale Eintrittshürden gesenkt werden?
- Wie bringe ich diese Person dazu, ihrem großen Freundeskreis von unserer Partei und unseren Zielen zu berichten?
- Wie erreiche ich diese Person? Welche Möglichkeiten gibt es, mit der VHS zu kooperieren? Welche anderen Einrichtungen/Veranstaltungen/Vereine könnte diese Person noch aufsuchen?
- Über welche politischen Themen unterhält sie sich vermutlich mit ihrer älteren Nachbarin? Über welche mit ihrer besten Freundin?

Diese Liste könnte unendlich fortgesetzt werden. Von jeder Eigenschaft, die Sie der Persona zuschreiben, können neue Fragen abgeleitet werden. Wie Sie sicher schon ahnen, erreichen Sie eine große Menge an Menschen, wenn Sie erst einmal wissen, wie Sie diese eine fiktive Person erreichen. Eine Persona liefert Ihnen also wertvolle Denkanstöße und verhindert, dass Sie Ihre Zielgruppe aus den Augen verlieren. Daher arbeiten inzwischen die meisten Unternehmen mit Personas, vor allem im Marketing, aber auch Museen (z. B. das Jüdische Museum in Frankfurt a. M.) haben die Zielgruppenorientierung mit Personas für sich entdeckt (Thiele, 2020).

> Ganz nebenbei bemerkt, macht es den Teams in der Regel auch Spaß, Personas zu entwickeln und es versetzt alle in eine kreative Stimmung.

Wenn Sie Ihre Personas entwickelt haben, lohnt es sich, zu diskutieren, was Ihre am leichtesten zu erreichende und zu gewinnende Zielgruppe oder Persona ist. Auf diese sollten Sie sich zunächst fokussieren, da hier die Wahrscheinlichkeit am größten ist, dass sie Ihnen am Wahltag auch wirklich ihre Stimme gibt. Es ist ein Trugschluss zu glauben, es brächte den Wahlsieg, wenn man sich im Wahlkampf vor allem auf die Klientels konzentriert, die Ihre Partei nicht sowieso wählen und vielleicht noch nie gewählt haben. Ja, dort ist das Stimmenpotenzial natürlich sehr groß, aber dieses signifikant zu heben, ist äußerst schwer – der Großteil Ihres Wahlkampfes würde verpuffen. Treue Stammwähler:innen zu mobilisieren und parteinahe Menschen zu gewinnen, ist wesentlich erfolgversprechender.

4.2.2 Hauptanliegen unserer Wähler:innen: Themen, Probleme und Wünsche der Zielgruppe definieren

Wenn Sie also Ihre Zielgruppen priorisiert und die Personas entwickelt haben, können Sie im Team gemeinsam darüber nachdenken, was deren Hauptanliegen, größte Sorgen und Wünsche an die Politik sind.

Mit genügend Vorlauf bietet es sich an, im Bekanntenkreis Personen zu finden, die in diese Zielgruppen passen und unter diesen eine kleine Umfrage zu machen. Das kann als formloses Interview geschehen oder – gerade wenn man mehrere Leute befragen möchte – als Online-Fragebogen, der sich mit Google Forms schnell und intuitiv umsetzen lässt. Die Ergebnisse einer solchen Umfrage, die im Idealfall erst nach der Zielgruppendefinition stattfinden sollte, können bei einem nächsten Treffen oder zu einem späteren Zeitpunkt in das entsprechende Feld im Canvas eingetragen werden – das Canvas ist schließlich ein lebendes Dokument.

Beim initialen Befüllen sollten Sie ausgehend von Ihren definierten Zielgruppen überlegen, welche spezifischen Probleme die jeweilige

Zielgruppe hat und diese Probleme dann in dem vorgesehenen Feld sammeln. Um zu den Hauptanliegen zu kommen und einen Denkanstoß zu erhalten, können Sie sich folgende Fragen stellen:

- Welche Situationen und Umstände können meine Zielgruppe nachts um den Schlaf bringen?
- Welche persönlichen Unzufriedenheiten würde meine Zielgruppe als erstes beseitigen, wenn sie pro Monat 2000 € mehr zur Verfügung hätte?
- Welche Erwartungen hat meine Zielgruppe an die Zukunft in den nächsten 2, 5, 10, 20 oder 50 Jahren?
- Welche politische Entscheidung hat meine Zielgruppe in den letzten Jahren besonders betroffen – im positiven und im negativen Sinn?
- Welches Thema würde meine Zielgruppe bewegen, sich selbst politisch zu engagieren?
- Wie groß ist die Politikverdrossenheit meiner Zielgruppe und was müsste passieren, um sie zu lindern?

Wenn Sie diese und andere Fragen, die Ihnen vermutlich selbst noch einfallen, beantworten, haben Sie schon einen großen Schritt getan. An diesem Punkt wissen Sie, wer genau was genau von Ihnen erwartet. So entwickeln Sie echtes Verständnis für Ihre Zielgruppe und deren Probleme, was in die nächsten Überlegungen im Canvas fließen muss.

4.2.3 Mehrwertversprechen: Unser Angebot

Die Antworten auf die Hauptanliegen, Sorgen und Wünsche Ihrer Zielgruppe sammeln Sie dann im dritten Feld mit der Überschrift „Mehrwertversprechen". Selbst wenn das Team davon überzeugt ist, dass die thematischen Inhalte des Wahlkampfes bereits feststehen, weil es offensichtliche Themen gibt oder die Kandidierenden bereits ein konkretes thematisches Profil haben, sollten die Themen und Überzeugungen hier noch einmal auf den Prüfstand gestellt werden, um sie mit der Zielgruppe und deren Hauptanliegen abzugleichen und gegebenenfalls anzupassen.

Um hier auf die richtigen Antworten zu kommen, empfehle ich die Beantwortung der folgenden konkreten Fragen:

- Welches programmatische Angebot kann unsere Partei der Zielgruppe machen?
- Welches persönliche Angebot können unsere Kandidierenden machen?
- Wieso sollte sich unsere Zielgruppe für uns interessieren und wieso sollte sie uns wählen?
- Wie können wir Missstände beseitigen und das Leben unserer Zielgruppe wirklich verbessern?
- Was würde in unserer Zielgruppe einen Wow-Effekt auslösen, wenn sie davon erfährt? Was würde die Zielgruppe positiv überraschen?
- Was ist unser *unfairer Vorteil*, also das, was keine andere Partei – selbst unter Aufbietung aller Mittel – leisten kann? Was ist unser Alleinstellungsmerkmal, was haben *nur* wir?
- Wofür beneiden uns andere Parteien?
- Was findet unsere Zielgruppe jetzt schon gut an unserer Partei, unseren Kandidierenden oder unserer programmatischen Ausrichtung?

Die Antworten auf diese Fragen sind unerschöpflich und können auch im Laufe des Wahlkampfes immer weiter ergänzt werden. Beim Ausfüllen des Canvas müssen Sie die einzelnen Antworten auf die Fragen sinnvoll gruppieren und auf möglichst wenige, konkrete Mehrwertversprechen zuspitzen. Diese hier festgelegten Mehrwertversprechen müssen sich als Kernbotschaften in jeglicher Kommunikation während des Wahlkampfes wiederfinden – in den Reden der Kandidierenden, in Texten auf der Website und in den sozialen Medien. So entsteht Konsistenz in der Kommunikation und die Inhalte verfestigen sich bei der Zielgruppe, die die Botschaften konsumiert.

4.2.4 Wettbewerber: Feindbeobachtung

Über die Frage nach dem unfairen Vorteil der eigenen Partei sind wir bereits in die Feindbeobachtung vorgestoßen. Daher schließt sich dieses Feld im Canvas direkt an. Hier geht es um die Sammlung aller relevanten Fakten zu den politischen Mitbewerbern: deren Kandidierende, die politischen Themen, die sie (vermutlich) im Wahlkampf besetzen werden, mögliche Vor- und Nachteile in der Zielgruppe der eigenen Partei, welche Zielgruppe die anderen Parteien haben und wo Schwachstellen der Mitbewerber Angriffsflächen bieten.

Wichtige Neuigkeiten – z. B. kurzfristig bekannt gewordene Großspenden oder Skandale um Kandidierende – sollten in diesem Feld auch im Laufe des Wahlkampfes ergänzt werden, um die Mitbewerber:innen, unbesetzte Themen oder mögliche Angriffsflächen nicht aus den Augen zu verlieren.

Gleichzeitig sollten Sie an dieser Stelle auch festlegen, wie Ihr Team zum Thema Negative Campaigning steht und wo hier die Grenzlinien für Sie und Ihr Team verlaufen. So müssen Sie sich nicht erst während des Wahlkampfes darüber Gedanken machen und können Ihre Überlegungen bereits in Ihre inhaltliche Strategie mit aufnehmen.

> **Negative Campaigning**
>
> Negative Campaigning bezeichnet politische Öffentlichkeitsarbeit, die darauf abzielt, politische Mitbewerber und Kandidierende anderer Parteien bloßzustellen, in ein schlechtes Licht zu rücken oder sich namentlich über sie lustig zu machen. Dabei werden inhaltliche Fehltritte, aus dem Zusammenhang gerissene Zitate, Skandale oder Peinlichkeiten dazu benutzt, den politischen Gegner persönlich zu attackieren. Obwohl sich in den letzten Jahren, vor allem durch die – meist nur sogenannten – „sozialen" Medien, einiges geändert hat und das Negative Campaigning etwas gesellschaftsfähiger geworden ist, sollte man sehr vorsichtig damit sein.
>
> „Was Hans über Sabine sagt, verrät oft mehr über Hans als über Sabine" ist mein persönlicher Nordstern, wenn es um die Frage des Negative Campaignings geht. Das bedeutet, dass es schnell nach hinten losgehen kann (Bumerang-Effekt), wenn Sie versuchen, sich über Ihren politischen Gegner zu erheben, indem Sie ihn verbal scharf angreifen,

persönliche Verfehlungen öffentlich thematisieren oder ihn der Lächerlichkeit preisgeben. Negative Campaigning kann unsympathisch machen und die eigene Glaubwürdigkeit verringern. Oder schenken Sie Ihr Vertrauen gerne jemandem, der andere durch den Dreck zieht? Sehen Sie.

Allerdings erzielen Sie mit Negative Campaigning mehr Aufmerksamkeit. Auf die Skandalisierungen springen nämlich nicht nur wir Menschen stark an – ob wir wollen oder nicht –, sondern auch die Algorithmen der sozialen Medien. Skandale der anderen Parteien werden, meiner Erfahrung nach, von der eigenen Klientel eher mit „Gefällt mir" markiert und geteilt als das 60-jährige Jubiläum des Nachbarortsvereines. Wenn Sie außerdem noch auf etwas gestoßen sind, das zwar öffentlich zugänglich, bisher aber niemandem aufgefallen ist, sollten Sie das durchaus ansprechen. Das lässt Sie gründlich erscheinen und gewitzt.

Diskutieren Sie im Wahlkampfteam und vor allem mit den Kandidierenden, wie Sie zu diesem Thema stehen – ein allgemeingültiges Regelbuch für jeden Fall wird es ohnehin nicht geben können. Erste Grundregeln, die sich in vergangenen Wahlkämpfen bewährt haben, sind die folgenden:

- Angriffe auf den politischen Gegner immer nur inhaltlich, niemals persönlich.
- Niemals sensible Themen instrumentalisieren, die unbeteiligte Dritte einbeziehen oder unter denen mögliche Opfer noch leiden (beispielsweise die betrogene Ehefrau, das missbrauchte Kind etc.).
- Niemals ordinär werden oder verletzend.
- Tod und Krankheit sind absolute Tabuthemen im Negative Campaigning.
- Auf einen Skandal aufzuspringen, der bereits prominent in den Medien verhandelt wird, ist unnötig. Machen Sie sich hier die Hände nicht schmutzig, außer Sie haben einen völlig neuen Aspekt zum Thema beizutragen.
- Formulieren Sie Angriffe am besten als direkte, öffentliche Fragen an die andere Partei oder die anderen Kandidierenden. Adressieren Sie sie nicht an die Öffentlichkeit. Niemand mag Petzer:innen.
- Der Königsweg beim Negative Campaigning ist, wenn Sie humorvoll und mit einem Augenzwinkern agieren. Sie bringen das jeweilige Thema zwar zur Sprache, können aber als witzig und sympathisch wahrgenommen werden. Doch Vorsicht: Das passt nicht zu allen Kandidierenden und auch nicht zu jedem Wahlkampf.

Obwohl Negative Campaigning im Idealfall die eigenen Wähler:innen mobilisieren kann, ist es in Zeiten allgemein steigender Politikverdrossenheit unter Umständen hoch gepokert, Politiker:innen demokratischer

> Parteien öffentlich zu beschädigen. Dadurch kann es passieren, dass die Wähler:innen den Glauben an die Politik noch mehr verlieren und überhaupt nicht mehr zur Wahl gehen.

4.2.5 Wähler:innenbeziehung: Wie wir Wähler:innen begegnen

Das Feld für die Wähler:innenbeziehung ist nicht zufällig zwischen dem Mehrwertversprechen und der Zielgruppe verortet. Es geht – wie auch bei den Kampagnenkanälen darunter – darum, wie wir mit den Wähler:innen in Beziehung treten wollen und in welcher Intensität. Hier kommt es darauf an, für welche Partei man Wahlkampf macht und wie man als solche wahrgenommen werden will. Daher hängt die Beziehung einerseits von der Zielgruppe, aber auch vom jeweiligen Mehrwertversprechen ab. Fragen, die Sie sich beim Ausfüllen dieses Feldes stellen sollten, sind die folgenden:

- Wollen Kandidierende oder Partei auf Augenhöhe mit den Wähler:innen agieren oder sollten die Kandidierenden als starke und souveräne Führungspersönlichkeiten wahrgenommen werden?
- Wollen wir Kümmerer:in für die Probleme der Menschen sein oder das personifizierte Verbesserungs- und Aufstiegsversprechen? Wie kann beides gelingen?
- Wollen wir vor allem den persönlichen Austausch im Wahlkampf fördern, z. B. durch viele kleinere Infostände und Haustür-Besuche, auch wenn dies zeitintensiver und unter Umständen weniger effizient ist?
- Wie würde unsere Zielgruppe gerne mit uns in Kontakt treten und was erwartet sie sich von der Beziehung zu uns?
- Welche Grundregeln für die Kommunikation mit den Wähler:innen wollen wir uns geben? Duzen? Siezen?

- Welchen Beziehungsstil können und wollen unsere Kandidierenden authentisch leben? Wie können wir als Partei und Wahlkampfteam das unterstützen?

Die Beziehung kann sich in den unterschiedlichen Phasen des Wahlkampfes ändern und muss zu den jeweiligen Kandidierenden passen. Mit Inspect and Adapt werden Sie im Wahlkampf herausfinden, was Ihre Zielgruppe von Ihnen erwartet und wie sich die Beziehung entwickelt.

4.2.6 Kampagnenkanäle: Wo wir Wähler:innen begegnen

Nachdem die ersten Eckpfeiler definiert sind, welche Beziehung wir mit den Wähler:innen pflegen und wie wir mit ihnen kommunizieren wollen, muss es nun darum gehen, festzulegen, wo und in welcher Form wir mit ihnen in Kontakt treten können und möchten. Im 21. Jahrhundert sollten eine Website, diverse Social-Media-Kanäle sowie Plakate und Veranstaltungen in Präsenz – sei es eine Diskussionsveranstaltung oder ein Infostand – zum Standard-Repertoire der Kampagnen-Kanäle gehören.

Welche Kanäle genau in welcher Intensität bespielt werden sollen, kann nun definiert werden. Die Kanal-Entscheidungen sollten in Abhängigkeit von der jeweiligen Zielgruppe, deren Hauptanliegen und Ihrem Mehrwertversprechen getroffen werden. Während sich klassische Radiowerbung beispielsweise für eine ältere Zielgruppe eignen würde, kann man TikTok als Social-Media-Kanal vor allem bei einer jüngeren Zielgruppe nutzen. Ein eigener Podcast könnte Wähler:innen in ganz verschiedenen Altersgruppen erreichen, ist vermutlich aber bei einer sehr gut ausgebildeten und medienaffinen Zielgruppe relevanter. Ausnahmen bestätigen natürlich die Regel, aber hier sollten Sie sich zunächst auf die Medien und Kampagnenkanäle konzentrieren, die für Ihre Zielgruppe am wichtigsten sind und die Sie als Team auch wirklich gut bespielen können. Wenn Sie während des Wahlkampfes noch Energie übrig haben, können Sie jederzeit weitere Kanäle hinzufügen.

4.2.7 (Langzeit-)Ziele und Erfolge: Absichten formulieren und messbar machen

Inzwischen wissen Sie, wer Ihre Zielgruppe ist, was diese braucht, wie Sie auf ihre Bedürfnisse antworten und wie Sie sie erreichen. Nun sollten Sie davon konkrete, messbare Ziele für Ihren Wahlkampf ableiten. Wenn Ihr Team bzw. Ihr:e Kandidat:in ohnehin über einen Listenplatz einziehen müsste und es primär um ein gutes, vorzeigbares Ergebnis bei der Wahl geht, dann sind die Ziele des Wahlkampfes sicher andere, als wenn sich schon zu Beginn des Wahlkampfes abzeichnet, dass der Kampf ums Mandat ein sehr knappes Rennen wird, das Sie durchaus gewinnen können.

Wenn von vornherein klar ist, dass das Mandat ohne größere Überraschungen nicht zu holen ist, dann sollten Ihre Ziele so gesetzt werden, dass sie gleichzeitig schon auf künftige Wahlkämpfe einzahlen: die Kandidierenden und die programmatischen Inhalte bekannt machen, Vertrauen und Sympathie gewinnen oder die internen Kompetenzen in Sachen Wahlkampfführung ausbauen. Eventuell steht im nächsten Jahr ein Wahlkampf an, in dem es wirklich um ein Mandat geht. Mit einem sehr guten Testlauf kann man optimal vorbereitet starten und dann vielleicht Früchte ernten, die man schon im Wahlkampf zuvor gesät hat.

Definieren Sie messbare Zwischenziele, die Sie während des Wahlkampfes kontrollieren und am Ende bewerten können. Mögliche messbare Größen sind:

- die Anzahl der während des Wahlkampfes neu gewonnenen Parteimitglieder
- prozentuale Verbesserungen bei Umfragen und Wahlergebnissen
- die effektive Nutzung des Wahlkampfbudgets, indem bspw. prozentual mehr Geld für Werbung als für interne Organisation ausgegeben wird
- die Ergebnisse von bezahlten Social-Media-Kampagnen
- die Anzahl der Presseartikel oder sonstigen Berichterstattungen
- das bessere Abschneiden bei der Wahl als die Kandidierenden in den Nachbarwahlkreisen

- die Follower-Zahlen der Social Media Accounts der Kandidierenden oder der Partei im Vergleich zur Zeit vor dem Wahlkampf
- all die genannten Punkte im Vergleich zum vorhergehenden Wahlkampf

Konkrete und messbare Ziele können aufzeigen, was während des Wahlkampfes gut oder nicht so gut geklappt hat. Eine echte Einschätzung über den jeweiligen Erfolg – abgesehen von einem Wahlsieg – kann jedoch nur gegeben werden, wenn Sie die erhobenen Messwerte in einen Kontext setzen – z. B. im Vergleich mit dem Wahlkampf zuvor oder mit dem Wahlkampf im Nachbarstimmkreis. Diese Erkenntnisse helfen Ihnen, Optimierungspotenziale zu identifizieren und daran zu arbeiten. Gleichzeitig erhöhen konkrete Ziele und messbare Ergebnisse die Motivation. Ihre Teammitglieder wollen die einzelnen Ziele erreichen und werden so zu Höchstleistungen angespornt.

Aber Vorsicht: Im Mittelpunkt des Wahlkampfes stehen immer noch die Menschen. Verhindern Sie unbedingt, dass Mitglieder des Teams die hier definierten Ziele zu ernst nehmen. Sie sind kein Selbstzweck, sondern sollen helfen, zu priorisieren, zu fokussieren und Erfolge transparent zu machen. Sie können sich aber auch während des Wahlkampfes verändern und sind ganz sicher nicht als Burn-Out-Falle gedacht.

4.2.8 Interne Ressourcen: Kompetenzen, Personal und Material

In diesem Feld sollten Sie alles sammeln, was Sie für Ihren Wahlkampf auf der Habenseite verbuchen können, um die von Ihnen festgelegten Ziele zu erreichen: Ihre Teammitglieder, Budgets, die vorhandenen Kompetenzen im Team, eventuell prominente Unterstützer:innen, zur Verfügung stehende Räumlichkeiten oder Zugriff auf Dienstleistungen aus der Hauptamtlichkeit der Partei.

Hier können Sie auch festhalten, welche Materialien und Ressourcen Ihnen Ihre Partei außerdem zur Verfügung stellt. Das sind meist Fotoshootings für alle Kandidierenden, Rhetorik-Coachings, diverse Werbemittel oder Plakate.

Vielleicht fällt Ihnen hier auch noch etwas ein, das mit Ihrem Mehrwertversprechen zusammenhängt. Etwas, das vielleicht nur Sie als Ressource nutzen können und das besonders gut zu Ihrem Wahlkampf passt. Das könnte beispielsweise ein ausgefallenes Hobby der Kandidierenden sein, das sich gut mit einem Wahlkampfthema verknüpfen lässt und eine Abgrenzung zu den anderen Parteien schafft.

4.2.9 Unsere Aktivitäten: Aktionen und Organisation

In diesem Feld sollten Sie festhalten, wie Sie Ihre internen Ressourcen am besten einsetzen können und wie eine reibungslose Zusammenarbeit gelingen kann. Dazu gehört es, die Teamstruktur zu definieren und die internen Kommunikationskanäle (z. B. via Messenger-Dienste wie Signal) festzulegen. Hier sollten Sie aufschreiben, welche Software und Methoden Sie für die Koordination und Umsetzung des Wahlkampfs verwenden wollen, sowie alles weitere, das Ihnen die Zusammenarbeit erleichtert.

Hier sollte auch die Einteilung des Wahlkampfes in verschiedene Zeitschienen (siehe Abschn. 4.5) erfolgen, einschließlich der ersten großen Ideen für die Kampagne, die über das spätere, tagtägliche Grundrauschen des Wahlkampfes hinausgehen.

Wenn Sie eine zündende Idee haben, die Ihren Wahlkampf zu etwas ganz Besonderem macht, dann sollten Sie das ebenfalls hier vermerken. Das kann ein speziell für Ihren Wahlkampf bedruckter Bus mit Wahlkampfmaterialien und Kaffeebar sein, es kann ein 48-Stunden-Dauerinfostand oder eine 24-Stunden-Bürger:innensprechstunde sein.

4.2.10 Verbündete: Externe Ressourcen und Unterstützer:innen

Bei der Diskussion, welche Ressourcen Sie intern bereits zur Verfügung haben und wie Sie das Team-Setup gestalten wollen bzw. welche größeren Aktionen den Wahlkampf attraktiv machen sollen, haben Sie vielleicht schon das ein oder andere bemerkt, wofür Sie noch externe Unterstützung benötigen. Diese noch zu findenden Unterstützer:innen oder externe Dienstleister sollten hier schon einmal notiert und dann im Laufe des Wahlkampfes gefunden werden. Das ist meist bei Grafikdienstleistungen der Fall, geht aber soweit, dass Sie im Feld zu den Verbündeten auch spannende und/oder prominente Leute sammeln sollten, zu denen jemand aus dem Teilnehmendenkreis Kontakt hat oder herstellen könnte, um diese für Veranstaltungen oder als Multiplikator:innen zu gewinnen.

Viele Stiftungen, Verbände und Vereine haben eine durchaus merkliche Nähe zu der ein oder anderen Partei. Sammeln Sie hier Institutionen, mit denen Sie im Wahlkampf gerne zusammenarbeiten möchten oder zu denen Sie ohnehin schon guten Kontakt haben.

4.2.11 Kosten und Hindernisse: Aufwände und Gefahren definieren

Wenn Sie bis hierhin alles gesammelt haben, was Ihre Wahlkampfstrategie ausmacht, sollten Sie nun noch die erwarteten Kosten und deren Verteilung sowie mögliche Hindernisse festhalten. Dies hilft Ihnen einerseits dabei, während des gesamten Wahlkampfes Ihre Kosten-Nutzen-Rechnung im Blick zu behalten, und andererseits sind Sie auf Gefahren und Hindernisse vorbereitet und können diese gut meistern.

Fragen, die Sie sich hier beim ersten Ausfüllen stellen sollten, sind:

- Wie hoch sind die geschätzten Kosten für den Wahlkampf?
- Gibt es für den Ernstfall die Möglichkeit, das Budget zu überschreiten? Wenn ja, um wie viel?
- Welche Probleme sehen die Teammitglieder bereits jetzt? Wie schlimm sind diese und gibt es eine Lösung dafür?
- Wie zeitintensiv ist der Wahlkampf in welcher Phase? Drohen hier Engpässe, z. B. im August, weil viele Teammitglieder dann gleichzeitig im Urlaub sind?

- Welche Abhängigkeiten gibt es innerhalb des Teams?
- Wo ist das Team von externen Faktoren abhängig? Wie leicht ließen sich diese Abhängigkeiten lösen?

Halten Sie auch dieses Feld während des Wahlkampfes aktuell und passen Sie Ihre Annahmen an, da immer neue Probleme und Hindernisse auftauchen. Das Aufschreiben hilft, sich diese wirklich bewusst zu machen (Transparenz) und im Team schneller Lösungen zu finden.

4.2.12 Verwendung des Canvas

Nachdem Sie Ihr Canvas ausgefüllt haben, halten Sie den ersten und hochadaptiven Entwurf Ihrer Strategie in der Hand. Die Strategie ist durch die Diskussionen, Gespräche und kreativen Prozesse während des Ausfüllens bei den meisten Mitgliedern auch schon weitgehend verinnerlicht – nicht zuletzt wegen des logischen Aufbaus, bei dem ein Schritt ganz konsequenterweise auf den vorherigen folgt. Das Canvas sollte zwar für alle Teammitglieder jederzeit zugänglich sein, allerdings muss nicht in jedem Teamtreffen über die grundsätzliche Strategie gesprochen werden.

Die einzelnen Teammitglieder sollen sich bei der Ausführung ihrer Rollen an diesem Wahlkampfstrategie-Canvas orientieren. Wenn Sie alle Maßnahmen auf die dort genannten Zielgruppen und Personas ausrichten, Ihre Kernbotschaften diszipliniert über die richtigen Kanäle und mit den passenden Aktionen transportieren, wenn Sie die gesteckten Ziele nicht aus den Augen verlieren, die vorhandenen Ressourcen nutzen und mögliche Hindernisse im Hinterkopf behalten, haben Sie eine Erfolgsgarantie für einen herausragenden Wahlkampf.

Immer wenn Sie das Gefühl haben, dass sich im Wahlkampf etwas verändert hat und ein paar Parameter nachjustiert werden sollten, sehen Sie sich das Canvas an, bearbeiten Sie es und besprechen Sie die Adaptionen zunächst mit Ihren Kandidierenden oder strategisch eng eingebundenen Mitgliedern des Teams. Anschließend teilen Sie allen Teammitgliedern mit, was sich verändert hat, damit alle auch weiterhin ein einheitliches Bild von der Strategie haben.

4.3 Claim finden

Ihr Wahlkampf-Claim ist die Quintessenz dessen, wofür Sie bzw. die Kandidierenden stehen. Der Claim ist Ihre satzgewordene Mission, die einen hohen Wiedererkennungswert garantiert, Identifikationspotenzial birgt und Aufmerksamkeit erregt. Er sollte auf Ihrer Website, auf Ihren Social-Media-Kanälen, auf Ihren Plakaten und Flyern zu finden sein und im Idealfall den Abschluss aller Wahlkampfreden bilden.

Claim oder Slogan?
Ein Claim ist ein Satz oder Teilsatz, der eine Marke langfristig repräsentieren soll. Ein Slogan ist dagegen kurzfristiger und auf einzelne (Werbe-)Kampagnen ausgerichtet. Um hier im Weiteren konsistent zu bleiben, bezeichnen wir als Claim ebenfalls den Leitspruch des gesamten Wahlkampfes und als Slogan einen kurzfristigen Satz oder Teilsatz, der eine bestimmte Einzelkampagne oder Aktion zuspitzt. Wenn Ihr Claim also ist „Müller ist der Knüller!", dann kann ein Slogan bei einer kleineren Kampagne zum Schulbeginn lauten: „Müller bringt Füller!" Beides ist nicht das Gelbe vom Ei, aber Sie wissen jetzt, wo der Unterschied liegt.

Claim-Findung starten und organisieren
Gerade weil er so wichtig ist, ist es so schwer, einen guten Claim zu finden. Und gleich vorweg: Die guten Claim-Ideen kommen nie dann, wenn man sie braucht. Daher ist es notwendig, schon in der ersten Phase des Wahlkampfes, sobald ein Kandidat gefunden ist, in die Überlegungen einzusteigen.

Gute Ideen können in einem Google Doc gesammelt werden, auf das alle kreativen Köpfe des Teams – und vielleicht darüber hinaus – Zugriff haben. In diesem Dokument können Sie ein asynchrones Brainwriting durchführen, bei dem über mehrere Tage oder Wochen hinweg Ideen gesammelt, kommentiert und ergänzt werden, die wiederum zu neuen Ideen anregen. Nach der vorgegebenen Zeit haben Sie dann im Idealfall eine Fülle an Vorschlägen, aus denen Sie in einem gemeinsamen Termin auswählen können.

Ideen generieren
Doch wie kommen Sie auf die Ideen? Und wie können Sie den Ideenfindungsprozess zielführend gestalten und die Kreativität ein bisschen anstupsen? Dies kann in zwei Schritten erfolgen:
Erstens sollten Sie in einer Mindmap, also einer Visualisierung von Begriffen und mit diesen Begriffen zusammenhängenden Begriffen, die groben Themenfelder abstecken, aus denen der Claim kommen sollte. Diese Themenfelder sollten sich aus den im Canvas erarbeiteten Kernbotschaften ergeben. Beachten Sie hier unbedingt auch, was in Kap. 5 zur Markenentwicklung beschrieben wird. Wenn Verkehrspolitik das große Thema Ihres Wahlkampfes ist, dann sollten Sie das Wortfeld „Verkehr" aufbereiten und alles, was vielleicht noch damit zusammenhängt. „Bewegung", „Vorankommen", „Meter machen" oder „Schnelligkeit" wären beispielsweise verwandte Begriffe, die sich auch gut in Wahlkämpfen verwenden lassen.
Zweitens sollten Sie sich beliebte Schemata ansehen, nach denen gute Claims normalerweise funktionieren. Lassen Sie sich von diesen inspirieren und experimentieren Sie dann mit Ihren eigenen Themenfeldern und Kernbotschaften. Notieren Sie alles, was Ihnen einfällt – auch diejenigen Vorschläge, für die Sie sich schämen. Oft führt eine sehr schlechte aber witzige Idee beim zweiten Draufschauen zu den besten Claims.
Um Ihnen diesen Schritt zu erleichtern, habe ich ein paar Inspirationen, meist basierend auf rhetorischen Figuren, gesammelt:

- Klimax (= Steigerung): „Gut, Besser, Paulaner!"
- Anapher (= Wiederholung am Satzanfang): „Hier bin ich Mensch. Hier kauf' ich ein!"
- Alliteration (= Wiederholung der Anfangsbuchstaben): „Gelb. Gut. Günstig."
- Asyndeton (= Aufzählung ohne Bindewort): „Quadratisch. Praktisch. Gut."
- Imperativ (= Befehlsform): „Just do it!"
- Neologismus (= Wortneuschöpfung): „Sind wir nicht alle ein bisschen Bluna?"

- Parallelismus (= Parallelstellung zweier Sätze): „Wohnst du noch oder lebst du schon?"
- Chiasmus (= Überkreuzstellung zweier Sätze): „Fernsehen war gestern. Heute ist Premiere."
- Tautologie (= Wiederholung gleichbedeutender Wörter): „Persil bleibt Persil"
- Reim: „Willst du viel, spül mit Pril!"
- Superlativ (= höchste Steigerungsform): „Die wahrscheinlich längste Praline der Welt!"
- Vergleich: „Nur Liebe ist schöner."
- Relativsatz: „Wissen, was gespielt wird."
- Begründung: „Damit es Schmusewolle bleibt."

Sammeln Sie also Ideen, die witzig sind, die sich auf den Namen Ihres Kandidaten oder Ihrer Kandidatin reimen, die ein schlechtes Wortspiel enthalten oder einfach starke Worte in einer klangvollen Abfolge aneinanderreihen.

Es gilt die alte Brainstorming-Regel: Alles ist erlaubt und es gibt erstmal kein negatives Feedback. Die absurdesten Einfälle können neue, geniale Ideen anstoßen. Toben Sie sich aus!

Entscheidung treffen
Wie entscheiden Sie, was eine gute Idee ist? Hier kommen Ihre Zielgruppen und Personas ins Spiel: Versetzen Sie sich in Ihre Personas und entscheiden Sie, welcher Claim sie besonders ansprechen würde. Stimmen Sie entweder direkt im Team ab oder machen Sie eine kleine Umfrage – parteiintern oder zusätzlich unter Freund:innen und Bekannten. Leider ist der witzigste Claim manchmal nicht der, der Ihre Personas am meisten anspricht. Aber keine Bange, Sie können alle verworfenen Ideen noch an anderer Stelle gebrauchen.

Claim-Idee recyceln
Alle richtig guten Ideen, die jedoch nicht als Claim ausgewählt wurden, sollten Sie aufheben und an anderer Stelle verwenden. Sie können sie zu Überschriften für Blog-Artikel umfunktionieren, als knackige Social-Media-Kacheln posten, als Tweets verzwitschern oder als Zwischenüber-

schriften in Ihren Flyern platzieren. Die Möglichkeiten sind vielfältig und es ist immer gut, prägnante Claims oder Headlines in der Hinterhand zu haben.

4.4 Medien und Essentials

Es gibt Dinge im Wahlkampf, die Sie bei allerlei Aktivitäten immer wieder brauchen werden und mit deren Vorbereitung Sie gar nicht früh genug beginnen können. Wenn Sie also bei all der bisherigen strategischen und konzeptionellen Vorarbeit zwischendrin mal etwas Handfestes machen möchten, können Sie anfangen, die folgenden Medien und Essentials zu erstellen.

4.4.1 Fotos für den Wahlkampf

Fotos brauchen Sie im Wahlkampf immer. Spätestens ab der offiziellen Kandidat:innen-Nominierung sollten diese auch professionell aussehen und gut gemacht sein.

Welche Fotos Sie im Speziellen für Ihren Wahlkampf benötigen, hängt von Ihrer Gesamtstrategie ab, ebenso wie von Ihrem Claim und wofür Sie die Bilder verwenden wollen. Damit Sie aber so früh wie möglich und in aller Ruhe Ihre Bilder vorbereiten können, hier eine Liste mit fotografischen Must-haves und Nice-to-haves, die Sie mit hoher Wahrscheinlichkeit im Wahlkampf brauchen werden:

- **Porträtfoto und Ganzkörperbild in seriöser Kleidung** (Bluse und Blazer oder Hemd und Sakko)
- **sympathisches Freizeit-Foto im T-Shirt** (mindestens Brustbild, gerne Ganzkörperbild)
- **etwas Sportliches** (z. B. auf dem Fahrrad, auf dem Tennisplatz oder mit einem Fußball unter dem Arm)
- **sympathisches Foto mit Kindern**
- **sympathisches Foto mit älteren Menschen**

- **seriöses Foto mit etwas High-Tech** (etwa bei einer Betriebsbesichtigung; ggf. auch einfach vor einer Glasfassade mit modernem, digitalen Anstrich)
- **hemdsärmeliges Foto in einem klassisch handwerklichen Umfeld** (z. B. bei einer Betriebsbesichtigung oder beim örtlichen Bauhof)
- **motiviertes, fröhliches Foto** (z. B. mit „Daumen hoch" oder Sieger:innenfaust)
- **ernstes, betroffenes Foto** (für Gedenktage oder Kondolenzpostings)
- **privates Foto** (entweder mit der eigenen Familie, mit Freunden, dem Familienhund oder bei einem Hobby, das dem oder der Kandidierenden am Herzen liegt)
- **thematische Fotos, die Ihre spezifischen Inhalte und Ihren Claim unterstreichen**

Bedenken Sie auch, zu welcher Jahreszeit die heiße Phase des Wahlkampfes stattfinden wird. Wenn die Wahl im Sommer ist, sollten Sie die Fotos idealerweise bereits im Sommer des Vorjahres machen, damit Sie nicht im Wahlkampfsommer Fotos aus dem Winter oder Frühjahr, mit kahlen Bäumen und Schnee, auf den Plakaten haben.

4.4.2 Wording und Textbausteine

Um eine konsistente und an Ihren Kernbotschaften orientierte Kommunikation über alle Kanäle hinweg garantieren zu können, sollten Sie sich frühzeitig über Ihr Wording Gedanken machen und idealtypische Textbausteine erstellen.

Legen Sie dazu zunächst eine Liste mit zwei Spalten an, im Idealfall in einem Google Doc oder Google Sheet: In die linke Spalte schreiben Sie alle Wörter, die Sie in Ihrem Wahlkampf regelmäßig verwenden wollen, weil sie positiv klingen, emotionalisieren und stark sind. Rechts schreiben Sie alle Wörter auf, die in keinerlei Kommunikation verwendet werden sollen, weil sie in der Bevölkerung negativ konnotiert sind oder einen Sachverhalt nicht in Ihrem Sinne beschreiben.

Aus dieser Fülle an Wörtern, die Sie häufig verwenden wollen, können in einem zweiten Schritt besonders ausdrucksstarke Halb-

sätze oder Sätze gebildet werden, die Sie künftig vermehrt in Ihre Kommunikation einbauen sollten.
Diese Listen an Wörtern, Halbsätzen und Sätzen sollten initial an Ihrer Strategie und den Inhalten ausgerichtet werden und aus Ihren Kernbotschaften resultieren. Über die Dauer des Wahlkampfes können und sollten die Listen immer weiter wachsen, wenn Ihnen zusätzliche eindrückliche Wörter und kluge, zugespitzte Formulierungen einfallen. Auch prägnante Zitate der Kandidierenden sind Textbausteine, die für allerlei Kommunikation immer wieder herangezogen werden sollten.

4.4.3 Biografie

Etwas, das schon vor dem Wahlkampf feststeht – unabhängig von strategischer Gesamtkonzeption und Inhalten des Wahlkampfes – ist die Biografie der Kandidierenden. Diese wird in den nächsten Monaten oft nachgefragt werden – und zwar in unterschiedlicher Ausführlichkeit. Sie werden sie für Pressemitteilungen brauchen, für Ihre Website, für Ankündigungen von Podiumsdiskussionen und für vielleicht hunderte Anlässe mehr.
Was Sie daher schon frühzeitig vorbereiten können:

- Kurzvorstellung in einem Satz
- Kurzvita (tabellarisch und als Fließtext mit ~ 100 Wörtern)
- Langvita (tabellarisch und als Fließtext mit ~ 500 Wörtern)

Wenn Ihre Strategie und Kernbotschaften schon feststehen, sollten Sie versuchen, diese auch in der Biografie durchscheinen zu lassen. Verwenden Sie für die Fließtexte möglichst viele Wörter und Sätze aus Ihrer Wording-Liste und versuchen Sie, mit der Biografie eine Geschichte zu erzählen, die Ihre Kernbotschaften unterstreicht.
Und auch hier gilt: Starten Sie mit einer ersten Version der Biografien, die Sie je nach Feedback und Input im Verlauf des Wahlkampfes noch anpassen, verbessern und ergänzen können.

4.4.4 FAQs und Antworten

Die Ruhe vor dem Sturm sollten Sie auch dazu nutzen, ein Dokument anzulegen, in dem häufig gestellte Fragen (engl.: frequently asked questions) zu politischen, gesellschaftlichen oder privaten Themen gesammelt werden.

Dies ist sinnvoll, weil die so entstehenden Standardantworten einmal mit den Kandidierenden abgestimmt werden können und das Wahlkampfteam danach die meisten Anfragen auf Basis des Dokuments selbstständig beantworten können sollte. Beliebte Fragen, die im Rahmen eines Wahlkampfes immer wieder an die Kandidierenden gerichtet werden und deshalb schon im Vorfeld vorbereitet werden können, sind diese:

- Wie sind Sie zur Politik/Ihrer Partei gekommen?
- Wie erholen Sie sich von einem anstrengenden Wahlkampftag?
- Was sind die schwerwiegendsten politischen Versäumnisse der letzten Jahre?
- Was wäre das erste Projekt, das Sie in Ihrer ersten/nächsten Amtszeit umsetzen möchten?
- Was wollen Sie gegen die Politikverdrossenheit der Menschen unternehmen?
- Was tun Sie, um junge Menschen/ältere Menschen von sich zu überzeugen?
- Wer ist Ihr politisches Vorbild?
- Wie würden Sie sich in drei Worten beschreiben?
- Was machen Sie, wenn es nicht klappt mit der Wahl?
- Was reizt Sie gerade an dieser politischen Ebene, für die Sie kandidieren?
- Wie stehen Sie zum Thema <beliebiges aktuelles Thema hier einfügen>?
- Wo sehen Sie sich in 5 Jahren? Wo sehen Sie sich in 10 Jahren?
- Welche drei guten Dinge können Sie über Ihre politischen Hauptkonkurrent:innen sagen?

- Was gefällt Ihnen an Ihren politischen Hauptkonkurrent:innen gar nicht?
- Wieso werden Sie diese Wahl gewinnen?

Ergänzen Sie die Liste gerne nach Belieben und lassen Sie sie auch während des Wahlkampfes weiter wachsen. Ergänzen Sie neue Fragen und die dazugehörigen Antworten, sodass das Dokument aktuell bleibt und von Ihrem Team auch langfristig genutzt werden kann. Auch beim nächsten Wahlkampf kann die Liste sehr nützlich sein: Die meisten Fragen der regionalen Zeitungen und Verbände ähneln sich häufig auch über die Wahlkämpfe hinweg.

Teilen Sie das Dokument – vielleicht nicht als Link zum bearbeitbaren Dokument, sondern als exportiertes PDF – auch mit anderen Wahlkampfteams aus Ihrer Partei. Sie werden es Ihnen danken und sich vielleicht revanchieren.

4.4.5 Agile Reden und Interviews

Wie man gute politische Reden schreibt und hält, hat schon viele Bücher gefüllt und kann noch viele weitere füllen. Hier soll es daher ganz kurz und knapp darum gehen, wie Sie sich möglichst agil und effizient der perfekten Rede nähern. Mit ein bisschen Übung und Transfer lassen sich die hier vorgestellten Tipps auch in Interviews anwenden, was wiederum für eine konsistente Kommunikation über alle Medien und Formate hinweg sorgt.

Agile Tipps für starke Reden:

- **Publikum kennen und verstehen:** Überlegen Sie sich, bevor Sie mit dem Verfassen der Rede beginnen, wer in Ihrem Publikum sitzt und welche Themen diese Menschen vermutlich beschäftigen. Welche Ihrer Personas ist wohl am ehesten im Publikum vertreten?
- **Schreiben Sie Ihre Rede für diese Persona:** Anhand Ihrer Personas können Sie die richtige Tonalität und Flughöhe für Ihre Rede finden und verlieren während des Schreibens Ihre Zielgruppe nicht aus den Augen.

- **Nutzen Sie Ihre Kernbotschaften:** Ihre Kernbotschaften sind das Herzstück Ihrer Rede. Der Rest muss darauf aufbauen. Nutzen Sie Ihre Wordinglisten und Textbausteine.
- **Gliedern Sie die Rede klug:** Wenn Sie am Anfang direkt sagen, aus welchen Bausteinen Ihre Rede zusammengesetzt ist, fällt es Ihrem Publikum viel leichter, Ihnen zu folgen. Priorisieren Sie die Abschnitte und fokussieren Sie sich auf die Kernaussagen.
- **Minimum Viable Point:** Machen Sie am Anfang Ihrer Rede direkt einen wichtigen Punkt. Die Wahrheit ist leider, dass die Aufmerksamkeitsspanne des Publikums oft nicht sehr hoch ist. Versuchen Sie daher, alle Anwesenden direkt am Anfang zu überzeugen. Im weiteren Verlauf der Rede können Sie Ihren Minimum Viable Point weiter ausführen.
- **Sprechen Sie Menschen direkt an:** Adressieren Sie einzelne Sätze direkt an Menschen im Publikum, die Sie kennen. Diese Interaktion macht die Rede lebendig, lässt Sie souverän und spontan wirken und erhöht die Aufmerksamkeit des Publikums.
- **Nutzen Sie Storytelling:** Sie halten diese Rede für Ihr Publikum. Unterhalten Sie es gut und zeigen Sie Ihre Persönlichkeit. Für gutes Storytelling bietet sich zur Vorbereitung auch ein Ideenspeicher mit guten Stories an, der in Form eines Google Docs angelegt und dauerhaft ergänzt werden kann.
- **Lernen Sie aus Feedback:** Holen Sie sich nach der Rede oder dem Interview unbedingt ehrliches, konstruktives Feedback ein und notieren Sie es sich für die nächste Rede.
- **Sammeln Sie gute Reden und Redebausteine:** In einem Google Doc sollten Sie gelungene Abschnitte Ihrer Reden thematisch sammeln. So können Sie die nächsten Reden sehr schnell individuell aus diesen Redebausteinen zusammensetzen. Da Sie im Dokument nur die gelungenen Teile aufbewahren, werden Ihre Reden so immer neu zusammengesetzt sein, aber auch immer besser werden.

4.5 Zeitschienen

„Der Wahlkampf beginnt mit dem Statement nach der ersten Hochrechnung", zitiert Karl-Rudolf Korte in einem Artikel den ehemaligen FDP-Vorsitzenden Guido Westerwelle (Korte, 2021). Übersetzt für alle, denen Fußballmetaphern in der Politik eher liegen: „Nach dem Wahlkampf ist vor dem Wahlkampf und der Wahlkampf dauert eine Wahlperiode."

Fakt ist, dass sich Wahlkämpfe immer schwerer exakt begrenzen lassen. Dies liegt nicht zuletzt an den sozialen Medien, in denen immer Wahlkampf zu sein scheint. Man sieht nun nicht mehr nur alle paar Jahre Wahlplakate auf der Straße, sondern bunte Kacheln mit den Köpfen der Politiker:innen sind in Dauerschleife in unseren Newsfeeds zu Gast und wollen uns von der jeweiligen Partei überzeugen.

Die Parteispitzen auf Bundes- oder Landesebene müssen einen langfristigeren Fahrplan für Wahlkämpfe einhalten als die Gliederungen darunter, da sie für die Ausschreibung und Beauftragung von Agenturen und das Planen von landes- oder bundesweiten Wahlkämpfen schlichtweg mehr Vorlaufzeit brauchen. Die regionalen Gliederungsebenen können ihren Wahlkampf hingegen feingliedriger planen, um die vorhandenen ehrenamtlichen Ressourcen optimal nutzen und einteilen zu können. Frühestmöglich anzufangen schadet trotzdem selten.

Wahlkämpfe lassen sich auf regionaler Ebene gut in folgende acht Phasen einteilen, in denen jeweils unterschiedliche Prioritäten gesetzt werden sollten und dementsprechend verschiedene Aufgaben anfallen (Abb. 4.2). Diese Phasen sollten bei der Verteilung der Team-Ressourcen ebenfalls berücksichtigt werden, da nicht alle Teammitglieder zu jedem Zeitpunkt gleichermaßen gefordert sind.

Manchmal lassen sich die Zeitspannen nicht nach Lehrbuch einhalten, weil man zu spät mit dem Wahlkampf beginnt, die Kandidierendenfindung sich schwierig gestaltet oder weil unvorhergesehene Ereignisse passieren, die ein spontanes Umplanen erforderlich machen. Wenn man weniger Zeit hat als hier angegeben, nutzen Sie die agilen Methoden und improvisieren Sie, indem Sie mit der Wähler:innenorientierung starten, die Aufgaben priorisieren und sich

	Idealer Zeitpunkt	Prioritäten
Lockere Vorbereitung	bis 12 Monate vor der Wahl	Kandidierendenfindung und Teambesetzung
Intensive Vorbereitung	12 bis 8 Monate vor der Wahl	Strategieentwicklung und Vorbereitungen
Awareness-Phase	8 bis 6 Monate vor der Wahl	Wahlkampfauftakt, Aufmerksamkeit generieren, Aktionen organisieren
Operative Phase	5 bis 3 Monate vor der Wahl	Veranstaltungen, digitaler Wahlkampf Zwischenfazit, Planung der heißen Phasen
Heiße Phase	10 bis 6 Wochen vor der Wahl	Bürger:innen-Nähe und Überzeugungsarbeit
Glühende Phase	Versand der Briefwahlunterlagen	Digitaler Wahlkampf, Überzeugungsarbeit vor Ort, Wahlaufrufe
Schlusssprint	ab 48 Stunden vor der Wahl	Social-Media-Kampagnen, Infostände, Wahlaufrufe
Nachbereitung	Innerhalb 4 Wochen nach der Wahl	Inspect and Adapt, Dankbarkeit

Abb. 4.2 Wahlkampfphasen und Prioritäten

dann auf das Wichtigste fokussieren. Lernen Sie schnell aus möglichen Fehlern und passen Sie Ihren Wahlkampf den Gegebenheiten an. Seien Sie flexibel, resilient und dynamisch – agil eben.

Literatur

Herzog, D., Rebenstorf, H., Werner, C., & Weßels, B. (1990). *Abgeordnete und Bürger*. Westdeutscher.
Korte, K.-R. (2021). Wahlkampfmanagement. Bundeszentrale für politische Bildung. https://www.bpb.de/themen/politisches-system/wahlen-in-deutschland/335673/wahlkampfmanagement/. Zugegriffen: 15. Okt. 2022.
Mackenrodt, C. (2008). Wie wichtig ist die Person? Zur Bedeutung von Persönlichkeitsfaktoren von Wahlkreisbewerbern bei Bundestagswahlen. *Zeitschrift für Parlamentsfragen, 39*(1), 69–83. http://www.jstor.org/stable/24238855. Zugegriffen: 14. Okt. 2022.
Osterwalder, A., & Pigneur, Y. (2010). *Business model generation*. Wiley.
Poutvaara, P. (2017). Beeinflusst das Aussehen der Kandidaten ihre Wahlchancen? Kernbotschaft des Autors. IZA World of Labor 2017: 370. https://doi.org/10.15185/izawol.370. https://wol.iza.org/uploads/articles/370/pdfs/

how-do-candidates-looks-affect-their-election-chances.one-pager.de.pdf?v=1. Zugegriffen: 15. Okt. 2022.

Rebenstorf, H., & Weßels, B. (1989). Wie wünschen sich die Wähler ihre Abgeordneten? Ergebnisse einer repräsentativen Bevölkerungsumfrage zum Problem der sozialen Repräsentativität des deutschen Bundestags. *ZParl, 20,* 408–424.

Thiele, C. (16. Oktober 2020). Design-Thinking und Persona-Methode im Museum – Gespräch mit Mirjam Wenzel zur Neueröffnung des Jüdischen Museums Frankfurt. *Riffreporter.* https://www.riffreporter.de/de/gesellschaft/design-thinking-und-persona-methode-im-museum. Zugegriffen: 24. Okt. 2022.

5

Politiker:innen als starke Marken – Wie Sie als profilierte Wahlkampf-Persönlichkeit die Aufmerksamkeit bekommen, die alle haben wollen

Zusammenfassung Wer eine menschliche Marke ist, weiß, wofür er steht, und muss im Wahlkampf weniger tun, um mehr zu erreichen. Die profilierte Human Brand ist dabei die Basis für das aufmerksamkeitsstarke Marketing mit Statements, die gern gehört und gelesen werden. Als Marke erleb- und spürbar zu sein heißt auch, Unbequemes auszusprechen, Position zu beziehen und klar Ja oder Nein zu sagen. Das macht Kandidierende besonders begreifbar und nahbar. Fehler und Schwächen können Besonderheiten und Markenzeichen sein, wenn sie bewusst eingesetzt und genutzt werden. Die starke menschliche Marke hat wahre Fans und klare Ablehner:innen. Sie ist nur wenigen egal.

In unserer heutigen Zeit schreien alle nur noch durcheinander: „Hört her!", „Klick' hier!", „Wählt mich!" Jeder will beachtet werden. Aber kaum jemand ist noch dazu bereit, dafür erst einmal anderen Beachtung zu schenken. Selbst wer es noch oder wieder tut, gerade

---

Gastbeitrag von Jon Christoph Berndt, Brandamazing Managementberatung, München, jonchristophberndt.com

wer als Politiker:in geplant werden und von den richtigen Menschen Beachtung bekommen will, muss zunächst genau wissen: Was macht mich aus? Wofür stehe ich? Was gebe ich? Und wie lebe ich es und bringe es begehrenswert rüber? Wer das stimmig auf den Punkt bringt und dadurch anziehungsstark ist, verdient Beachtung – und bekommt Wähler:innenstimmen. Das ist dann eine wahre Leistung, schließlich ist die Aufmerksamkeit die härteste Währung der Welt; viel wertvoller als Euro, Dollar und Franken. Das liegt daran, dass diese Ressource knapp und begrenzt ist und auch nicht größer werden kann. Selbst wenn immer noch mehr Anbieter und Produkte, Sender und Kanäle, Profile und Postings (und auch Menschen) dazu kommen: Der Tag hat für jeden nur 24 h oder 1440 min oder 86.400 s. Diese begrenzte Zeit gilt es, abzüglich der Zeit für den Schlaf von etwa einem Drittel, immer wieder neu in Form von Aufmerksamkeit zu verteilen. Da entscheiden wir jeden Tag ganz genau. Wen wir berücksichtigen, den wertschätzen wir, die bekommt ein Geschenk, das kostbarer ist als Geld. Das nämlich ist im Prinzip unbegrenzt verfügbar (auch wenn viele Menschen nicht genug davon haben). Mit Aufmerksamkeit werden, im übertragenen Sinne, die besten Angebote, Aussagen und Handlungen bezahlt: „to pay attention", sagt man im Englischen. Und mit ihr wird die politische Karriere möglich.

Wie also geplant und konstruktiv auffallen als ein Mensch, der wirklich etwas zu sagen, der eine Botschaft hat? Wie gerade im Wahlkampf den „Share of Voice" bekommen, seinen Anteil an der Interaktion mit der Zielgruppe, die hier die Wähler:innen sind? Gerade bei Politiker:innen ist die „Persönlichkeit" als zentrales Kriterium entscheidend. Aber was zeichnet die genau aus? Ausschlaggebend dafür sind

- die soften Faktoren: Hier geht es um Ihre Erscheinung. Das Aussehen gehört dazu, außerdem die Körpersprache, die Kleidung, die Statussymbole. Das ergibt das Auftreten. Im besten Fall – und das wollen alle – wird es als „charismatisch" bezeichnet.
- die harten Faktoren: Dabei geht es um die Werte, die Sie vertreten, um Ihre Haltung und Ihre Einstellungen. All das wird deutlich in

Ihren Positionen, Aussagen und Texten, und aus diesen formt sich das Bild, das andere von Ihnen haben.

Beide Dimensionen zusammen bilden Ihre Wahlkämpfer:innen-Persönlichkeit. Sie entscheidet über Sieg oder Niederlage.

Human Branding macht Wahlkämpfer:innen zur Marke
„Marke" kommt von „Branding", und das kommt von den Cowboys im Mittleren Westen. Die hatten es eines Tages satt, zu Feierabend immer erst mühsam ihre Rinder auseinanderklamüsern zu müssen, bis sie endlich am Lagerfeuer sitzen konnten und eine rauchen. Oftmals gab es dabei sogar Streit, weil ein Rind nun mal aussieht wie ein Rind. Deshalb fingen sie an, die Tiere mit dem glühenden Eisen unverwechselbar mit ihren Zeichen und Symbolen zu branden. Heute ist das Rind die Firma und das Brandzeichen ist das Logo. Zu Beginn des 20. Jahrhunderts hatten amerikanische Beratungsunternehmen damit angefangen, Marken wie General Electric, IBM und Coca-Cola zu branden. Nach dem zweiten Weltkrieg kamen die Instrumente der Markentechnik dann nach Europa. Hier hat sie dann Unternehmen und Produkte wie BMW, Salamander, Nivea, C&A oder Rodenstock groß gemacht.

Was wirklich eine Marke ist, hängt vom Empfinden des Konsumenten ab. Diese Kriterien muss sie dafür erfüllen:

- Sie gibt die Orientierung: So viele verschiedene Produkte im Regal, und genau das eine fällt auf, die Hand greift danach.
- Sie gibt die Sicherheit: Es ist die Gewissheit, sich richtig entschieden zu haben.
- Sie gibt das gute Gefühl, sich richtig entschieden zu haben: Das ist es, was wir alle brauchen – nicht nur die Leistungswerte wie Rezeptur und Inhaltsstoffe stimmen, sondern auch die Herzenswerte wie Zufriedenheit und Erfüllung.

Mit Human Branding (dt. sinngemäß: Menschen zu Marken machen) entwickeln Wahlkämpfer:innen ihre identitätsstiftende Positionierung. Es beruht auf den anerkannten und bewährten Modellen und

Methoden der zeitgenössischen Markenarbeit und des Marketings für Produkte. Diese Techniken erschließt Human Branding für den Menschen, mit dem Ziel, dass er genauso einzigartig unterscheidbar von anderen Menschen ist wie seine Lieblingsmarken unter der Vielzahl an Herstellern und Produkten. Er entwickelt sein Wunsch-Profil, das er in der Folge jeden Tag lebt und erlebbar macht. So kommt eindeutig rüber: Wofür steht er? Was vertritt er? Wofür tritt er an?

Es geht um wahre Fans und klare Ablehner:innen
Wer die Mechanismen der Markenbildung kennt und weiß, wie sich seine Lieblingsmarken erfolgreich positionieren, der weiß sich das für sich selbst – als genauso anziehungsstarke Human Brand – zunutze zu machen. So ist er für andere genauso attraktiv und begehrenswert. Es lohnt sich zu ergründen, was Sie als Politiker:in ganz besonders, ja einzigartig macht. Und zwar in allen Lebensbereichen – beruflich, privat und in der Freizeit. Ist diese Essenz gefunden, wird der Erfolg planbar, und zwar rational (bei Wahlsieg und politischer Karriere) genauso wie emotional (bei Anerkennung und Zufriedenheit). Die Marke ist das Versprechen. Und das Marketing ist all das, was der Mensch tut und lässt, um das Versprechen einzulösen; so, dass in all seinen Aktivitäten die Marke spürbar durchschimmert. Dann „zahlen alle Marketingaktivitäten auf die Marke ein", wie die Fachleute sagen.

Im Grunde ganz einfach: Die starke Politiker:innen-Marke erkennt man daran, dass man sie erkennt. Sie hat die klare Herausstellung und leistet den spürbaren Gesellschaftsbeitrag. Wer sich aber lieber hinter anderen versteckt, eben nicht klar erkennbar und nicht besonders spürbar ist, wird irgendwann bemerken, dass es nicht ausreicht, bloß alles „richtig" zu machen. Wähler:innen spüren es sofort, wenn ihnen eine echte, eindeutig wahrnehmbare Persönlichkeit gegenübertritt: Man kennt es von sich selbst: Auch Sie machen sich in Millisekunden Ihr Bild von Ihrem Gegenüber, lassen Ihre Gefühle und Ihre Sinne walten und bilden sich Ihre Meinung, ob Sie sich mit diesem Menschen näher auseinandersetzen wollen oder eben nicht. Es führt zum klaren Ja oder zur genauso entschiedenen Ablehnung. Wobei die meisten Menschen einem irgendwie „egal" sind; sie haben so gar nichts, was anzieht oder abstößt. Die wirklich starke menschliche Marke ist nur wenigen

Menschen gleichgültig und hat auf der einen Seite ihre wahren Fans und auf der anderen ihre entschiedenen Ablehner:innen. Sie polarisiert, mit klarer Haltung und klaren Aussagen. Das hatte schon Franz-Josef Strauß verstanden: „Everybody's Darling is Everybody's Depp." Es geht also darum, Position zu beziehen. Und dafür zu sorgen, dass Sie mehr Fans als Ablehner:innen haben und nur wenigen Menschen egal sind.

Wir umgeben uns gern mit Marken-Persönlichkeiten, die nahbar und greifbar sind und unsere Erwartungen erfüllen, unsere Träume bereichern; die unser Vorschussvertrauen in sie einlösen und regelrecht von innen nach außen strahlen. In ihnen steckt die Marke, als Grundlage für all das – das Marketing. Es trägt ihre Persönlichkeit erfolgreich nach außen, macht sie spürbar und erlebbar. Dafür gibt es neben der politischen Bühne viele weitere, im wahren Leben genauso wie online: Sportverein, Meeting, Betriebssport, Social Media, Kaffeeküche, Essenseinladungen, karitatives Engagement, Hobby, Kantine, Betriebsrat, Nachbarschaftshilfe. Ihre potenziellen Wähler:innen sind überall, im täglichen Leben als Politiker:in und drumherum, immer und überall. Die starke Human Brand kriegt das Podium und die Unterstützung von Wahlkampfhelfer:innen und Wähler:innen, sie wird eingeladen und um ihre Meinung gebeten. Man spricht über sie, erzählt sich Geschichten, spricht seine Empfehlung aus. Von Ihrer Marke geht alles aus, was in Zukunft geschieht: was Sie ganz bewusst anpacken und was Sie genauso entschieden weglassen. Denn nur wer weiß, wie er wirken will, und sich entsprechend verhält, kann mitbestimmen und sogar steuern, was über ihn erzählt wird.

Es ist wie beim Eisberg: Der viel größere, nicht sichtbare Teil liegt unterhalb der Wasserlinie. Das ist die Marke. Er ist die Basis für den weit kleineren, sichtbaren Teil oberhalb der Wasserlinie: das Marketing (Abb. 5.1).

Ihre Human Brand entwickeln

Wenn Sie Ihre Marken-Persönlichkeit entwickeln, bedenken Sie, dass

- Sie es nicht für die Gegenwart, sondern für die Zukunft tun. Es handelt sich um Ihr Soll-Profil, weil heute ja morgen schon von gestern ist.

Abb. 5.1 Wie beim Eisberg: Die Marke ist das starke Fundament für den sicht- und erlebbaren Teil – das Marketing

- dieses Soll-Profil einerseits dafür wichtig ist, wie Sie selbst sich in Zukunft sehen (Ihr Selbstbild). Andererseits dafür, welchen Eindruck die Menschen um Sie herum von Ihnen haben sollen (Ihr Fremdbild).
- Ihre Marken-Persönlichkeit gut überlegt und abgewogen erst entstehen und dann erlebbar gemacht werden muss. Sie sollte – genau wie die Marken starker Unternehmen und Produkte – mindestens zehn Jahre lang die Grundlage all Ihrer Aktivitäten sein; besser Ihr Leben lang.
- Sie sich nach der Entwicklung der Marke genug Zeit dafür nehmen, sie mit dem Marketing umzusetzen. Empfehlenswert ist ein Zeitraum von mindestens einigen Monaten. Dann ist sie in allen beruflichen und privaten Lebensbereichen schon recht gut wirksam. Und wird es jeden Tag noch mehr.

Leitfragen für die Entwicklung Ihrer Soll-Markenpersönlichkeit sind:

- Was treibt mich an?
- Wofür stehe ich morgen?
- Wie bin ich dann positioniert?
- Wie bin ich dann wahrnehmbar?

- Was macht mich dann besonders?
- Was spüren dann meine Mitmenschen von mir?

Die Haupt-Bestandteile Ihrer Marke sind das Marken-Ei und das Markendreieck.

Das Marken-Ei
Das Marken-Ei wurde schon in den Sechzigerjahren in den USA entwickelt, um Unternehmen die Daseinsberechtigung für ihr Tun zu geben: Welchen Nutzen haben ihre Produkte, weshalb soll ich sie kaufen, was bringt mir das? Viele große, international erfolgreiche Unternehmen haben ein Marken-Ei. Es heißt so wegen seiner Form und weil es Dotter und Eiweiß hat:

- Im Dotter steht der Markenkern, der ultimative Nutzen des Unternehmens in einem Wort. Hier entsteht das (Marken-)Leben.
- Im Eiweiß stehen die Markenwerte, die den Markenkern beschützen und ihm Nahrung geben dafür, sich gut zu entwickeln (Abb. 5.2).

BMW hat einen klar emotionalen Markenkern: „Freude". Alle Produkte, von den Autos über die Motorräder bis zu den Kindertretrollern, Reisen und Finanzierungsangeboten sollen Freude auslösen; wenn man sie sieht und fährt, wenn man mitfährt, sie bucht und

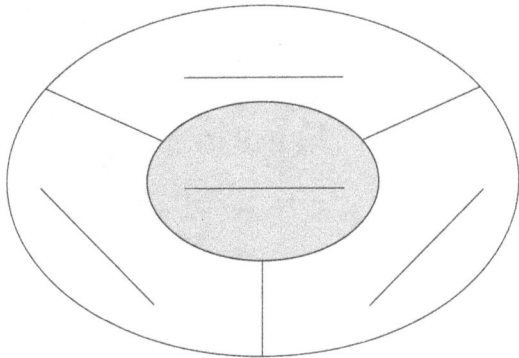

Abb. 5.2 Das Marken-Ei mit dem Markenkern und den drei Markenwerten

benutzt. Und zwar in klarer Abgrenzung zu den Hauptkonkurrenten Mercedes („Sicherheit"), Audi („Technik"), Porsche („Sportlichkeit"). Das ist ein hoher Anspruch, und deshalb schickt BMW seine Führungskräfte aus der ganzen Welt auf die „Brand Academy" in München, wo sie erfahren, was den Markenkern und die Markenwerte „Dynamik", „Innovation" und „Ästhetik" ausmacht. Dieses Wissen und vor allen Dingen das entsprechende Gefühl nehmen sie dann mit in ihren Markt und ihre Abteilung, wo sie dafür sorgen, dass die Autos entsprechend entwickelt, vermarktet und verkauft werden. Und weil die beabsichtigte Freude bei BMW eine leisere, zurückhaltende und nicht laut und exaltiert ist, sponsert das Unternehmen im Rahmen des Marketings Sportarten wie Tennis, Segeln und Reiten; aber keinen Extremsport (tut Red Bull mit dem Markenkern „länger können") und auch die Formel 1 nicht mehr (hat nie zur Marke gepasst). Ob es funktioniert, entscheidet sich im Autohaus, wo man entweder 10.000 € mehr für sein Gefühl vom Traumauto ausgibt als für einen an sich völlig vergleichbaren Volkswagen und sich darüber auch noch freut, oder eben nicht.

Das Marken-Ei ist der Nukleus auch Ihrer Marke, die morgen wahr werden soll (Abb. 5.3). Nur dass der Mensch keinen „Nutzen" (das klingt despektierlich), sondern seinen Beitrag zur Gesellschaft leistet. In der Mitte steht genau ein Wort: Ihr Markenkern, Ihr Gesellschafts-

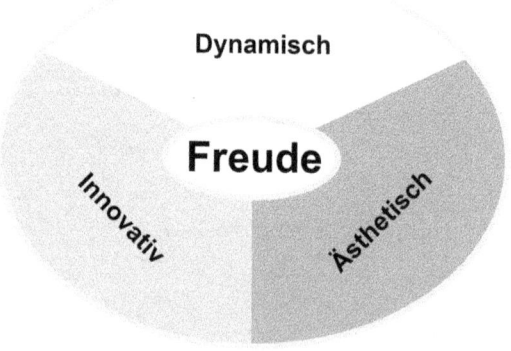

Abb. 5.3 Das Marken-Ei von BMW: Ausgangsbasis für den langfristigen Erfolg dieser Premiummarke

beitrag. (Er bringt auch die obere Ecke in Ihrem Markendreieck auf den Punkt, siehe unten.) Lautet er bei Ihnen auch „Freude" oder zum Beispiel eher Erfolg, Sinn, Wert, Ergebnis, Größe? Jedes einzelne Wort löst als Markenkern etwas völlig anderes aus. Was sollen wir in Zukunft empfinden, wenn wir Sie sehen, an Sie denken, Sie einladen, über Sie reden, uns mit Ihnen umgeben, Sie wählen sollen?

Außenherum stehen Ihre Markenwerte. Das sind die drei Adjektive, die Ihren Markenkern näher fassen und übersetzen. Sie machen Ihre Positionierung griffiger. Es müssen keine schönen Worte sein, aber es müssen die treffendsten sein. Sie sind nur für Sie, und sie sind auch die Basis für die treffenden Äußerungen, die Sie im Rahmen Ihres zukünftigen Marketings in Zukunft tätigen. Es gibt unendlich viele Möglichkeiten, aber nur eines plus drei Worte für Ihr persönliches Marken-Ei.

Am besten nähern Sie sich Ihrem Marken-Ei, wenn Sie sich zuallererst überlegen, wie Sie heute eher sind und wie Sie eher nicht sind; und dann, wie Sie morgen eher mehr und eher weniger sein wollen. An welchen Fähigkeiten möchten Sie noch arbeiten? Welche Stärken wollen Sie weiter fördern? Machen Sie sich klar, was Sie in Zukunft ausmachen soll und was Sie der Gesellschaft geben wollen, und manifestieren Sie diese Werte in Ihrem Marken-Ei. Gegensätzliche Begriffspaare, die dafür in Frage kommen, sind zum Beispiel:

- Kreativ/Geplant
- Leidenschaftlich/Zurückhaltend
- Riskierend/Abwägend
- Wild/Ruhig
- Gnadenlos/Verständnisvoll
- Liebevoll/Kantig
- Familiär/Egozentrisch
- Kommunikativ/Leise
- Modern/Traditionell
- Antreibend/Laissez-faire
- Berührend/Cool

Es ist wie beim Quartettspielen: Ein Wort sticht immer das andere, es ist einfach stärker. So nähern Sie sich einem Marken-Ei immer mehr an, das die Kraft für Ihr bestes Morgen hat.

Das Markendreieck
Neben dem Marken-Ei macht das Markendreieck (Abb. 5.4) klar, worauf es ankommt: Wettbewerber, Herausstellung, Gesellschaftsbeitrag.

Markenecke 1, Wettbewerbsvorsprung Wer verliebt ist, hat auf einmal Konkurrent:innen ohne Ende. Und nur eine:r kann gewinnen, das Herz dieses anderen Menschen für sich erobern. Genau wie in der Politik, wenn es um die eine Stimme geht, die der Wähler zu vergeben hat. Die anderen, Ihre Konkurrent:innen um Amt und Würden, geben die Norm vor, legen die Messlatte auf. Sie sollten Sie so geplant wie clever überspringen, um Erste:r zu sein und gewählt zu werden. Es lohnt sich also, seine Konkurrent:innen zu kennen; einzuschätzen, wer sie sind, was sie vorhaben und wie sie wohl vorgehen werden. Notieren

Abb. 5.4 Das Markendreieck mit den essenziellen Markenbildungsfaktoren

Sie Ihre Konkurrent:innen, beruflich und privat, vor denen Sie gern einen Vorsprung hätten! Und überlegen sie, was sie besonders auszeichnet.

Markenecke 2, Herausstellung Weil aber niemand der absolut Größte, der Beste, der Beliebteste, der Schnellste ist, hat der Mensch keinen echten USP. Bringen Sie deshalb stattdessen das auf den Punkt, was Sie von den Menschen in Ihrer Umgebung abhebt. Es stellt Sie heraus, wenn man Sie wahrnimmt, im Beruf genauso wie im Privatleben und in der Freizeit.

Einen richtigen Unique Selling Point (USP) zu finden, ist das Schwierigste in Marke und Marketing überhaupt. Solch eine wirkliche *Alleinstellung* hat etwa der Reißverschluss (fügt zwei Teile eines Kleidungsstücks ganz ohne Knopf und Knopfloch schnell, winddicht und dauerhaft zusammen), das Rad (man kann damit schwere Sachen leicht vorwärtsbewegen) oder die Büroklammer (hält Papierblätter zusammen und lässt sich problemlos und ohne Beschädigungen wieder abmachen). Beim Menschen dagegen ist das mit der Alleinstellung schwierig bis unmöglich. Okay, der Wundersprinter Usain Bolt ist der schnellste Mensch der Welt und hat damit eine echte Alleinstellung, aber worin sind Sie und die Menschen, die Sie kennen, wirklich der absolut Schnellste, Größte, Beste, Beliebteste? Bringen Sie lieber das auf den Punkt, was Sie von der Masse abhebt. Es ist dieses eine ganz bestimmte Etwas, das Sie in allen Lebensbereichen besonders erkennbar und wahrnehmbar macht. Beim Human Branding heißt es *Herausstellung*. Es ist, was Sie aus der Masse der Menschen, vor allem aus der Menge Ihrer Konkurrent:innen im Wahlkampf, heraushebt. Die hat jeder, der genauer hindenkt und hinspürt. Schreiben Sie sie auf!

Markenecke 3, Gesellschaftsbeitrag Der Gesellschaftsbeitrag gibt dem Menschen genauso Relevanz und damit Aufmerksamkeit wie der Nutzen dem Produkt. Dieser Beitrag ist das, was Sie uns anderen Menschen dalassen, woran wir gern denken, wenn das Gespräch auf Sie kommt. Welchen Beitrag leisten Sie zukünftig dafür, dass es nicht nur Ihnen, sondern vor allem den Menschen um Sie herum besser geht? Formulieren Sie ihn!

Die beste Herausstellung nutzt nichts, wenn sie keinen begehrlichen Beitrag zur Gesellschaft ermöglicht. Der begehrlichste Gesellschaftsbeitrag nutzt nichts, wenn x Konkurrenten das gleiche versprechen – und es sogar halten. Achten Sie darauf, dass alle Ecken Ihres Markendreiecks gleich stark ausgeprägt sind.

Starke Beispiele
Der Schauspieler und Politiker Arnold Schwarzenegger ging mit 18 Jahren aus Österreich in die USA. Schon in den Siebzigerjahren verdiente er seine ersten Millionen im Immobiliengeschäft. Auf dem Höhepunkt seiner beeindruckenden Biografie war er Gouverneur von Kalifornien. Trotzdem ist „Arnie" den meisten als Bodybuilder und Schauspieler bekannt. Man kennt ihn einfach, und man weiß um sein nichteheliches Kind mit der Hausangestellten und um die dramatische Trennung von Maria Shriver. Die Öffentlichkeit sieht es ihm nach wie vieles andere, seine Marke (Abb. 5.5) blieb unbeschädigt.

- Herausstellung: Ich gehe immer einen Schritt weiter als die Masse. Für mich ist das Ziel nicht das Ende. Meine Kraft ist grenzenlos, und für mich gibt es keinen Stillstand. Ich entwickle mich immer weiter und schwimme an immer neue Ufer. Dabei scheue ich kein Hindernis, und ich gehe den direkten Weg. Schwierigkeiten sind für mich Herausforderungen.

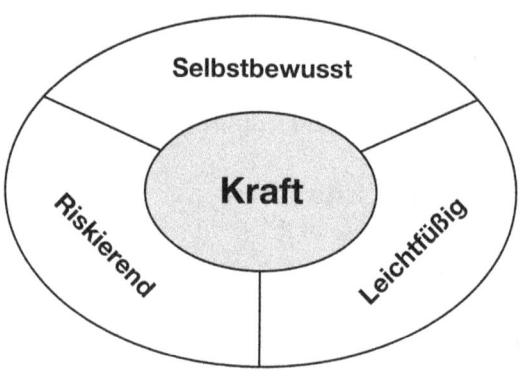

Abb. 5.5 Das Marken-Ei von Arnold Schwarzenegger

- Gesellschaftsbeitrag: Ich mache Mut. Mit mir werden Täler durchschritten und Gipfel erklommen. So erfüllen sich die Menschen ihre Träume, genauso wie ich. Sie sagen dann auch: „I live my dream instead of dreaming my life." Dabei wachsen sie wie ich an ihrer Fehlbarkeit, und sie begreifen ihre Fehler als Chance.

Die Präsidentengattin Jackie Kennedy ist heute noch der Inbegriff einer ganzen Stilrichtung, von Perfektion und Eleganz (Abb. 5.6). Ihre Markenzeichen: Perlenkette, Pillbox-Hut, Etuikleid. Sie ist das Symbol für Grandezza. Moral, Disziplin und Ordnung stehen dabei ganz oben, was auch kühl und abgeklärt wirken kann. Das Beste ist gerade gut genug. Durch Leitfiguren wie Jacqueline Kennedy traut man sich, sich dieses Beste auch zu nehmen; weil man es verdient.

- Herausstellung: Ich verfolge meinen Weg und meine Ziele mit großer Konsequenz. Was laut und bunt ist, ist nicht meine Welt. Stattdessen bin ich zuallererst und sehr lange die Beobachterin. Dann, zum richtigen Zeitpunkt, glänze ich zu 100 %. Dabei kommt die Qualität immer zuerst: Lieber etwas weniger und das dann in jeder Hinsicht erlesen. Es ist das Mehr, wie ich es verstehe.
- Gesellschaftsbeitrag: Mit mir haben die Menschen das schöne, leichtfüßige Gefühl, etwas größer, glanzvoller und weltfraulicher zu sein. Ich verleihe ihnen Flügel, in ihrer Vorstellung wie im wirk-

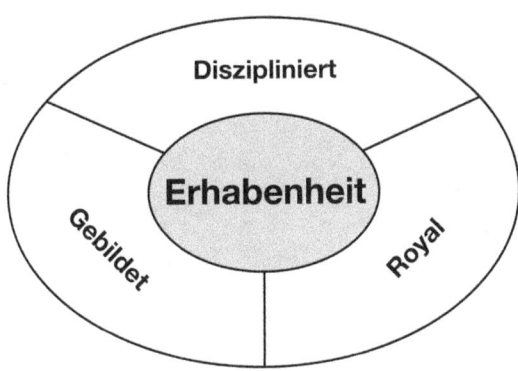

Abb. 5.6 Das Marken-Ei von Jackie Kennedy

lichen Leben. Sie wachsen über sich hinaus. Sie werfen Ballast ab und machen Platz für ihr Wesentliches. Dadurch gelangen sie in so ungekannte wie entdeckenswerte Sphären.

Der Entertainer Thomas Gottschalk hat sich in das kollektive unterhaltungsbedürftige Herz der Zuschauer:innen moderiert – humorvoll, kommunikationsstark, leidenschaftlich. Wo er ist, ist die ganze Energie (Abb. 5.7). Er ist ein Meister des Wortes und zieht die Menschen in seinen Bann. Während andere bloß cool sind, brennt er für die Sache und ist dabei so ansteckend, dass man sich gerne mitreißen lässt. Einfach gut drauf sein, für ein paar Stunden abschalten und sich die Unbilden des Lebens mal nicht zu sehr zu Herzen nehmen.

- Herausstellung: In meiner Gegenwart ist es ein bisschen fröhlicher, bunter und glücklicher als im normalen Leben. Ich sehe alles erstmal positiv, und dabei bin ich immer echt. Ich bin ein Sonnenschein und erleuchte jeden Raum, aus tiefstem Herzen. Wo ich scheine, werden Energien freigesetzt. Ich teile sie gern.
- Gesellschaftsbeitrag: Auch in schwierigen Zeiten mache ich Hoffnung. Ich gebe den Menschen Urlaub von ihren traurigen und dunklen Erlebnissen und Gedanken. Mit mir lachen sie unbeschwert, und sie haben Spaß am Leben. Sie werfen ihren offenen und hellen

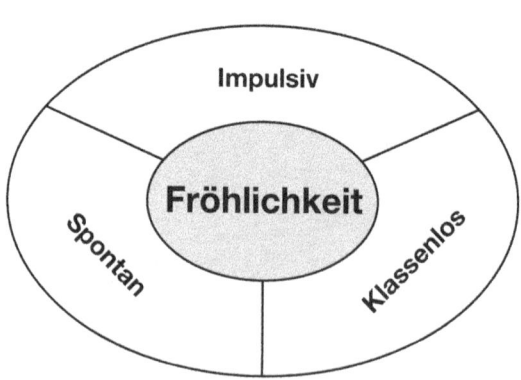

Abb. 5.7 Das Marken-Ei von Thomas Gottschalk

Blick auf ihre Welt. Die Menschen laden ihren Akku auf. Das macht sie froh.

Sie sehen, es gibt viele Möglichkeiten. Wer sich erst die Zeit und die Muße dafür nimmt, seine Human Brand zu entwickeln, hat anschließend lange Zeit viel Freude daran und mehr Erfolg dabei, ein Selbstmarketing zu machen, das dafür sorgt, dass er gewählt wird. In der Politik und in vielen anderen Lebensbereichen.

Marketing: Die eigene Marke leben
Aus den Unterschieden zwischen Ist und Soll ergibt sich sehr klar, wo die Lücken sind zwischen Heute und Morgen. Und damit, wo ganz konkret anzusetzen ist, mit den unterschiedlichsten Marketing-Maßnahmen, die auf Ihre Marke einzahlen. Machen Sie sich für Ihr Marketing einen Plan mit klaren erreichbaren Zielen; und mit ebenso klaren umsetzbaren Maßnahmen, mit denen Sie die Ziele auch erreichen. Dieser Plan wird dann fortwährend justiert, und weil Sie ihn schriftlich machen, können Sie sich in Zukunft nicht mehr – wie Konrad Adenauer – vor sich selbst wie vor allen anderen mit „Was kümmert mich mein Geschwätz von gestern" aus der Affäre ziehen.

Wenn die Marke, der untere Teil des Eisbergs, entwickelt ist, geht es erst richtig los: Nach der Marke ist vor dem Marketing, und dafür steht der obere Teil des Eisbergs. Er ist der weitaus kleinere und außerdem auch der sichtbare, und alles was man da von Ihnen und Ihrer Persönlichkeit sieht und darüber hinaus auch fühlt, riecht, schmeckt und hört von Ihnen und Ihrer Persönlichkeit (tatsächlich, man empfindet einen Menschen, genauso wie eine Firma oder ein Produkt, immer mit allen Sinnen), macht Ihre Human Brand erlebbar. Sie leben Ihre Marke, immer. Wichtig beim Marketing ist jetzt, dass Sie genau wissen, was Sie dafür tun sollten, dass Sie so erlebt werden, wie Sie es beabsichtigen und festgeschrieben haben. Und was Sie dafür einfach bleiben lassen. Dann

- wird immer ein Stückchen mehr von Ihrer Soll-Markenpositionierung Wahrheit; also von dem, was Sie mit Ihrem Marken-Ei, Ihrer Herausstellung und Ihrem Gesellschaftsbeitrag

festgeschrieben haben. In dem Sinne, dass die Menschen Sie auch so erleben, charakterisieren und einschätzen.
- werden Ihr Bild von sich selbst und das Bild, das andere von Ihnen haben (also Ihr Selbst- und Ihr Fremdbild), mit der Zeit immer ein bisschen deckungsgleicher. Es geht nie zu 100 %, aber jedes Mehr an Übereinstimmung sorgt dafür, dass die Wahrnehmungslücke zwischen diesen beiden Bildern kleiner wird.

Jetzt ist weniger mehr. Die Human Brand geht nicht mehr mit der Herde und hat keine Angst mehr, etwas zu verpassen. Wer weiß, was er will, lebt nicht länger in der Hätte-Könnte-Würde-Blase und mehr im Hier und Jetzt. Es ist da, wo „Wollen", „Können" und „Werden" stattfinden. Er überlegt auch genau, ob seine Postings in den sozialen Medien für ihn noch zeitgemäß sind: Ich beim Essen, ich in der Senator-Lounge, ich am Strand von Palma. Ab jetzt unterstreichen die Beiträge seine Persönlichkeit, mit denen er wirklich Stellung bezieht, seine Meinung sagt, mit den Kommentatoren in die wertvolle Diskussion geht. Gerade als Politiker:in im Wahlkampf. Das geht nicht nur online, sondern genauso gut überall sonst im Leben, im Alltag genauso wie auf den Marktplätzen und im Nebenzimmer der Gastwirtschaft.

Wer durch sein Branding weiß, wofür er steht, geht im Wahlkampf so entschieden wie entscheidend mit Klarheit und Kontur vor. Beides ist wichtig in einer Zeit, in der es auch hier unendlich viele Wege und Möglichkeiten gibt – und damit großes Potenzial dafür, sich völlig zu verzetteln und doch bloß Everybody's Darling zu sein. Wer dagegen mit der Kraft seiner Human Brand sich selbst genauso wie seinen Antrieb, seine Wünsche und Ziele einzuschätzen und ins Marketing zu übersetzen weiß, hat etliche Vorteile:

- Er kann sich auf wenige Anliegen konzentrieren, die ihm in der Politik zentral wichtig sind (weniger ist auch hier mehr).
- Er kann seine Positionen eindeutig und plakativ zuspitzen (kompliziert können alle, auch hier steckt die Kunst im Einfachen).
- Er kann seine Haltung in plakative anziehungskräftige Slogans gießen (und damit den Kampf um die Aufmerksamkeit für sich entscheiden).

Alle Marketingmaßnahmen und Aktivitäten – die im Wahlkampf genauso wie die im sonstigen beruflichen sowie im privaten Leben – müssen laufend darauf überprüft werden, ob sie wirklich Ausdruck der eigenen Marken-Positionierung sind und damit das Marken-Ei mit dem Markenkern und den Markenwerten sowie die Herausstellung und den Gesellschaftsbeitrag tatsächlich erlebbar machen. Dabei wird auch deutlich, welche Bühnen im richtigen Leben wie online dafür die richtigen sind. Nur dabei sein um des Dabeiseins willen, überall irgendetwas mitreden, -texten und -posten macht keinen Sinn. Viel eher gilt diejenige etwas, die ausgewählt in Erscheinung tritt – dort, wo sie mit ihren Beiträgen aus Worten und Taten die Spuren hinterlässt, die sie hinterlassen will (sogar muss, um gewählt zu werden).

Dimensionen des Marketings
Zu Ihrem Marketing gehören

- Ihre Kleidung, die Frisur und die Brille
- Ihr immer sofort wiedererkennbares Markenzeichen, also das, was bei Ihnen Genschers gelber Pullunder ist
- Ihre Meinungen und Überzeugungen, die Sie öffentlich äußern
- Ihre Wahlkampfslogans
- die Geschichten, in die Sie Ihre Haltung und Überzeugungen verpacken und die Sie immer wieder erzählen
- Ihre Körpersprache, also Gestik und Mimik, auf dem Podium
- Ihre Postings in den sozialen Medien
- Ihre Fotos und Videos
- noch viel mehr, mit dem Sie auf andere wirken

Es ist sehr gut möglich, einen Wahlkampf ausschließlich von Haus zu Haus und auf Marktplätzen zu führen und dafür online überhaupt nicht; genauso umgekehrt. Ausschlaggebend für die richtige Strategie, was die Kanäle und Botschaften angeht, ist die eigene Human Brand: Die eine Politikerin ist in der Onlinewelt besonders echt und spürbar und überzeugt hier mit mediengerechten Aussagen und Interaktionen mit den Wähler:innen. Der andere ist hier so unauthentisch wie wenig überzeugend, würde sein Potenzial nur verschleudern und im entscheidenden Kampf um die Aufmerksamkeit in Beliebigkeit und Austauschbarkeit versinken. Er spielt dafür seine Stärken im direkten Gespräch aus, geht an den Alltagsplätzen auf die Menschen zu und überzeugt mit persönlicher Nahbarkeit und direkter Reaktion. Hier wie bei den weiteren unzähligen Entscheidungen, die jeden Tag getroffen werden müssen, klärt Human Branding viel: Wer eine profilierte Marke ist, sagt genauso bewusst und voller Überzeugung Ja zu dem einen und Nein zu dem anderen. Bevor sie überall irgendwie dabei ist, was nur beliebig ist und Kraft und Zeit kostet. Und Wähler:innenstimmen auch.

Wer weiß, was er im Leben will, und das für sich und für andere deutlich macht, muss weniger tun, um mehr zu erreichen. Er muss nicht mehr „Schaut mich an!" rufen und damit weniger „Push-Marketing" machen. So bezeichnen Werbeleute es, wenn ein Produkt mit grellen Farben, aggressiver Werbung und einem günstigen Preis in den Markt gedrückt wird. Menschen, die dringend Aufmerksamkeit wollen, verhalten sich oftmals ähnlich. Wer das nicht braucht, kann sich dagegen gelassen zurücklehnen und „Pull-Marketing" betreiben: Dieser Politiker hat natürliche Anziehungskraft. Hier ist eine Gravität, ein Sog spürbar, man will ihn gerne um sich haben. Andere Menschen fühlen sich zu ihm hingezogen, umgeben sich gerne mit ihm. Sie sind aufmerksam, wenn er in den Raum kommt, zum Sprechen anhebt und seine Ideen und Vorschläge unterbreitet. Man trägt sich mit dem Gedanken, ihn zu wählen.

„Fehler" sind Markenzeichen

Besonders anziehungsstark sind Menschen, die nicht scheinbar perfekt daherkommen. Fehlbarkeit ist menschlich, Schwächen sind sympathisch. Vor allem sind sie keine Fehler, sondern eher Markenzeichen – wenn man sie klug ins Spiel zu bringen vermag. Wer zu perfekt daherkommt, wird tendenziell abgelehnt. Deshalb ist es wichtig, ehrlich zu sich selbst und zu seinen Werten zu stehen. Ein Lapsus in einer Rede, zu dem der Redner steht und den er gekonnt auffängt, macht ihn nahbar und im schönsten Sinne des Wortes merk-würdig. Der aalglatte, einstudierte Vortrag wirkt dagegen abstoßend. Sich toller zu verkaufen, als man ist, kommt nicht nur gestanzt daher – es kommt vor allem immer raus. Das führt zu Enttäuschungen: Niemand möchte erkennen müssen, dass er seine Zeit und seine Loyalität an einen Menschen verschwendet hat, der unlauter unterwegs ist und sich als Mogelpackung herausstellt.

Wer sich verlassen kann auf das, wer und wie er ist, muss sein Selbstbewusstsein nicht über die Maßen pflegen und schon gar nicht mehr scheinen, als er ist. Für den reicht es aus, ganz er selbst zu sein, ohne ständig zu überlegen, ob er genügt und ob „es" genügt, um gehört, gesehen, gewählt zu werden. Dazu gehört auch, so abgewogene wie konstruktive und gut begründete Kritik zu äußern sowie Kritik in die eigene Richtung als Geschenk zu betrachten und auch so zu behandeln, solange sie das ebenfalls ist. Es zählt zwar zu den Grundbedürfnissen des Menschen, Anerkennung zu erfahren. Dafür allerdings andere nur zu loben und zu schmeicheln (und von ihnen so behandelt werden zu wollen), ist nicht nachhaltig. Stattdessen brauchen wir die kraftvoll-pure Begegnung mit all dem, was die anderen ausmacht, ja auszeichnet: ihre Persönlichkeit und Haltung, ihre Stärken und auch die Schwächen, ihre Besonderheiten und Merk-Würdigkeiten. Wir wollen uns „erwischt" fühlen: „Sieh mal einer an, selbst dem passiert so etwas!", „Wow, das hätte ich von dem nicht gedacht!", „Wenn das sogar der passiert, kann ich ja ganz beruhigt sein!" Menschen, die solche Gedanken auslösen, sind nahbar und die wahren Vorbilder. Ihnen gibt man gern seine Stimme.

Wer aufmerksamkeitsheischend kommuniziert, läuft Gefahr, das zu vergeuden, von dem er selbst wie alle anderen immer zu wenig hat: Zeit. Wird das bemerkt, wendet man sich von ihm ab. Wer allerdings empathisch und einfühlsam, ganz entsprechend seinem Branding kommuniziert, wird die Menschen aufmerken lassen. Er schenkt ihnen Aufmerksamkeit auf seine wesentliche Art. Sie sind berührt und danken es mit ihrer Aufmerksamkeit. Auf diese Weise fühlen sich Absender und Empfänger so verstanden, dass auf der Beziehungsebene eine für beide Seiten langfristig fruchtbare Beziehung zwischen Politiker:in und Wähler:in entsteht. Wer als starke Politikermarke weiß, wofür er steht, für dessen politisches Vorankommen ist es alles. Nur eben keine Kunst.

Für die Praxis

- Kommunizieren Sie immer und überall entsprechend Ihrer Marken-Persönlichkeit. Ihr gesamtes Marketing – wie Sie sich verhalten, was Sie sagen und was Sie tun – muss auf Ihre Marke einzahlen.
- Beziehen Sie klar Stellung, und spitzen Sie Ihre Meinung zu. Ihre Wähler:innen haben nicht viel Zeit und wollen auf den Punkt inspiriert und informiert werden.
- Erzählen Sie starke Geschichten, die Ihrer Human Brand entsprechen. Die Menschen wollen nicht bloß informiert, sondern berührt und erstaunt werden und sich betroffen fühlen.
- Legen Sie sich ein passendes Markenzeichen wie Genscher zu. Das kann auch ein Kleidungsstück sein, eine Geste (die Queen und Karl Lagerfeld hatten so etwas) oder ein „Signature Sentence": eine Redewendung, die man mit der Zeit mit Ihnen verbindet. Bei Tagesthemen-Wickert war es das „Ich wünsche Ihnen eine geruhsame Nacht."
- Machen Sie sich einen Marketingplan, in dem alles steht, was Sie bis wann warum wie mit wem tun. Was nicht drin steht, tun Sie nicht. Und führen Sie den Plan immer weiter fort.

6

Digitaler Wahlkampf

Zusammenfassung Die Bedeutung des digitalen Wahlkampfes hat in den letzten zwei Dekaden kontinuierlich zugenommen und der Trend hält an. Immer mehr Interaktionen werden in die digitalen Welten verlagert. Innovationen wie das Metaverse werden diese Entwicklung künftig noch verstärken. Klassische Parteiveranstaltungen in Präsenz wirken im Kontrast zu digitalen Formaten oft antiquiert und verstaubt. Daher müssen Sie wissen, wie Sie eine ganzheitliche Digital-Strategie für Ihren Wahlkampf entwickeln und die Online-Kanäle optimal für sich nutzen. Im digitalen Wahlkampf trennt sich die Spreu vom Weizen: Hier ist es noch gut möglich, die Nase vorne zu haben, da nicht alle Parteien und Wahlkampfteams gleich gut aufgestellt sind, was die digitalen Medien angeht. Lesen Sie dieses Kapitel gründlich, dann sind Sie mindestens eine digitale Nasenspitze voraus.

Die wichtigsten digitalen Kanäle und Medien im Wahlkampf sind die verschiedenen Social-Media-Plattformen, die eigenen Websites, E-Mails und immer mehr auch politische Podcasts.

Fernsehwerbung ist im Einkauf wie in der Produktion des Spots für die meisten Teams zu teuer und wird daher – ebenso wie Kino- und Radio-Werbung – in diesem Buch vernachlässigt. Für Fernseh-, Kino- und Radiowerbung gibt es darüber hinaus ausgewiesene Expert:innen bei den jeweiligen Medien und Distributoren, wo Sie die Werbeplatzierungen einkaufen. Dort erfahren Sie alles zu den technischen wie inhaltlichen Vorgaben und können gegebenenfalls auch auf vorgefertigte Pakete zurückgreifen. Für die inhaltliche Gestaltung dieser Spots können Sie die im Folgenden erläuterten Methoden, Tipps und Best Practices aber ebenso nutzen wie für den Rest Ihres digitalen Wahlkampfes.

6.1 Das Digital-Wahlkampf-Canvas

Um das Beste aus Ihren digitalen Kanäle herauszuholen, brauchen Sie eine ganzheitliche und konsistente digitale Wahlkampfstrategie. Deren effizienter wie effektiver Umsetzung steht jedoch meist entgegen, dass die Anforderungen an digitale Kommunikation stärker und schneller gewachsen sind als die in den Parteien vorhandene Kompetenz. Inwiefern sich die kommunikativen und politischen Rahmenbedingungen geändert haben, wurde bereits am Anfang dieses Buches eindrücklich gezeigt. Nun geht es darum, dieses Wissen zu nutzen und den digitalen Wahlkampf bestmöglich zu planen. Dabei sollten Sie die Tipps und Tricks nutzen, die das moderne Marketing für Sie bereithält.

Für ein strategisches Vorgehen habe ich das folgende Digital-Wahlkampf-Canvas (Abb. 6.1) entwickelt, das Ihnen die richtigen Fragen stellt. Mit deren Beantwortung können Sie ziel(gruppen)orientiert, fokussiert und kraftvoll in die Umsetzung starten.

6.1.1 Ziele

Um einen erfolgreichen digitalen Wahlkampf planen und führen zu können, müssen Sie zuerst wissen, was *Erfolg* für Ihren individuellen

Digital-Wahlkampf-Canvas

3. Probleme und Interessen	9. Aktivitäten	4. Mehrwertversprechen	7. Content	1. Ziele
Welche Probleme und Interessen haben unsere Zielgruppen? Warum besuchen sie unsere Kanäle? Was erwartet unsere Zielgruppe von uns?	Was sind unsere Hauptaktivitäten? In welchem Umfang soll Content produziert und veröffentlicht werden? Wie sorgen wir für eine Optimierung?	Was sind unsere Lösungen für die Probleme unserer Zielgruppen? Welchen Mehrwert bieten wir? Warum sollte man uns folgen, den Newsletter abonnieren oder unsere Website besuchen?	Welche Arten von Inhalten wollen wir erstellen? Welche Botschaften wollen wir mit unseren Inhalten vermitteln?	Was wollen wir mit Online-Marketing-Maßnahmen erreichen? Was sind unsere (messbaren) Ziele?
	10. Erfolgsmessung		6. Kanäle und Plattformen	2. Zielgruppen
	Wie können wir Erfolge messen? Was machen wir mit den Ergebnissen?	5. Unfairer Vorteil	Welcher Kanal eignet sich für welche Inhalte, Botschaften und Zielgruppen? Wo veröffentlichen wir in welcher Regelmäßigkeit Content?	Wer folgt uns? Wer sieht unsere Beiträge? Wen wollen wir erreichen? Wer sind unsere Multiplikator:innen?
		Was ist unser Alleinstellungsmerkmal? Was kann keine andere Partei oder kein anderes Wahlkampfteam bieten?		

11. Kosten und Hindernisse Unsere Probleme? Schwierigkeiten? Risiken?	8. Wettbewerber:innen Welche unfairen Vorteile haben die Mitbewerber:innen? Wie sind deren bisherige Follower-Zahlen im Vergleich zu den unseren? Welche Kanäle werden von den Mitbewerber:innen in welcher Intensität bespielt?

Abb. 6.1 Digital-Wahlkampf-Canvas

Wahlkampf bedeutet und worauf Ihre digitale Wahlkampfstrategie ausgerichtet sein soll. Davon hängen die weiteren (Planungs-)Schritte ab.

Ein typisches Ziel ist der Wahlsieg. Spätestens wenn es im Canvas um die Festlegung von Inhalten (Content) und Aktivitäten geht, sollten Sie sich überlegen, was davon wirklich auf dieses übergeordnete Ziel einzahlt und was nicht. Regelmäßiges Erinnern an den Wahltermin oder mobilisierende Texte, damit die Menschen, die Ihre Partei sicher wählen, auch ganz sicher zur Wahl gehen, können entsprechende Inhalte oder Aktivitäten sein. Jedoch sollten Sie an dieser Stelle des Canvas versuchen, mindestens drei bis vier weitere und konkretere Ziele zu formulieren. Fragen, die Ihnen dabei helfen, auf die richtigen Ziele zu kommen, sind die folgenden:

- Wenn Sie nach dem Wahlkampf in einem Zeitungsinterview nach den größten Erfolgen des Wahlkampfes – neben dem Sieg – gefragt werden, was würden Sie dann gerne antworten?
- Wenn es keine Chance gäbe, die Wahl zu gewinnen, was könnten dann erstrebenswerte Ziele sein?
- Was sind die Ziele für die Partei, das Team oder die Kandidierenden?
- Gibt es regionale Unterschiede innerhalb des Wahl- oder Stimmkreises, aus denen sich konkrete Ziele ableiten lassen?
- Welche Online-Ziele und welche Offline-Ziele können Sie mit digitalen Maßnahmen erreichen?

Bei der Beantwortung sollten Sie so präzise wie möglich sein; nur wenn Sie wissen, was Sie erreichen wollen, können Sie Ihre Aktivitäten und Inhalte auf diese Ziele hin ausrichten.

Fragen Sie sich bei jedem Ziel auch, ob es sich wirklich um ein Ziel oder eher ein Symptom, eine Maßnahme oder einen Zwischenschritt handelt. Ein Beispiel: Viele Teams würden hier festhalten, dass sie während des Wahlkampfes viele Follower in den sozialen Medien gewinnen wollen. Aber: Viele Follower zu haben ist kein Selbstzweck. Wenn Sie die soeben notierten „Follower" nun durchstreichen und durch „Reichweite" ersetzen, kommen Sie dem Ziel zwar näher, aber auch Reichweite an sich ist noch kein Ziel. Fragen Sie sich bei der Zieldefinition so lange „Warum will ich das?" bis Sie zu Ihrem eigentlichen Ziel vorgedrungen sind.

Während des Wahlkampfes sollten Sie auch für Ihre einzelnen Aktionen Ziele definieren. Die Ergebnisse sollten Sie dann mit denen ähnlicher Aktionen vergleichen. Versuchen Sie festzuhalten, wie viele Veranstaltungsanmeldungen oder Besucher:innen Sie bei einer Veranstaltung haben möchten oder wie viele externe Unterstützer:innen Sie in den ersten drei Monaten Ihres Wahlkampfs akquirieren möchten. Sehen Sie sich danach die Ergebnisse an und versuchen Sie daraus zu lernen, was zu einem Erfolg beigetragen hat oder woran ein Erfolg gescheitert ist (Inspect and Adapt).

6.1.2 Zielgruppen

Wie schon beim Wahlkampfstrategie-Canvas sollten auch hier die Zielgruppen festgelegt werden, die Sie mit den digitalen Wahlkampfaktivitäten erreichen wollen. Dabei orientiert sich die Zielgruppe jedoch nicht nur an den allgemeinen Zielgruppen des Wahlkampfes aus dem ersten Canvas, sondern auch an den hier im ersten Schritt festgelegten Zielen des digitalen Wahlkampfes.

Wenn hier als ein Ziel festgelegt wurde, mit einem innovativen Digitalwahlkampf das Image der Gesamtpartei moderner, digitaler und tech-affiner zu machen, dann ist die Zielgruppe dafür sicher nicht das Rentner:innenehepaar, das womöglich zur Hauptzielgruppe des Gesamtwahlkampfes gehört. Schärfen Sie also hier Ihre Zielgruppen für die digitalen Aktivitäten noch einmal gemäß Ihrer Digitalziele nach und beachten Sie, dass Sie für die unterschiedlichen Online-Kanäle auch unterschiedliche Unterzielgruppen haben können.

Denken Sie dabei auch an Multiplikator:innen. Vor allem in den sozialen Medien können Sie über die Reichweite Dritter dem eigenen Wahlkampf mehr Aufmerksamkeit verschaffen. Vielleicht haben Ihre Kandidierenden ein spezielles Kompetenzfeld? So können sie in gewissen Fachkreisen wahrgenommen werden und womöglich reichweitenstarke Multiplikator:innen für die Kampagne gewinnen.

Eigene Personas auf Basis der hier definierten Zielgruppen helfen Ihnen auch beim Digitalwahlkampf. Nicht zuletzt, wenn es darum geht, bezahlte Werbung zu schalten und die Zielgruppe bewusst anzusprechen.

6.1.3 Probleme und Interessen

Wenn Sie Ihre digitalen Zielgruppen festgelegt haben, fragen Sie sich, welche Themen genau diese Zielgruppen oder Personas umtreiben, was ihnen Sorgen bereitet und was sie sich von der Politik und Ihrer Partei erwarten. Fragen Sie sich außerdem, wie diese Menschen die digitalen Medien konsumieren und wonach sie suchen. Wollen diese Zielgruppen vor allem Entspannung? Unterhaltung? Politische Einordnungen? Wissen? Kochrezepte und Life Hacks? Brainstormen Sie Inhalte, nach denen Ihre Zielgruppen bewusst Ausschau halten oder bei denen sie spontan hängenbleiben, klicken und die sie aktiv wahrnehmen.

Die jeweiligen Probleme und Interessen Ihrer Digitalzielgruppen sollten Sie direkt an dieser Stelle nach thematischen und formalen Gesichtspunkten gruppieren. Welche Themen holen Ihre Zielgruppen ab und was sind Content-Formate, die sie konsumieren möchten? Ist eine Zielgruppe auf der Suche nach ausufernden Texten mit Tiefgang oder ist sie meistens gut beschäftigt und braucht Inhalte, die schnell erfassbar sind? Wie wichtig sind Ihren jeweiligen Zielgruppen Humor oder Seriosität? Fokussieren Sie sich auch hier auf die wichtigsten Probleme und Formate und versuchen Sie nicht, alles festzuhalten, was Ihnen einfällt.

6.1.4 Mehrwertversprechen

Nun wissen Sie, welche Zielgruppe sich für welche Inhalte interessiert. Diese Information müssen Sie nun bei der weiteren Planung mit Ihrem Mehrwertversprechen aus dem Wahlkampfstrategie-Canvas und den ganz individuellen Vorteilen Ihrer Partei oder Ihrer Kandidierenden verheiraten, damit Ihre Inhalte nicht nur Service sind, sondern auch Wahlkampf. Im Digital-Wahlkampf-Canvas geht es an dieser Stelle um die Kommunikation des Mehrwertversprechens Ihrer Partei. Die Fragen, die Sie hier beantworten sollten, sind denen aus dem Wahlkampfstrategie-Canvas ähnlich, aber ihr Zweck ist dennoch ein anderer, da sie die Probleme und Interessen der Digital-Zielgruppen sowie deren digitales Verhalten stärker im Auge haben:

- Was sind unsere konkreten Antworten auf die Fragen und Probleme unserer digitalen Zielgruppen?
- Wie lassen sich die Mehrwertversprechen unseres Wahlkampfes in gut kommunizierbare Kernbotschaften überführen?
- Wo grenzen wir uns (im digitalen Wahlkampf) von anderen Parteien/Kandidierenden ab?
- Wie liefern wir unseren Zielgruppen einen echten Mehrwert?
- Welchen Vorteil haben Menschen, wenn sie unseren Kanälen folgen und sich über unsere Arbeit informieren?
- Welches Zukunftsversprechen können wir unseren Zielgruppen geben?
- Was wollen unsere digitalen Zielgruppen wirklich von unserer Partei wissen?
- Wie spricht und denkt die jeweilige Zielgruppe über uns und mit welchem Mehrwertversprechen können wir erreichen, dass sie noch positiver über uns denkt und spricht?

Nur wenn es gelingt, die Probleme und Interessen der Zielgruppen mit dem individuellen Mehrwertversprechen Ihrer Partei zu verbinden, werden Ihre Kernbotschaften die nötige Aufmerksamkeit bekommen, im Gedächtnis bleiben und im Idealfall auch zu einer positiven Wahlentscheidung führen. Was Sie hier festlegen, sind die Kernbotschaften Ihres (digitalen) Wahlkampfes, die sich in jeglicher (digitalen) Kommunikation niederschlagen sollten. Daher muss auch Ihr Wahlkampf-Claim die hier erarbeiteten Kernbotschaften in sich tragen und unterstreichen, da er immer wieder auftaucht und sich durch Ihre gesamte Kampagne zieht.

6.1.5 Unfairer Vorteil

Die Frage nach Ihrem unfairen Vorteil, die bereits im Wahlkampfstrategie-Canvas angeklungen ist, sollten Sie hier direkt im Anschluss an die Konkretisierung Ihrer Mehrwertversprechen beantworten. Der unfaire Vorteil kann Ihre Kernbotschaften präzisieren oder erweitern, was Sie wiederum für das Ausfüllen der nächsten Felder brauchen werden. Um Ihren unfairen Vorteil zu identifizieren, sollten Sie die folgenden Fragen beantworten:

- Was haben Sie schon, was Ihre Mitbewerber:innen mit keinem Geld dieser Welt kaufen können?
- Worin sind Sie unnachahmlich und nicht zu kopieren?
- Was sind Ihre Alleinstellungsmerkmale, die Sie nicht nur graduell, sondern spezifisch von den anderen unterscheiden?
- Welche positiven Eigenschaften haben Ihre Kandidierenden im Gegensatz zu den Konkurrent:innen?
- Wofür steht Ihre Partei mehr als jede andere und worauf kann sie auch historisch besonders stolz sein?

Sich dieser unfairen Vorteile bewusst zu werden, legt den Grundstein dafür, dass Sie diese dann auch in Ihrer Kommunikation vermitteln können. Doch dazu kommen wir, nachdem Sie festgelegt haben, für welche Plattformen und Kanäle Sie überhaupt Inhalte benötigen.

6.1.6 Kanäle und Plattformen

Sobald Sie wissen, welche Ziele Sie verfolgen, welche Zielgruppen Sie dafür erreichen müssen, was deren konkrete Anliegen sind und vor allem, was Sie Ihren Zielgruppen bieten können, gilt es zu definieren, in welchen Medien, auf welchen Plattformen und Kanälen Sie Ihre Zielgruppen mit Ihren Botschaften erreichen wollen und können.

Hier gibt es keine Denkverbote. Sie können versuchen, alle Kanäle gleich intensiv zu bespielen. Allerdings sollten Sie von vornherein bedenken, dass digitaler Wahlkampf viel Arbeit kostet, wenn er gut gemacht ist. Sammeln Sie hier also Ihre Kanäle, die Sie bespielen möchten, so konkret wie möglich. Vergessen Sie aber nicht, sie direkt zu priorisieren, damit Sie wissen, welche Ihre Hauptkanäle sind, die Sie wirklich ernsthaft und mit großem Einsatz pflegen wollen, und welche Plattformen eher nachgelagert sind.

Ohne Website werden Sie nicht auskommen. Ebenso wenig können Sie auf Facebook oder Instagram verzichten. Der Rest – ob E-Mail-Newsletter, ein Podcast oder diverse andere Social-Media-Plattformen – ist Kür und kann nach und nach angegangen werden, sobald Website, Facebook und Instagram gut und in geordneten Bahnen laufen.

6.1.7 Content

An dieser Stelle des Canvas sollten Sie festhalten, welche Arten von Content Sie produzieren wollen und können. Ihre Inhalte sind auch abhängig von den jeweiligen Kanälen, für die Sie sich entschieden haben. Um hier zu guten Ergebnissen zu kommen, können folgende Fragen als Denkanstöße fungieren:

- Welche besonderen Content-Formate erfordern die jeweiligen Kanäle, die wir bespielen wollen?
- Welchen Content können wir schnell produzieren?
- In welchem Content-Format lässt sich unser Mehrwertversprechen inklusive unseres unfairen Vorteils besonders gut transportieren?
- Welchen prozentualen Anteil an den kommunizierten Inhalten sollen politisch-programmatische, gesellschaftliche und persönliche Inhalte der Kandidierenden jeweils haben?
- Welche Inhalte und Formate würden unsere Zielgruppen Freund:innen und Familienmitgliedern empfehlen?
- Welche Content-Formate können wir anbieten? Interviews? Infografiken? Lange und ausführliche Texte? Leicht verdauliche Inhalte wie Twitter-Threads?
- Was sind unsere Content-Must-haves und unsere Content-Nice-to-haves?

- Mit welchen prägnanten, konkret formulierten Aussagen erreichen wir die Aufmerksamkeit bei unserer Zielgruppe?

Die Inhalte, die Sie beim ersten Befüllen des Canvas aufschreiben, sind keineswegs in Stein gemeißelt. Sie können sich im Laufe des Wahlkampfes jederzeit ändern, wenn Sie herausfinden, was gut oder nicht funktioniert und was ggf. unverhältnismäßig großen Aufwand erfordert, der so nicht aufrechterhalten werden kann. Wichtig ist, dass hier nicht ein wildes Sammelsurium an Themen entsteht, sondern Sie sich auf wenige Themen konzentrieren, die für Ihre Ziele und Zielgruppen wirklich relevant sind.

6.1.8 Wettbewerber:innen

Dieses Feld füllen Sie erst aus, nachdem Sie die wichtigsten strategischen Entscheidungen bereits getroffen haben, aber noch bevor es an die konkrete Umsetzung geht. So lassen Sie sich nicht von Ihren politischen Mitbewerbern ablenken und fokussieren sich zunächst nur auf sich selbst, Ihre Zielgruppen, deren Interessen, Ihre Mehrwertversprechen und welche Inhalte für welche Kanäle und Plattformen erstellt werden sollen. Dennoch sollten Sie nun anfangen, auch über den Tellerrand zu blicken, um sich etwas abzuschauen oder um von der Performance der Mitbewerber auch messbare Erfolgskriterien für Ihren Wahlkampf abzuleiten.

Hier ist vor dem Befüllen des Canvas eine kleine Vorrecherche ratsam: Welche Medien und Kanäle bespielen die politischen Mitbewerber und wie hoch sind deren Followerzahlen? Worum dreht sich der Großteil des Contents und ist dieser eher auf die Parteiprogrammatik oder die einzelnen Kandidierenden zugeschnitten?

Halten Sie Ihre Erkenntnisse fest und passen Sie dieses Feld während des Wahlkampfes in regelmäßigen Abständen (etwa einmal pro Monat) an, um Ihre Mitbewerber nicht aus den Augen zu verlieren und um deren Erfolge mit Ihren abgleichen zu können.

6.1.9 Aktivitäten

Um all das, was Sie bis hierher niedergeschrieben haben, auch umsetzen zu können, müssen Sie nun konkrete Aktivitäten und Zuständigkeiten festlegen. Wenn Sie bei den Contents beispielsweise definiert haben, dass Sie über das Thema Klimaschutz informieren wollen und Sie vorhaben, einen Blog auf Ihrer Website aktiv zu betreiben, dann können Sie bei den Aktivitäten festhalten: „1 × pro Monat Blog-Artikel zum Klima." Wenn Sie bei den Contents festgelegt haben, dass es von Ihrem Kandidaten ein Zitat der Woche geben soll, dann wäre eine mögliche Aktivität, das jeweilige Zitat als Kachel wöchentlich auf Facebook und Instagram zu veröffentlichen.

Das Feld „Aktivitäten" bringt Ihre inhaltlichen Content-Ideen also in die Praxis, geht aber auch darüber hinaus. Hier können Sie konkret festhalten, wie Sie Inhalte bewerben, die Reichweite auf Ihren Kanälen steigern und ob Sie gegebenenfalls mit Influencern oder Agenturen zusammenarbeiten wollen. Um Ihre Aktivitäten zu präzisieren, können Sie sich folgende Fragen stellen:

- Welches Content-Format passt zu welcher Content-Idee?
- Wie viel Werbebudget steht für den jeweiligen Kanal zur Verfügung?
- Wenn wir unendliches Budget/unendliche Ressourcen hätten, welche digitalen Maßnahmen würden wir zuerst ergreifen?
- Was können wir machen, was die anderen nicht machen?
- Was können wir so effizient umsetzen, dass wir es den ganzen Wahlkampf über durchziehen können?
- Welche besonderen digitalen Aktivitäten werden nur einmal oder zweimal im Wahlkampf stattfinden?
- Wie können wir über den ganzen Wahlkampf hinweg unsere Aktivitäten anpassen und optimieren?

Um Ihre Aktivitäten kontinuierlich zu verbessern, müssen Sie zunächst herausfinden, was gut funktioniert und erfolgreich auf Ihre Ziele einzahlt. Wie diese Erfolgsmessung aussehen kann, erarbeiten Sie im nächsten Feld.

6.1.10 Erfolgsmessung

Im digitalen Wahlkampf ist die Erfolgsmessung leichter als bei der Gesamtstrategie, da Sie online in der Regel bei allen Kanälen und Plattformen Daten zur Erfolgsmessung an die Hand bekommen. Bei einer analogen Veranstaltung oder beim Infostand müssen Sie mühsam zählen oder schätzen, wie viele Leute da waren. Beim Wahlziel müssen Sie den Urnengang abwarten, um zu sehen, ob Sie den Wahlsieg errungen oder das gewünschte Ergebnis erreicht haben. Im Digitalen bekommen Sie relevante Zahlen meist sehr leicht und umsonst. Vor allem die sozialen Medien liefern gute Statistiken über Followerzahlen sowie Reichweite und Interaktionen bei einzelnen Beiträgen.

Der Erfolg Ihrer Website ist mit einer Web-Tracking-Lösung gut messbar (z. B. Seitenaufrufe oder Verweildauer der Nutzer:innen auf Ihrer Website). Öffnungsraten von E-Mail-Newslettern und ein Bericht darüber, welche Links in Ihrem Newsletter angeklickt wurden, liefern aufschlussreiche Erkenntnisse über Ihre E-Mail-Kampagne. Doch hier ist Vorsicht geboten, da nicht alle Tracking-Lösungen und E-Mail-Newsletter-Tools so einfach mit dem Datenschutz vereinbar sind. Hier sollten Sie in Ihrer Partei nach einer etablierten Lösung fragen oder diese selbst – in Abstimmung mit den zuständigen Datenschutzbeauftragten Ihrer Partei – anstoßen.

Doch was bedeutet Erfolg in Ihrem individuellen Fall? Hierzu sollten Sie sich im Team Gedanken machen. Die folgenden Fragen können Ihnen dabei helfen:

- Was bringt uns messbar unseren Zielen näher?
- Welche Richtwerte haben sich in den letzten Wochen herauskristallisiert, an denen wir künftige Maßnahmen orientieren können (z. B. Followerzahlen, Reaktionen auf Beiträge, Besuche auf der Website, Kommentare unter einem Blog-Artikel, neue Abonnent:innen beim Podcast etc.)?
- Wie priorisieren wir die einzelnen Erfolgskriterien?

- Wie können wir nicht-messbare Erfolge messbar machen (z. B. durch gezielte Umfragen herausfinden, inwiefern die Bekanntheit Ihres Kandidaten oder Ihrer Kandidatin gestiegen ist)?
- In welchen Kategorien können wir unsere Mitbewerber messbar schlagen?
- Wie bewerten wir, ob sich das Budget für Online-Werbung auszahlt?

Diese und weitere Fragen helfen Ihnen, Ihre Erfolge messbar und damit auch sichtbar zu machen – innerhalb des Teams, aber auch in Ihrer Partei.

6.1.11 Kosten und Hindernisse

An dieser Stelle sollten Sie notieren, welche Gefahren und Unsicherheiten am digitalen Wahlkampfhorizont lauern und welche Kosten für Ihren digitalen Wahlkampf jetzt schon absehbar sind. Folgende Fragestellungen bringen Sie hier auf die richtigen Gedanken:

- Müssen Sie neue Hard- oder Software anschaffen? Wenn ja, wie hoch sind die Kosten?
- Was kosten externe Dienstleister für bestimmte Services?
- Welche Aktivitäten sind am aufwändigsten und kostenintensivsten im digitalen Wahlkampf und wie wichtig sind diese?
- Welche Kompetenzen sind im Team (bisher) nicht vorhanden und wie lässt sich das ändern?
- Welche Hürden sind durch den Datenschutz zu erwarten?

Weitere und ganz spezielle Hindernisse und Probleme werden in Ihrem Wahlkampf ohnehin auftauchen. Ergänzen Sie diese entsprechend hier im Canvas. Achten Sie aber darauf, dass Sie sich auf strategisch wichtige Herausforderungen konzentrieren und verlieren Sie sich nicht im Kleinklein. Fokus ist bei jeglicher Arbeit mit dem Canvas das oberste Gebot.

6.2 Kommunikations- und Content-Strategie

Ohne die richtigen Inhalte und die richtige Kommunikation können Sie noch so sehr Ihre Werbebudgets erhöhen und die angesagtesten Kanäle bespielen: Die Ergebnisse werden zu wünschen übrig lassen. *Content is Queen*, egal ob in den sozialen Medien, in Ihrem Blog, in Newslettern oder im eigenen Podcast. Gute Inhalte und deren aufmerksamkeitsstarke Visualisierung sind die halbe Miete im digitalen Wahlkampf. Doch was ist guter Content?

6.2.1 Das ACDRA-Modell

Guter Content zeichnet sich für Sie kanalübergreifend dadurch aus, dass er zunächst Aufmerksamkeit erweckt, Ihren Konsument:innen einen Mehrwert liefert und dadurch auf ein bestimmtes, vorher festgelegtes Ziel einzahlt. Die Ziele können vielfältig sein und entweder kurzfristig (Interaktion in den sozialen Medien, Registrierung für den Newsletter) oder langfristig (Wahlentscheidung zugunsten Ihrer Partei, Aufbau von Sympathie und Verbundenheit mit Ihrer Partei) angelegt sein.

Im Online-Marketing (und digitaler Wahlkampf ist letztlich nichts anderes) gibt es verschiedene Modelle, die Kampagnen zugrunde liegen. Beliebt sind beispielsweise AIDA (Attention, Interest, Desire, Action) oder ACCRA (Awareness, Consideration, Conversion, Retention, Advocacy). Diese Modelle beschreiben die unterschiedlichen Phasen, die Ihre Zielgruppen durchlaufen (sollen), bis sich Ihre Ziele schließlich einstellen. Der Einfachheit halber arbeiten wir im Folgenden mit einer auf die Politik angepassten Version von ACCRA, die ich ACDRA (Awareness, Consideration, Decision, Retention, Advocacy) nenne:

Awareness (= Aufmerksamkeit für Ihre Partei und Ihre Kandidierenden)
Egal, ob Sie einen Blog-Beitrag veröffentlichen, einen Newsletter aussenden oder einen Post in den sozialen Medien absetzen: Ohne Aufmerksamkeit geht gar nichts. Die Empfänger:innen müssen Ihren

Blog aufrufen, den Newsletter öffnen oder beim Scrollen durch den Social-Media-Feed innehalten und Ihren Beitrag bewusst anschauen. In den sozialen Medien haben Sie auf dem mobilen Endgerät – und die meisten Menschen nutzen die sozialen Medien auf dem Mobiltelefon – nur 1,7 Sekunden Zeit (Facebook IQ, 2017), um die Aufmerksamkeit Ihrer Zielgruppe zu erhalten. Das ist wenig. Um Aufmerksamkeit zu bekommen, müssen Sie die richtigen Inhalte für Ihre individuelle Zielgruppe visuell so aufbereiten, dass Ihre Zielgruppe sich mit Ihren Inhalten auseinandersetzen will. Wie das gelingt, wird im weiteren Verlauf dieses Kapitels erklärt.

Für die Awareness-Phase eignen sich vor allem die sozialen Medien, da Sie hier viele Menschen erreichen, die vielleicht noch gar nicht wissen, dass es Ihre Partei oder Ihre Kandidierenden gibt und wofür diese jeweils stehen.

Kernfragen für die Kommunikation in der Awareness-Phase:

- Was interessiert unsere Zielgruppe?
- Wie sieht der Alltag unserer Zielgruppe aus? Was prasselt auf sie ein?
- Wo und wann erreichen wir unsere Zielgruppe?

Consideration (= Erwägung, Ihre Partei oder Kandidierenden zu wählen)

Als „Consideration" wird die Phase bezeichnet, in der sich Ihre Zielgruppe mit Ihren Inhalten auseinandersetzt. Zur Consideration gehört in der Politik aber auch das Bauchgefühl und die Vertrauensbildung. Die Consideration ist also kein rein rationales Abwägen von Wahlprogrammen, sondern geschieht heute immer mehr aus dem Bauch heraus und nicht selten unmittelbar vor der Wahl (Müller, 2021).

Für diese Phase eignen sich ebenfalls die sozialen Medien, aber auch der eigene Blog oder Podcast, in welchen die Inhalte und Kandidierenden gut und ausführlich vorgestellt werden können.

Kernfragen für die Kommunikation in der Consideration-Phase:

- Wie und wo fangen Leute an, sich mit der Wahl, unserer Partei oder unseren Kandidierenden zu beschäftigen?
- Wo recherchieren sie?

- Welche Faktoren wirken an dieser Stelle auf unsere Zielgruppen ein?

Decision (= Entscheidung, Ihre Partei oder Kandidierenden zu wählen)
Was im ACCRA-Modell die Conversion, also die konkrete Kaufentscheidung ist, ist in der Politik die Wahlentscheidung. Diese wird heutzutage oft erst kurz vor der Wahl gefällt.

Je nach Ziel Ihrer politischen Kampagne kann hierzu auch ein neu ausgefüllter Mitgliedsantrag gezählt werden oder das Gewinnen von neuen Empfänger:innen für einen Newsletter. Es geht um eine Entscheidung, die gemäß Ihrer Ziele fällt.

Für diese Phase eignet sich die persönliche Kommunikation via Messenger, in den sozialen Medien sowie im Newsletter, da das Empfangen und Lesen des Newsletters schon eine große Awareness und bewusste Consideration voraussetzt.

Kernfragen für die Kommunikation in der Decision-Phase:

- Welche Faktoren beeinflussen die Wahlentscheidung unserer Zielgruppen?
- Was bringt unsere Zielgruppen letztlich dazu, uns ihre Stimme zu geben?
- Wie und wann fällt unsere Zielgruppe ihre Wahlentscheidung?
- Welche Gedanken hat unsere Zielgruppe beim Entscheidungsprozess?

Retention (= Beziehungspflege für bereits überzeugte Menschen)
Die Retention zielt primär auf die Mitglieder Ihrer Partei und sehr loyale Wähler:innen ab. Diese gilt es zu mobilisieren und die Überzeugung, dass Ihre Partei auch wirklich deren Stimme verdient hat, immer wieder zu bekräftigen. Kommunikation an diese Gruppe muss anders aussehen als an Personen, die der Partei bisher weniger verbunden sind.

Retention bedeutet aber auch, Menschen, die sich schon intensiv für Ihren Wahlkampf interessieren und sich beispielsweise für einen Newsletter angemeldet haben, bei der Stange zu halten, sie zu treuen Wähler:innen zu machen und in die Advocacy-Phase zu überführen.

Für die Retention ist das Community-Management in den sozialen Medien wichtig, sowie der Newsletter und bestärkende Inhalte auf allen Plattformen und Kanälen.

Kernfragen für die Kommunikation in der Retention-Phase:

- Wie stehen unsere loyalsten Wähler:innen gerade zu uns?
- Wovon sind unsere treusten Anhänger:innen genervt? Was stört sie?
- Was würden sich die, die schon überzeugt sind, noch zusätzlich von uns wünschen?

Advocacy (= Fürsprecher:innenschaft)
Advocacy bedeutet, dass Sie Ihre Sympathisant:innen und Wähler:innen zu Multiplikator:innen machen. Diese externen Sprachrohre Ihrer Kampagne sind bereit, Sie bei Negativkommentaren in den sozialen Medien oder im Alltag zu verteidigen und Menschen im Freundes- und Bekanntenkreis von Ihrer Kandidatur oder Partei zu überzeugen.

Auch hier sind der Newsletter und das generelle Kontakthalten wichtig. Advocacy findet heute aber meist in den sozialen Medien statt bzw. ist dort besonders wirksam.

Kernfragen für die Kommunikation in der Advocacy-Phase:

- Für was möchten wir bekannt sein? Was soll mit uns assoziiert werden?
- Was sollen unsere Multiplikator:innen über uns sagen?
- Was würde unseren Multiplikator:innen und Fürsprecher:innen helfen und die Fürsprachen erleichtern?

Zusammengefasst: Die ersten beiden Phasen, Awareness und Consideration, brauchen innovative und kreative Inhalte, um Ihre Zielgruppe erst einmal auf sich aufmerksam zu machen, sie zu begeistern und zu emotionalisieren. Die letzten drei Phasen Decision, Retention und Advocacy brauchen starke und überzeugende Inhalte sowie eine stete Erinnerung, dass es Sie noch gibt und warum Sie die Wahl gewinnen sollten.

Natürlich sind diese Phasen des ACDRA-Modells nicht trennscharf voneinander abgegrenzt – manchmal kommt die Advocacy-Phase beispielsweise vor einer Mitgliedschaft oder der tatsächlichen Wahlentscheidung. Dennoch können Sie für jede Phase und jedes Ihrer Ziele passende Formate wählen, maßgeschneiderten Content erstellen und damit eine zielgenaue Ansprache erreichen.

6.2.2 Von der Kernbotschaft zum Content

Sie wissen inzwischen, dass Sie zunächst die Aufmerksamkeit Ihrer Zielgruppe brauchen. Aufmerksamkeit wiederum entsteht durch Relevanz für die jeweilige Zielgruppe. Daher fokussierten wir uns bereits im Wahlkampfstrategie-Canvas und im Digital-Wahlkampf-Canvas auf Ihre individuellen Zielgruppen und deren Interessen.

Betrachtet man jedoch die Online-Kanäle der politischen Parteien und Akteur:innen, wird schnell das Hauptproblem in der politischen Kommunikation klar – und je niedriger die Gliederungsebene ist, desto schlimmer wird es: Der Großteil der Inhalte ist häufig komplett irrelevant für die Wähler:innen und meist sogar für Parteikolleg:innen. Doch warum ist das so? Meist ist es gut gedacht, aber schlecht gemacht: Viele Ortsvereine haben sich inzwischen davon überzeugen lassen, dass die sozialen Medien, ein Newsletter und vielleicht ein Podcast wichtig sind. Im Idealfall haben sie inzwischen auch verinnerlicht, dass man, wenn man schon eine Veranstaltung plant und durchführt, das bspw. auch in den sozialen Medien oder im Newsletter teilen sollte, um Sichtbarkeit zu generieren. So weit, so richtig. Doch häufig werden dabei (vor allem in den sozialen Medien) folgende Fehler gemacht:

- Langweilige Überschriften wie „Unser Infostand am Bahnhof!"
- Generische Beschreibungen, die niemand mehr hören kann, wie „Bei unserer heutigen Ortsvereinssitzung haben wir angeregt über den kommenden Wahlkampf diskutiert und viele Ideen gesammelt."
- Schlechte Bilder mit schlechter Wahl des Bildausschnitts, schlechter Beleuchtung und schlechter Qualität.
- Themen, die niemanden interessieren. Es ist super und freut mich persönlich, dass Ingrid nun seit sieben Jahren Mitglied Ihrer Partei

ist, aber die Anzahl der Menschen, die das auf Instagram oder Ihrem Blog interessiert, ist wirklich sehr, sehr klein.

- Ausrufezeichen, und vor allem *mehrere* Ausrufezeichen, machen weder eine Überschrift noch einen Text oder Podcast-Titel besser, sondern wirken verzweifelt. Darauf sollten Sie wirklich verzichten!!!

Der Effekt dieser Fehler ist im besten Fall, dass die Menschen über den Content einfach hinwegscrollen. Mittelschlimm ist es, wenn die Partei dadurch als altbacken empfunden und ein Fremdschamgefühl ausgelöst wird, weil die Politik so hilflos wirkt. Im schlimmsten Fall wird dem politischen Account einfach entfolgt, sich vom Newsletter abgemeldet oder in den Podcast nie wieder reingehört, weil der Content langweilig und irrelevant erscheint. Doch wie können Sie es besser machen?

Der Sweet Spot des Wahlkampf-Contents
Wie die folgende Grafik (Abb. 6.2) zeigt, müssen Sie die Schnittmenge finden, zwischen dem, was Sie als Partei oder Wahlkampfteam kommunizieren wollen und können und dem, was Ihre Zielgruppe wirklich interessiert und ihr einen Mehrwert liefert. Diese Schnitt-

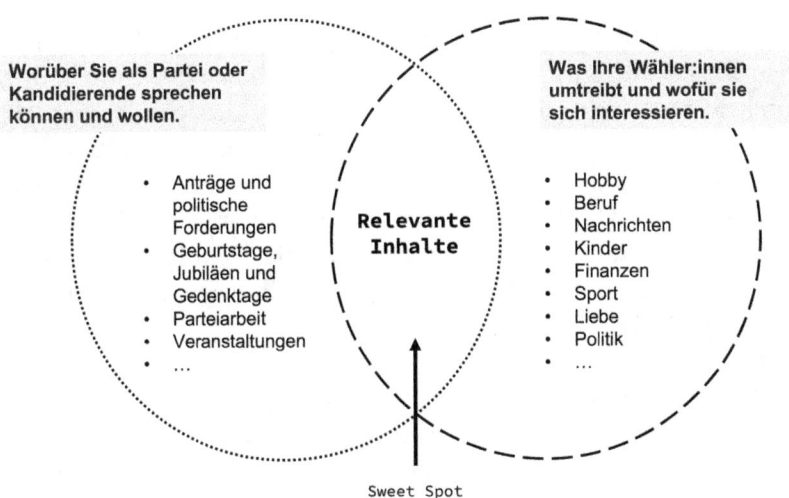

Abb. 6.2 Der Sweet Spot Ihrer digitalen Inhalte

menge nennen wir auch den „Sweet Spot", auf den all Ihre (digitalen) Aktivitäten hin überprüft werden sollten.

Um herauszufinden, was die Leute wirklich interessiert, sollten Sie das „Spice-Girls-Prinzip" nutzen, angelehnt an deren Megahit „Wannabe". Dort heißt es: „So tell me what you want, what you really really want!" Das Prinzip ist nicht immer leicht umzusetzen, da manche Menschen vielleicht gar nicht wissen, was sie von politischer Kommunikation erwarten. Um das herauszufinden, können Sie Design-Thinking-Methoden verwenden und einen Workshop veranstalten. Sie können in Umfragen, Gesprächen (z. B. am Infostand und auf Veranstaltungen) oder in kleineren Interviews mit parteinahen Freund:innen und Bekannten hervorragende Einsichten gewinnen, welche Inhalte die Menschen in den sozialen Medien anklicken würden und welche nicht, was ihnen helfen würde, wofür sie sich interessieren und was sie als irrelevant erachten. Die so gewonnenen Einsichten sollten Sie – je nachdem, in welcher Reihenfolge Sie die Schritte Ihrer Wahlkampfplanung durchführen – auch für das Befüllen des Canvas nutzen. Alternativ können Sie Ihr bereits ausgefülltes Canvas befragen, welche relevanten Inhalte dort festgelegt wurden und diese anhand der frischen Einsichten nochmals auf ihre Sweet-Spot-Tauglichkeit überprüfen.

Nutzen Sie hier unbedingt auch Ihre Personas. Je konkreter die Personas ausdifferenziert sind, desto besser können Sie mittels dieser entscheiden, ob ein geplanter Inhalt wirklich den Sweet Spot trifft oder nicht. Welche Ihrer Personas würde einen solchen Inhalt im echten Leben anklicken? Wenn die ehrliche Antwort „Keine" lautet, dann lassen Sie den Post oder Blog-Artikel einfach weg. Adaptieren Sie während des Wahlkampfes immer wieder die Definition Ihres Sweet Spots – gemäß aktuellen politischen Entwicklungen und den Rückmeldungen Ihrer potenziellen Wähler:innen.

Der Content-Idee-Generator

Um ganz konkret herauszufinden, welche Inhalte Sie liefern wollen und können, sollten Sie zu Rate ziehen, was Sie im Wahlkampfstrategie-Canvas und im Digital-Wahlkampf-Canvas bereits erarbeitet und als Kernbotschaften festgelegt haben.

Wie wir im Gastbeitrag von Arne H. Schröer gesehen haben, ist das wiederholte Setzen Ihrer Kernbotschaften entscheidend, um Ihr Mehrwertversprechen an die Menschen zu vermitteln und dadurch Wähler:innen von sich zu überzeugen. Doch wie gelingt das genau, stets genug guten Content für die verschiedenen Kanäle zu kreieren, der immer spannend, innovativ und neu ist und dabei die Kernbotschaften eindringlich wiederholt? Die Lösung stellt folgender analoger Content-Idee-Generator dar (Abb. 6.3):

Wenn Ihre Kernbotschaft lautet: „Wir kümmern uns um Alleinerziehende", dann sind die finanzielle Unterstützung Alleinerziehender, die Verbesserung der Kinderbetreuungssituation oder der Ausbau von regionalen Angeboten für Mutter/Vater-Kind-Kuren mögliche Themen. Jede Ihrer Personas hat aber nochmal eine unterschiedliche Perspektive auf die Themen: Wie könnten Sie einer gutsituierten Alleinerziehenden noch finanzielle Unterstützung schmackhaft machen? Was würde dem berufstätigen alleinerziehenden Vater helfen? Wenn Sie Ihre Kernbotschaften in Form konkreter Themen durch die Brille Ihrer Personas betrachten, wissen Sie auch ganz schnell, welche digitalen Inhalte eine solche Person anklicken würde. Et voilà – Sie haben Ihre Content-Idee! Wie Sie diese Content-Idee in ein echtes Content Piece verwandeln,

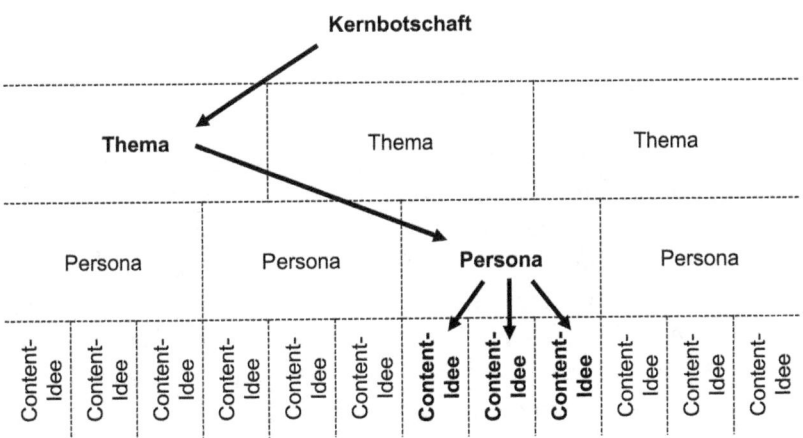

Abb. 6.3 Analoger Content-Idee-Generator

und wie viele Möglichkeiten es dort noch einmal gibt, erfahren Sie in Abschn. 6.2.4, wo ich Ihnen den analogen Content-Piece-Generator vorstelle.

Noch einmal genereller gesprochen: Um von Ihren Kernbotschaften auf Ihre Themenwelten zu kommen, sollten Sie die Ergebnisse Ihrer Zielgruppenbefragungen und Canvas-Arbeit, Ihre politischen Kompetenzen und Erfahrungen sowie das Programm Ihrer Partei befragen. Welche Themen sind interessant und bieten einen guten inhaltlichen Rahmen, um die Kernbotschaft zu platzieren? Wenn Sie nun für jede Kernbotschaft einige relevante Themen gefunden haben, fragen Sie sich, wie genau Sie das jeweilige Thema für eine bestimmte Persona aufbereiten müssen, damit der Content Ihrer Persona echten Mehrwert liefert. So kommen Sie sehr schnell und leicht auf die einzelnen Content-Ideen, die dann jeweils eine detaillierte Facette der Themen abbilden.

Sollten Sie bisher Angst gehabt haben, nicht genügend Content-Ideen für Ihren Wahlkampf entwickeln zu können, vergegenwärtigen Sie sich, dass Sie durch dieses Vorgehen jede Ihrer Kernbotschaften mit den jeweiligen Themen multiplizieren und diese Themen wiederum mit den einzelnen Personas. Glauben Sie mir, mit dieser Technik werden Sie so viele Content-Ideen kreieren können, dass Sie einige wegkürzen müssen, weil Sie zeitlich gar nicht alle umsetzen können (Priorisierung).

Welche Möglichkeiten es für guten Content konkret gibt und wie dieser umgesetzt sein sollte, hängt auch von den jeweiligen Kanälen ab und wird im weiteren Verlauf des Kapitels noch genauer erläutert. Doch nicht jeder objektiv gute Content ist auch guter Content für Ihren ganz spezifischen Wahlkampf. Der Content-Idee-Generator hilft dabei auch Ihrer eigenen Kontrolle, ob Sie etwas veröffentlichen sollten oder nicht: Findet sich eine spontan entstandene Content-Idee im Schaubild wieder? Zahlt die Content-Idee wirklich auf die Vermittlung Ihrer Kernbotschaften ein? Ist es auch ansprechender Content? Wenn ja, dann nichts wie raus damit! Wenn nein, dann lassen Sie diese Content-Chance guten Gewissens verstreichen, um Beliebigkeit in Ihrer Kommunikation zu vermeiden. „Qualität vor Quantität" – oder wie wir es hier nennen: Fokus und Priorisierung.

6.2.3 Psychologische Effekte in Ihrer Content-Strategie nutzen

Die folgenden zehn Effekte geben Ihnen – auf Ihre Kampagnenarbeit übertragen und mit konkreten Empfehlungen versehen – einen Einblick in das Standard-Repertoire der Marketingpsychologie.

1. Barnum-Effekt oder Forer-Effekt
Der Barnum-Effekt beschreibt die menschliche Neigung, ungenaue und allgemeingültige Aussagen als zutreffende Beschreibung der eigenen Person zu empfinden. Dies ist der Grund, warum wir uns regelmäßig in Horoskopen wiedererkennen.

In Ihrem Wahlkampf können Sie den Barnum-Effekt nutzen, indem Sie in Ihrer Ansprache möglichst allgemein formulieren, sodass viele Menschen sich davon angesprochen fühlen. Schreiben Sie also lieber „Nervt dich auch das Gedränge im Berufsverkehr?" anstatt „Nervt es dich auch, dass es morgens um 7:00 Uhr im Bus zur Arbeit so voll ist?" oder „Sie wollen eine bessere Zukunft für Ihre Kinder?" anstatt „Sie wollen auch, dass das Akademiker:innengehalt Ihrer Enkel den Erwerb einer eigenen Immobilie ermöglicht?"

2. Social Proof
Social Proof bedeutet, dass Personen Verhaltensweisen anderer übernehmen, weil sie glauben, dass diese angemessen handeln. Dabei kann Social Proof durch das Verhalten von Expert:innen, Prominenten, einer großen Menge an Menschen, Freund:innen und Bekannten sowie durch eine Urkunde oder ein Zertifikat entstehen. Entscheidend ist, dass ein bestimmtes Verhalten, zum Beispiel das Wählen Ihrer Partei, durch eine wie auch immer geartete soziale Autorität vorgemacht und legitimiert wird. Das ist der Grund, warum wir uns Produktrezensionen im Internet ansehen, wieso es Influencer-Marketing gibt und warum Mund-zu-Mund-Propaganda so gut funktioniert. Was Sie in Ihrem Wahlkampf also tun können, ist:

- Setzen Sie so oft Sie können auf prominente Personen – bei Veranstaltungen, Instagram-Livestreams, in Form von Zitaten und bestätigenden Aussagen (Testimonials), auf gemeinsamen Fotos etc.
- Laden Sie Expert:innen zu Fachdiskussionen ein und legitimieren Sie dadurch auch Ihre Expertise.
- Sammeln Sie bestätigende Aussagen auch von Bürger:innen am Infostand ein, z. B. in Form von kurzen Videos, und teilen Sie die positive Erfahrung der Standbesucher:innen mit Ihrer Online-Community.
- Gewinnen Sie Menschen, die in den sozialen Medien Wahlaufrufe für Sie posten.
- Regen Sie Ihre Wähler:innen in einem aktivierenden Aufruf (Call-to-Action) dazu an, Freund:innen und Bekannten von der eigenen Erfahrung mit Ihnen zu berichten oder den Eindruck öffentlich zu teilen.

3. Carpenter-Effekt

Während es beim Social Proof darum ging, das Verhalten einer bestimmten Person oder Personengruppe als Richtschnur für die eigenen Handlungen zu nehmen, geht es beim Carpenter-Effekt um das tatsächliche Sehen – oder zumindest das sehr starke mentale Visualisieren – einer bestimmten motorischen Handlung. Sie sollten also Verhaltensweisen, die Sie sich von Ihren potenziellen Wähler:innen wünschen, bildlich transportieren. In Ihrem Wahlkampf können Sie den Carpenter-Effekt folgendermaßen nutzen:

- Sobald es die Muster der Wahlzettel gibt, nehmen Sie ein Video auf, in dem jemand ein Kreuz – deutlich erkennbar – bei Ihren Kandidierenden oder Ihrer Partei macht.
- Zeigen Sie in Bildern und Videos eine glückliche Zukunft, in der eine Ihrer inhaltlichen Forderungen bereits konkrete Verbesserungen für die Menschen gebracht haben wird. Zeigen Sie also die Rentnerin, wie sie den kostenlosen öffentlichen Nahverkehr nutzt, wie sich die Mittdreißigerin aufgrund des bedingungslosen Grundeinkommens eine Umschulung zur Floristin leisten kann oder wie

der Sohn aus ärmlichen Verhältnissen dank einer guten Steuerpolitik nun endlich ein Auto aus dem Luxussegment gekauft hat.
- Filmen Sie Ihren Bildschirm ab, während Sie durch die eigene Website stöbern und schaffen Sie dadurch für die Zuschauer:innen des Videos den Anreiz, auch auf den Link zu klicken und sich Ihre Website anzusehen.

4. IKEA-Effekt

Der IKEA-Effekt besagt, dass Menschen ein Produkt höher schätzen, wenn Sie es selbst gebaut oder zumindest daran mitgebaut haben. Dies können Sie auch für Ihren Wahlkampf nutzen und dabei sogar noch den agilen Erfolgsfaktor der Zielgruppenorientierung bedienen. Führen Sie einen möglichst interaktiven Wahlkampf, veröffentlichen Sie Umfragen und erfahren Sie Folgendes von Ihren potenziellen Wähler:innen:

- Was interessiert die Menschen?
- Was soll auf Ihre Website?
- Zu welchem Thema ist ein Blog-Artikel gewünscht?
- Welche Veranstaltung(en) soll es geben?
- Welchen Social Media Content wünscht sich Ihre Community?
- Welche inhaltlichen Forderungen haben die Menschen an Sie und die spätere parlamentarische Arbeit?
- Welches Foto soll auf das endgültige Wahlplakat?

Dadurch, dass Ihre Zielgruppe wichtige gestalterische, inhaltliche und kommunikative Fragen mitentscheidet, entwickelt sie eine persönliche Bindung zu Ihrem Wahlkampf und auch zu den Kandidierenden. Diese Bindung führt dann wahrscheinlich auch zu einer Wahlstimme.

5. Zeigarnik-Effekt

Der Zeigarnik-Effekt besagt, „dass Menschen sich an nicht beendete Aufgaben eher erinnern als an abgeschlossene Aufgaben" (Gekeler, 2019). Das ist auch der Grund, warum agiles Arbeiten – mit einer strengen Fokussierung auf wenige Aufgaben – einer gesunden Psyche eher zuträglich ist und den Mental Load, also die psychische Belastung, reduziert. Doch auch für Ihren Wahlkampf können Sie den Effekt nutzen, indem Sie ganz bewusst Fragen offen lassen und Spannung erzeugen, sodass Ihre potenziellen Wähler:innen sich leichter an Sie und Ihre Botschaften erinnern. Um den Effekt zu nutzen, können Sie Folgendes tun:

- Kündigen Sie neue Inhalte auf Ihrem Blog oder eine neue Podcast-Folge schon vorab in den sozialen Medien an – mit einem Hinweis, dass Ihre Follower genau diesen Blog-Artikel oder Podcast auf keinen Fall verpassen sollten.
- Wenn Sie einen guten Einstieg in einen Blog-Artikel haben, veröffentlichen Sie die ersten fünf bis zehn Sätze vorab, sodass Ihre Follower die konkrete Lesehandlung bereits beginnen, die sie dann später unbedingt abschließen wollen (Vorsicht: Hier sollten Sie wirklich einen guten Einstieg haben, der tatsächlich neugierig macht).
- Innerhalb eines Blog-Artikels können Sie relevante Erkenntnisse und Positionen erwähnen, ohne näher auf diese einzugehen, und auf einen weiteren, ergänzenden (vielleicht erst später erscheinenden) Artikel von Ihnen zu diesem Thema verweisen (Vorsicht: Es sollte nichts sein, was die Leute einfach an anderer Stelle googlen können. Bleiben Sie hier also persönlich.)
- Kündigen Sie Veranstaltungen vorab an und ermöglichen Sie eine unverbindliche Voranmeldung. So haben Ihre potenziellen Wähler:innen bereits eine Handlung gestartet und Sie haben eine weitere Möglichkeit, mit ihnen in Kontakt zu treten.
- Bauen Sie Ihren Call-to-Action in einem Social-Media-Beitrag aus mehreren Schritten auf. Menschen lieben es, Handlungen abzuschließen: Starten Sie also mit einer ersten Aufforderung, einen Beitrag einfach nur zu liken, denn das geht sehr schnell. Wer den ersten Schritt erledigt hat, wird vermutlich auch den zweiten gehen. Sie könnten also zusätzlich anregen, einen Kommentar zu hinterlassen, einen Link anzuklicken oder den Beitrag zu teilen. Das funktioniert natürlich nicht immer, aber mit der Nutzung des Zeigarnik-Effekts steigen Ihre Chancen deutlich.

6. Chunking-Methode

Menschen gruppieren Informationen, um sie sich besser merken zu können. Zu viele ungruppierte Einzelinformationen können wir auf Dauer nicht behalten. Da sich beim Lesen eines Social-Media-Postings oder Blog-Artikels jedoch kaum ein:e Leser:in die Mühe macht, die Inhalte selbst zu gruppieren, sollten Sie diese Vorgruppierung übernehmen, damit Ihre Kampagneninhalte und Kernbotschaften auch langfristig verfangen.

Versuchen Sie, die Informationen im Idealfall in drei bis sieben Portionen oder Brocken (engl.: Chunks) zu gruppieren – je mit einer starken Überschrift versehen. Die wichtigsten Worte und Inhalte Ihrer Chunks sollten Sie zusätzlich optisch hervorheben.

Die Chunking-Methode sollten Sie auch für die Struktur Ihrer Reden oder Ihres Podcasts verwenden. Um dabei Ihre drei bis sieben Chunks, also Wissens- oder Informationseinheiten, in die richtige Reihenfolge zu bringen, nutzen Sie am besten den Primacy-Recency-Effekt.

7. Primacy-Recency-Effekt oder Serieller Positionseffekt

Der Primacy-Recency-Effekt besagt, dass diejenigen Informationen, die bei Listen und Aufzählungen zu Beginn und am Ende aufgeführt sind, am besten im Gedächtnis bleiben. Daher sollten Sie bei allem, was Sie in Form einer Aufzählung kommunizieren – sei es in Reden oder Blog-Artikeln –, die Inhalte so sortieren, dass die für Ihre Zielgruppe oder Personas mutmaßlich überzeugendsten Argumente am Anfang und ganz am Ende stehen, da sich die Zuhörenden oder Leser:innen an diese am ehesten erinnern werden.

8. Framing-Effekt

Framing bedeutet, dass ein bestimmter Sachverhalt bewusst oder unbewusst in einen bestimmten Bezugsrahmen gesetzt wird. Durch Framing entstehen in unserem Alltag die meisten zwischenmenschlichen Missverständnisse, weil die Bezugsrahmen von Sender und Empfänger häufig unterschiedlich und von persönlichen Erlebnissen geprägt sind. Durch Framing – sei es durch eine begleitende Rahmenerzählung oder einfach die verwendeten, unter Umständen tendenziösen Worte – ordnen wir Informationen in Schubladen ein, die unserer Erfahrungswelt entsprechen.

In Ihrem Wahlkampf wollen Sie manche Sachverhalte besonders positiv framen und andere eher negativ. Zu manchen Themen wollen Sie in Ihren potenziellen Wähler:innen eine positive Emotion auslösen, zu anderen Themen eine Aversion. Dafür haben Sie folgende Möglichkeiten:

- Überlegen Sie, ob Sie in Ihre Formulierungen stärkeres Vokabular einbauen können. Wenn Sie beispielsweise eine Lärmschutzwand bei Ihnen durchsetzen wollen, nennen Sie das Grundrauschen des Verkehrs nicht „verkehrsbedingte Geräuschkulisse", sondern „Höllenlärm".
- Nutzen Sie hier den Effekt der Verlust-Aversion. Dieser besagt, dass Menschen mehr Angst haben, etwas zu verlieren, als Glücksempfinden, etwas zu bekommen. Stellen Sie beispielsweise die Positionen Ihrer politischen Mitbewerber als risikobehaftet dar. Wenn sich ein:e Wähler:in zwischen zwei annähernd gleich guten Alternativen entscheiden muss, wird er oder sie in der Regel diejenige wählen, die mit geringerem Risiko assoziiert ist.
- Formulieren Sie konkrete Ziele und erzeugen Sie sprachlich oder visuell einen Bezugsrahmen, in welchem diese Ziele bereits realisiert sind.
- Versuchen Sie, Framing auch bei der Etablierung Ihrer Partei-Marke beziehungsweise der Personenmarke Ihres Kandidaten oder Ihrer Kandidatin anzuwenden. Ein übergeordnetes Markenframing – über Ihre gesamte Kampagne hinweg – sorgt für hohes Wiedererkennungs- und Identifikationspotenzial, erfordert durch den ganzheitlichen Ansatz aber auch konsequent konsistentes Handeln.

9. Kontrast-Effekt

Unser Gehirn ist darauf trainiert, immer alles zu vergleichen. Auch diesen Effekt können Sie nutzen, indem Sie deutlich aufzeigen, worin sich Ihr Wahlprogramm von dem der Konkurrenz unterscheidet, wo Sie Unterschiede zwischen den Kandidierenden sehen oder indem Sie, wo sinnvoll, den Aussagen Ihrer politischen Mitbewerber klar widersprechen. Verwenden Sie hier die – im Idealfall während Ihres Canvas-Workshops bereits gesammelten – Schwächen Ihrer politischen Konkurrenz, um sich selbst positiv davon abzuheben. Doch Vorsicht: Wenn Sie hier zu sehr ins Negative Campaigning abrutschen, wirken Sie womöglich fies und gehässig und Ihre Kontrahent:innen dadurch sympathischer.

10. Reziprozitätsprinzip
Wer uns einmal einen Gefallen getan hat, dem wollen wir auch eher einen Gefallen tun. Auf diesem Prinzip kann auch das Verteilen von Werbemitteln basieren.

Fragen Sie sich aber, um diesen Effekt optimal zu nutzen, ob es für Sie im Wahlkampf nicht möglich wäre, wirklich volksnah zu sein und tatsächlich kleine Gefälligkeiten zu übernehmen – ein Morgentermin als Schulweghelfer:in, Rasenmähen bei einer gebrechlichen älteren Dame, im Kindergarten einen Tag aushelfen, um die Erzieher:innen zu entlasten etc. Überlegen Sie mit Ihrem Team, welche Aktionen hier sinnvoll sein könnten, ohne dass Sie sich irgendwo aufdrängen, wo Sie gar nicht gebraucht werden.

Hier bieten sich Social-Media-Kampagnen wie „Rent-a-Kandidat:in" an: „Miete deine:n Kandidat:in für eine Aufgabe, bei der du Hilfe brauchst!" Über ein im Social-Media-Post verlinktes Formular können Interessierte dann die Unterstützung der Kandidierenden anfragen und die Aufgabe beschreiben. Das wird sich im Wahlkampf zwar nicht besonders oft realisieren lassen, aber es lohnt sich. Solche Aktionen lassen gute Bilder entstehen, sind sehr nah an den Menschen und bei besonders spannenden Einsätzen kann sogar die Presse auftauchen.

Natürlich gelten die hier genannten Effekte nicht nur für Ihre Online-Wahlkampf-Aktivitäten, sondern können auch für Reden, in Flyern und Broschüren oder bei Interviews genutzt werden.

6.2.4 Digitalen Content planen, erstellen und recyceln

Eine gute Strategie und möglichst methodisches Vorgehen sind das Erfolgsrezept für Ihren digitalen Wahlkampf. Wie Sie von Ihren Kernbotschaften auf gute Content-Ideen kommen, die Ihre Personas einbeziehen und dadurch auf Ihre Zielgruppen zugeschnitten sind, haben Sie bereits erfahren. Nun geht es um die tatsächliche Materialisation und Umsetzung Ihrer Content-Ideen in Form von konkreten Content Pieces. So bezeichnen wir die tatsächlich erstellten Inhalte, die veröffentlicht werden.

Wenn wir davon ausgehen, dass die im ACDRA-Modell beschriebenen Schritte uns helfen, Unbeteiligte zunächst zu Interessierten, dann zu Wähler:innen und schließlich zu Botschafter:innen für unsere Sache zu machen, müssen wir die angesprochenen Personen auch dort abholen, wo sie sich gerade befinden. Das heißt, jeder Schritt im ACDRA-Modell hat individuelle Anforderungen an den jeweiligen Content. Ebenso hängt das ideale Content Piece auch vom gewählten Medium ab, da sich nicht jedes Format für jedes Medium gleich gut eignet.

Um von Ihrer Content-Idee, die die reine Botschaft oder inhaltliche Aussage betrifft, die konkreten Content Pieces ableiten zu können, stelle ich Ihnen im Folgenden den analogen Content-Piece-Generator vor, der genauso funktioniert wie der Content-Idee-Generator.

Der Content-Piece-Generator
Wenn Sie im Digital-Wahlkampf-Canvas festgelegt haben, welche Kanäle Sie bespielen wollen, und Sie mit dem Content-Idee-Generator Ihre Kernbotschaften schon in greifbare Ideen verwandelt haben, können Sie nun anfangen, Ihre Content-Ideen auszudifferenzieren und umzusetzen.

Der Content-Piece-Generator ist Ihr Werkzeug, mit dem Sie immer wieder neue und kreative Content Pieces entwickeln können – stets orientiert an der jeweiligen Content-Idee, der jeweiligen ACDRA-Phase, dem jeweiligen Kanal oder sozialen Netzwerk, den jeweiligen Hauptakteur:innen in einem Posting und schließlich dem Format.

Die Beschriftungen der einzelnen Felder in der Abbildung sind größtenteils exemplarisch, da sie einerseits von Ihrer Auswahl der Kanäle abhängen und andererseits in diesem Schaubild auch nicht erschöpfend dargestellt werden können. Es gibt noch viel mehr mögliche Content Pieces (unterste Zeile) und auch Ihre Akteur:innen (drittunterste Zeile) können Sie selbst definieren. Die beschriebenen

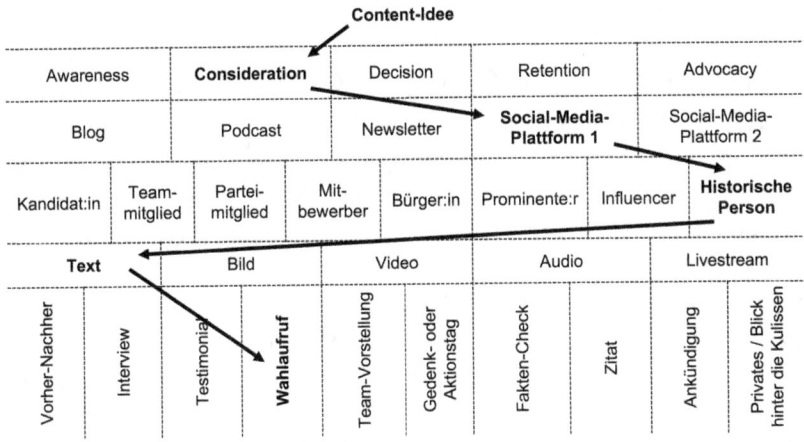

Abb. 6.4 Analoger Content-Piece-Generator

Akteur:innen können bei der Content-Erstellung entweder selber agieren oder lediglich die Protagonist:innen sein, über die dann jemand Drittes spricht.

Ein Beispiel, das den Content-Idee-Generator (Abb. 6.3) und den Content-Piece-Generator zusammenbringt, könnte wie folgt aussehen:

- **Kernbotschaft:** Wir fordern Gleichstellung der Geschlechter auf allen Ebenen
- **Thema:** Es ist wichtig, dass auch Parlamente paritätisch besetzt sind
- **Persona:** Johanna (28 Jahre, Grundschullehrerin, Hundebesitzerin etc.)
- **Content-Idee:** Welche Vorteile haben junge Frauen durch parlamentarische Repräsentation? – Einführung von Frauenquoten, Beseitigung des Gender-Pay-Gaps etc.
- **ACDRA-Phase:** Consideration (Johanna ist auch kurz vor der Wahl noch nicht komplett überzeugt)
- **Kanal:** Twitter
- **Akteur:in:** Marie Juchacz, die am 19. Februar 1919, nach Einführung des passiven Wahlrechts, als erste Frau eine Rede in der Weimarer Nationalversammlung hielt

- **Format:** Twitter-Thread des Kandidaten oder der Kandidatin (über Marie Juchacz)
- **Content Piece:** [Konkreter Wahlaufruf anhand zentraler Aussagen Juchacz', die verdeutlichen, wie wichtig es ist, dass Frauen in den Parlamenten vertreten sind. Der Thread sollte auch enthalten, dass eine Stimme für Ihre Partei auch eine Stimme für Frauenquoten, bessere Bezahlung usw. ist.]

Dieses Szenario bilden beispielhaft auch die Pfeile in Abb. 6.4 ab. Ein Vorgehen nach diesem Schema hilft Ihnen, immer wieder neue Ideen und Content Pieces zu entwickeln. Eine anschließende Erfolgsmessung wird Sie dabei unterstützen, bald gut priorisieren zu können, für welches Content Piece aus der riesigen Menge an Möglichkeiten Sie sich jeweils entscheiden sollten.

Content erstellen

Wie Sie inzwischen gesehen haben, sollte Ihr jeweiliges, konkretes Content Piece immer von Ihrer Zielsetzung, der Kernbotschaft und der jeweiligen Zielgruppe sowie der daraus resultierenden Plattform und ACDRA-Phase abhängen. Das klingt erst einmal kompliziert, aber wenn Sie den Prozess ein paar Mal in der Praxis durchgespielt haben, werden Sie sofort intuitiv wissen, was guter Content ist und was nicht. Die beiden Canvas und die Generatoren sollen Ihnen vor allem bei den ersten Schritten helfen, die grundlegenden Mechanismen zu verinnerlichen. Das Nutzen der Vorlagen soll nicht zum Selbstzweck verkommen, sondern Sie langfristig unterstützen.

So unterschiedlich die einzelnen Medien und dort anzusprechenden Zielgruppen auch sind, gibt es doch ein paar Dinge, die Sie für Ihre Content-Strategie plattformübergreifend beachten und umsetzen sollten. Die folgende Checkliste hilft Ihnen dabei, auch in stressigen Wahlkampfzeiten sehr schnell entscheiden zu können, ob es sich bei einer geplanten Veröffentlichung um guten Content handelt oder nicht.

Wirklich guter Content:

- zahlt auf Ihre Kernbotschaften ein
- ist visuell stark

- ist auf den jeweiligen Kanal und die Zielgruppe abgestimmt
- bewegt/fasziniert/überrascht
- ist snackable (kurz, einfach und schnell zu erfassen)
- lässt sich teilen
- ist neu und informativ
- bietet Mehrwert
- erzählt eine Geschichte

Wie Sie nicht nur bei vorhandenem Content entscheiden, ob die Merkmale für guten Content zutreffen, sondern selbst starken Content erstellen, erfahren Sie im Folgenden.

Text: Wie schreibe ich guten Content
Um aus einem Text für Ihren Wahlkampf, der bereits allgemeine Mindestanforderungen – korrekte Orthografie, positives Wording, Verben statt Substantivierungen etc. – erfüllt, einen wirklich aufmerksamkeitsstarken, herausragenden und optimalen Text zu machen, sollten Sie sich an die folgenden Tipps halten:

- **Zukunftsvision:** Beschreiben Sie immer das Ziel, nicht den Weg dorthin.
- **Mehrwertkommunikation:** Ihre Lösungen sollten vorhandene Ängste und Bedürfnisse adressieren und keine neuen erzeugen. Zeigen Sie in Geschichten den konkreten Mehrwert Ihrer Kandidatur und Überzeugungen auf.
- **Testimonials:** Wenn Sie positive Aussagen Dritter verwenden, versehen Sie sie mit einem Bild der zitierten Person. Überzeugte Anhänger:innen sind das wirksamste Wahlkampfmittel.
- **Spezifisch sein:** Je spezifischer Ihr Text ist (konkrete Fakten und Zahlen), desto glaubwürdiger ist er.
- **Direkte Ansprache:** Adressieren Sie Ihre Wähler:innen in Ihren Texten direkt. Duzen oder Siezen? – Hauptsache einheitlich.
- **Stark anfangen und nicht nachlassen:** Die Überschriften müssen die erste Aufmerksamkeit generieren, danach müssen kleine Highlights gesetzt werden, damit die Leser:innen nicht abspringen. Das gilt auch für Reden.

- **Gegenargumente entkräften:** Sammeln Sie Gegenargumente für Ihre Thesen und entkräften Sie diese sofort im Text.
- **Kurz fassen:** In der Kürze liegt die Würze. Immer.
- **Vertrauensverlust vermeiden:** Lügen, Clickbaiting oder manipulative Techniken haben in Ihrem Wahlkampf nichts zu suchen. Je weniger Ihre Texte nach Wahlkampf klingen, desto überzeugender sind sie.
- **Stark kommunizieren:** Nutzen Sie starke Wörter. Am Ende Ihres Schreibprozesses sollten Sie immer prüfen, ob Sie ein schwaches Wort durch ein stärkeres ersetzen können. Vor allem bei kurzen Texten.
- **Mut:** Es ist okay, wenn Sie durch klare Aussagen und eine starke Überzeugung einige Leser:innen vergraulen. Die hätten Sie vermutlich ohnehin nicht gewählt.
- **Verständlichkeit:** Ihre Oma und Ihr Neffe in der Grundschule sollten Ihre Texte verstehen. Schreiben Sie so, wie Sie auch sprechen, und nicht, wie Sie Ihre Abschlussarbeit an der Universität formulieren würden.
- **Die Sprache Ihrer Zielgruppe sprechen:** Sammeln Sie Ausdrücke und Themen Ihrer Zielgruppe und nutzen Sie diese. Gerade bei Jugendsprache kann das aber schnell „cringe" werden, also ziemlich zum Fremdschämen.
- **Storytelling:** Menschen lieben (Aufstiegs-)Geschichten. Nutzen Sie das.
- **Tonalität:** Wenn Ihre Kampagne eine Person wäre, wie würde sie sprechen? Bleiben Sie konsistent, aber passen Sie die Tonalität an die jeweilige Zielgruppe im jeweiligen Medium an. Die Twitter-Community kommuniziert anders als die Facebook-Community.
- **Emojis:** Orientieren Sie sich bei der Verwendung von Emojis an der Zielgruppe und am jeweiligen Medium. Emojis können längere Texte und Posts gut strukturieren und die Inhalte leichter erfassbar („snackable") machen. Das Auge liest schließlich mit. Apropos …

Visuelles: Wie erstelle ich ansprechende (Bewegt-)Bilder?

Der als *Zlatko-Axiom* (Corinth, 2000) – benannt nach dem ehemaligen Bewohner des ersten deutschen Big-Brother-Hauses im Jahr 2000 – in die Geschichtsbücher des Trash-TV eingegangene Satz „Das Aussehen ist ja immer, was man als Erstes sieht" gilt auch im digitalen Wahlkampf. Sie können nobelpreisverdächtige Texte schreiben, aber ohne das richtige Bild oder eine ansprechende optische Aufbereitung wird Ihr Inhalt in den meisten Fällen nicht wahrgenommen. Ihre Grundregeln für visuell starken Content:

- **Wiedererkennungswert:** Kommunizieren Sie optisch einheitlich, damit bei Ihrer Zielgruppe ein Wiedererkennungseffekt einsetzt. Eine konsistente Bildsprache sollte sich im Digitalen in Bild, Text und Video niederschlagen und sich letztlich auch im Analogen auf Plakaten und Flyern fortsetzen. Diese einheitliche Bildsprache entsteht durch Farbgebung, Schriftart und Look der Bilder sowie den Aufbau und das Layout von Social-Media-Kacheln, Infografiken, Zitaten oder Veranstaltungsankündigungen. Überlegen Sie sich anhand Ihrer Strategie, welche Emotionen Sie vermitteln wollen und setzen Sie diese auch in Ihrer Bildsprache um. Kampagnen, die Aufbruchstimmung und Jugendlichkeit vermitteln wollen, verwenden andere Bilder als Kampagnen, die auf Seriosität und Erfahrung setzen. Innovationsgeist und Aufstiegsversprechen sehen anders aus als die Konzentration auf konservative Werte oder die radikale Klimarettung. Erstellen Sie am besten ein sogenanntes Moodboard: eine Tafel, auf der Sie passende Beispielbilder aus Zeitungen, Magazinen oder dem Internet sammeln. Das hilft Ihrem Team bei der Verinnerlichung und Inspiration.
- **Farbwahl:** Die Farbwahl sollte Ihrer Partei entsprechen und die erwünschte Stimmungswirkung unterstreichen. Wählen Sie früh im Wahlkampf ein Farbschema aus oder orientieren Sie sich am besten an den farblichen Vorgaben Ihrer Partei.
- **Bekannte Orte:** Wählen Sie für Ihre Bilder Motive aus, die Ihre Wähler:innen kennen. Nehmen Sie Fotos mit markanten Punkten Ihrer Stadt oder Gemeinde, aus der Umgebung oder mit bekannten Straßen- und Ortsschildern. So schaffen Sie Nähe.
- **Materialität:** Überlegen Sie sich, welche Materialität Sie mit Ihrer Partei und Ihrer Kampagne verbunden wissen möchten. Je nach Kernbotschaft und Zielgruppe der Kampagne können sich glänzende

Lack- oder Glasflächen anbieten oder eher Holz, Kork und Sisalfasern. Vielleicht unterstützt ein metallischer Untergrund Ihre Botschaft eher als Waldboden. So esoterisch diese Überlegungen als Trockenübung wirken: Spätestens, wenn Sie die ersten Kacheln mit einem Hintergrund hinterlegen wollen, der nicht nur aus reiner Farbe besteht, werden Sie für diese Vorüberlegungen dankbar sein. Die Materialitätsfrage gilt übrigens auch für Accessoires und Umgebungen, die in den Kampagnen-Fotos auftauchen. Nichts ist zufällig, Sie können mit allem eine Aussage treffen und eine Stimmung vermitteln. Was wollen Sie ausstrahlen? Robustheit? Natürlichkeit? Harte Arbeit? Wohlstand? Auch hier können Sie ein Moodboard erstellen, um die passende Materialität zu entwickeln.

- **Personen:** Welche Personen sollten auf Ihren Bildern auftauchen? Hierbei orientieren Sie sich am besten an Ihren Personas, da sich Ihre Zielgruppen mit diesen vermutlich besonders gut identifizieren können.
- **Schriften:** Auch Schriften können implizite Botschaften vermitteln. Überlegen Sie sich, welche Schriftarten Ihren Wahlkampf repräsentieren. Modern, konservativ, seriös, luxuriös, verspielt?
- **Klarer Fokus:** Jeder visuelle Content braucht einen klaren Fokus, sonst wird er einfach übersehen. Das ist beim Blog-Titelbild auf der Website zugegebenermaßen nicht so wichtig wie in den sozialen Medien. Der Fokus muss sofort klarmachen, was das Thema ist: Das kann ein Porträt der Kandidierenden sein oder ein Cannabis-Blatt, wenn es um Legalisierung geht, oder ein hervorgehobenes Wort in einem Zitat, das Aufmerksamkeit erzeugt. In jedem Fall gilt: Nur eine einzige Kernbotschaft pro Content Piece (Fokus und Priorisierung)!
- **Relevanz:** Auf dem Bild sollte sofort klar werden, wieso ein Beitrag Relevanz für die Zielgruppe hat. Dies kann durch eine starke Aussage (z. B. bei Textkacheln) erreicht werden oder durch einen unmissverständlichen Bildfokus, der die Relevanz sofort vermittelt.
- **Mehrwertkommunikation:** Auch visuell sollten Sie versuchen, deutlich zu machen, was die Leser:innen von dem Content haben. Information? Life Hack? Unterhaltung? Persönliche Einsichten?

- **Emotion:** Wählen Sie Bilder aus, die eine Geschichte erzählen und Ihre potenziellen Wähler:innen auf ihrer Gefühlsebene ansprechen. Verwenden Sie dafür auch multisensuale Bilder, die mehrere Sinne ansprechen, indem sie visuell ein Geräusch oder einen bestimmten Geschmack darstellen.

Erstellen Sie einen Style-Guide mit allen relevanten Überlegungen, Infos und Vorgaben für die Gestaltung. So wissen alle Teammitglieder, wie man Ihre optische Sprache spricht. Es hilft auch hier, vorher ein bisschen zu recherchieren und sich von anderen Kampagnen (auch aus der Wirtschaft) inspirieren zu lassen.

Inspect and Adapt durch AB-Tests
Um zu wissen, welche Bildsprache bei Ihrer Zielgruppe am besten ankommt, sollten Sie verschiedene Varianten testen und die Ergebnisse vergleichen. Bei sogenannten AB-Tests werden zwei Versionen gegeneinander ins Rennen geschickt und je nach Ergebnis weiß man dann, ob man mit Version A oder Version B weiterarbeitet. Es gibt für solche Vergleiche spezielle Software-Lösungen, aber da das für die meisten Wahlkämpfe etwas überdimensioniert erscheint, rate ich Ihnen zur einfacheren Variante: Sie sollten mindestens zwei verschiedene Entwürfe am gleichen Wochentag zur gleichen Uhrzeit in zwei aufeinanderfolgenden Wochen in den sozialen Medien posten und sehen, welche Version besser funktioniert, also bspw. mehr Likes und Kommentare oder Veranstaltungsanmeldungen generiert. Im Idealfall finden diese Experimente außerhalb der Ferien und Urlaubszeit statt, da es die Ergebnisse verfälschen kann, wenn die Menschen Social Media während dieser Zeit anders nutzen.

Wenn Sie wollen, können Sie die Gewinner-Version dann noch gegen eine dritte Version antreten lassen und so über Tests die Unterschiede herausarbeiten, was wirklich funktioniert. Diese Tests sollten so früh wie möglich im Wahlkampf stattfinden, damit Sie bald wissen, ob die Kacheln mit Porträtfoto oder Landschaft besser funktionieren, ob die blauen oder die gelben Kacheln besser abschneiden oder ob die Beiträge mit einem knackigen Statement im Gegensatz zu denen mit dem längeren Text eher überzeugen. Als kleines Goodie für meine tapferen

Leser:innen: In den genannten drei Fällen wird mit an Sicherheit grenzender Wahrscheinlichkeit die jeweils erstgenannte Version besser funktionieren. Diese Tests haben Sie sich also schon alleine durch das Lesen dieses Buches gespart.

Content recyceln
Sobald Sie ein Content Piece haben, sollten Sie sich direkt Gedanken machen, wie Sie diesen Content noch weiterverwenden können. Wenn Sie beispielsweise einen neuen Blog-Artikel erstellt oder eine Podcast-Folge aufgenommen haben, sollten Sie natürlich Ihre Reichweite in den sozialen Medien und Ihren Newsletter nutzen, um Ihre Zielgruppe darauf aufmerksam zu machen. Die wenigsten Menschen gehen regelmäßig von selbst auf Ihre Website, um nachzusehen, ob es eventuell einen neuen, spannenden Artikel gibt.

Richtig guter Content ist oft auch zu aufwändig in der Erstellung, um ihn nur ein einziges Mal zu veröffentlichen. Nutzen Sie dazu in den sozialen Medien beispielsweise den Hashtag #ThrowbackThursday – und damit alle Donnerstage im Wahlkampf –, um die besten Inhalte aus der Vergangenheit noch einmal zu posten. Haben Sie auch keine Angst vor Wiederholungen – Ihre Kernbotschaften brauchen diese sogar. User vergessen, was sie am Tag vorher gesehen haben und nach einigen Wochen erinnert sich vermutlich kaum jemand mehr an die genauen Inhalte Ihrer Kacheln. Lediglich der Wiedererkennungswert der Gesamtkampagne sollte sich nach einiger Zeit eingestellt haben.

Eine weitere, elegante Möglichkeit, um vor allem auf Blog-Artikel und Podcasts mehrfach hinzuweisen, ist deren Erwähnung in anderen Beiträgen. Betonen Sie bspw. im Podcast, wenn Sie über ein bestimmtes Thema sprechen, dass es zu diesem Thema schon einen Artikel gibt und verlinken Sie den Artikel in den Shownotes, also dem beschreibenden und ergänzenden Text, der in der Podcast-App Ihres Vertrauens angezeigt wird, wenn Sie auf den Podcast klicken. Erwähnen Sie in Tweets und Insta-Stories verwandte Beiträge auf Ihrer Website oder die jeweilige Podcast-Folge. So können Sie sichergehen, dass Sie das meiste aus Ihrem mühsam kreierten Content herausholen.

6.2.5 Redaktionsplan für alle Medien

Damit Sie nicht den Überblick verlieren, wann Sie was bereits veröffentlicht haben und damit Sie Ihre Kanäle optimal bespielen können, empfehle ich Ihnen die Erstellung eines Redaktionsplans, der für alle beteiligten Mitglieder des Wahlkampfteams zugänglich ist. Hier bieten sich zwei Formate für Redaktionspläne an: Google Sheets (plus einen gemeinsamen Ordner für Texte und Bilder) oder das Calendar-PowerUp von Trello, mit dem man aus der klassischen Listenansicht des Kanban-Boards (vgl. Abb. 2.3 in Abschn. 2.3.4) per Klick in eine übersichtliche Kalenderansicht wechseln kann. Die folgenden Tipps für die Content-Planungen helfen Ihnen, den Überblick zu behalten und Ihre Aktivitäten gut zu koordinieren:

- **Aktions-, Feier- und Gedenktage eintragen:** Durch Postings an Gedenk- und Aktionstagen können Sie ein solides Grundrauschen auf Ihren Kanälen erzeugen, das Sie lange im Voraus planen können. Auch spezielle Blog-Artikel oder Podcast-Folgen zum jeweiligen Thema sind eine gute Möglichkeit, die Aufmerksamkeit eines Gedenk- oder Aktionstages zu nutzen. Im Marketing sagt man: „Die besten Weihnachtskampagnen werden im Sommer gemacht."
- **Am Stück planen und erstellen:** Es spart Zeit, wenn Sie nicht jeden Post und jeden Beitrag einzeln anfertigen, sondern sich regelmäßig ein paar Stunden am Stück für diese Aufgabe nehmen.
- **Freigabe einplanen:** Zumindest in den ersten Wochen des Wahlkampfes sollte eine Durchsicht und Freigabe der ersten Entwürfe durch die Wahlkampfleitung und die Kandidierenden eingeplant werden.
- **Jeweiligen Status festhalten:** Pflegen Sie Ihren Redaktionsplan und halten Sie ihn aktuell.
- **Content-Recycling fest einplanen:** Wenn Sie direkt eintragen, wann ein Beitrag ein zweites Mal veröffentlicht werden soll, füllt sich Ihr Redaktionsplan schneller als Sie „Social-Media-Manager" sagen können.

- **Flexibel bleiben:** Halten Sie sich während des Wahlkampfes nicht zu stur an den Redaktionsplan, sondern lassen Sie es unbedingt zu, spontan auf aktuelle Ereignisse zu reagieren. Davon leben die sozialen Medien.
- **Reserve bereithalten:** Erstellen Sie eine Reihe von zeitpunktunabhängigen Posts, Blog-Artikeln und vielleicht sogar Podcast-Folgen, die Sie nach und nach veröffentlichen, wenn es gerade nichts Aktuelles gibt.
- **Abwechslung garantieren:** Ihre Veröffentlichungen sollten Sie so planen, dass möglichst viel Abwechslung bei den Formaten und Themen herrscht. So können Sie Ihre wenigen zentralen Kernbotschaften vielfältig kommunizieren.

6.3 Social Media

Anfang 2022 lebten in Deutschland rund 84 Mio. Menschen, von denen 86,5 % aktiv soziale Medien nutzten (Kemp, 2022, o. S.). Diese 72,6 Mio. Menschen verbringen rund 1 Stunde und 29 Minuten täglich auf den jeweiligen Plattformen und nutzen pro Monat im Schnitt 5,3 verschiedene soziale Netzwerke. Sie sehen also: Die Bedeutung eines guten Social-Media-Wahlkampfes ist gar nicht hoch genug einzuschätzen.

Menschen nutzen die sozialen Medien meistens, um sich über Neuigkeiten zu informieren, Zeit zu überbrücken und ohne etwas Bestimmtes zu suchen – außer Ablenkung und Unterhaltung. Das sollten Sie immer bedenken und genau hier sollten Sie ansetzen: Wie bekommen Sie die Nutzer:innen dazu, genau bei Ihnen das Scrollen durch den Newsfeed zu stoppen und sich Ihre Inhalte genauer anzusehen? Sie ahnen es schon: Es geht um Aufmerksamkeit und Relevanz – und darum, dass der Zielgruppe Ihre Inhalte überhaupt angezeigt werden.

Der erste Schritt Ihrer Social-Media-Strategie sollte daher darin bestehen, dass Sie sich Klarheit verschaffen, welche Social-Media-Plattformen Sie überhaupt verwenden möchten und können, da jede Plattform eigene Anforderungen an funktionierenden Content stellt. Die Grundregel ist: Bespielen Sie lieber weniger Plattformen richtig gut als viele nur halbgar. Sie sollten auf den Kanälen Ihrer Wahl durch regelmäßige Posts und Beiträge ein kontinuierliches Grundrauschen erzeugen und aufrechterhalten können. Dieses Grundrauschen sollten Sie hin und wieder gezielt mit bezahlten Kampagnen anreichern.

Wie die sozialen Medien grundsätzlich funktionieren und was die Besonderheiten der einzelnen Plattformen sind, anhand derer Sie schließlich auch Ihre Auswahl treffen sollten, erfahren Sie im Folgenden.

6.3.1 Algorithmen

Die sozialen Medien funktionieren mit Algorithmen, die dafür sorgen, dass den Nutzer:innen vor allem diejenigen Inhalte angezeigt werden, die ihnen (vermeintlich) Mehrwert liefern und eine hohe Relevanz für sie haben. Sie können sich die Algorithmen als eine Art Filtermechanismus vorstellen, der für die Nutzer:innen vorselektiert, was ihnen vermutlich am meisten gefällt und sie am meisten interessiert. Das machen die Betreiber der Social-Media-Plattformen natürlich nicht (nur), weil sie so nett sind, sondern weil ein gut kuratierter und unterhaltsamer Newsfeed bedeutet, dass die Nutzer:innen länger auf der Plattform bleiben und öfter reinklicken, was den Betreibern wiederum die Möglichkeit bietet, mehr Werbung anzuzeigen und damit auch mehr Geld zu verdienen. Das bedeutet aber auch, dass die sozialen Netzwerke wollen, dass die werbenden Firmen (oder in unserem Fall: Wahlkämpfer:innen) viel Erfolg mit ihren Anzeigen haben, damit sie regelmäßig Anzeigen schalten. Sie dürfen also davon ausgehen, dass die Algorithmen alles dafür tun, dass Ihre Anzeigen an die bestmögliche Zielgruppe ausgespielt werden. Die Algorithmen arbeiten in der Regel also FÜR Sie.

Nach welchen Kriterien genau die Algorithmen ihre Entscheidungen treffen, wird natürlich nicht öffentlich bekanntgegeben und kann sich auch von Plattform zu Plattform unterscheiden. Sie sollten jedoch wissen, dass die Algorithmen meist so gut sind, weil sie viele Tausende Einflussfaktoren in ihre Berechnungen einbeziehen. Selbst wenn Sie also ein paar davon kennen, können Sie nie ganz verstehen, wieso ein Algorithmus etwas anzeigt oder eben nicht. Die bekanntesten (mutmaßlichen) Einflussfaktoren können Sie aber zu Ihrem Vorteil nutzen und diese sind bei allen sozialen Netzwerken zumindest ähnlich:

- **Interaktion:** Wie viele User interagieren mit Ihren Beiträgen durch Klicks, Likes, Kommentare oder das Teilen der Inhalte?
- **Timing:** Wie viele Interaktionen erzeugt Ihre Veröffentlichung innerhalb der ersten 30 Minuten oder der ersten Stunde?
- **Verweildauer:** Wie lange setzt sich ein User mit Ihren Inhalten auseinander?
- **Affinität:** Interagieren nur befreundete Accounts mit einem Beitrag oder auch User außerhalb Ihres Netzwerks? Wie ist die Beziehung zwischen Sender und Empfänger?
- **Neue Funktionen:** Wenn Sie ein neues Content-Format der Plattformen nutzen, z. B. Reels auf Instagram, erhalten Sie dadurch immer bessere Reichweite, da die Plattformen wollen, dass Sie deren neue Formate ausprobieren und dass diese verstärkt genutzt werden.

6.3.2 Social-Media-Content-Bausteine

Guter Social-Media-Content erregt schnell, d. h. in Sekundenbruchteilen, die Aufmerksamkeit der User, hält sie dann durch spannendes Storytelling bei der Stange, belegt die Aussagen mit Fakten und gibt ihnen an die Hand, was sie als nächstes tun sollen.

Scroll Stopper
Sie haben weniger als zwei Sekunden Zeit, die Aufmerksamkeit einer Person zu erreichen, die durch ihren Newsfeed scrollt. Ihr Content sollte daher auffallen und sofort Neugierde wecken – durch Bild und Text.

Das erreichen Sie bei Bildern unter anderem durch knallige Farbgestaltung oder eine ungewöhnliche Perspektive (z. B. Frosch- oder Vogelperspektive), bei Gifs oder Videos durch Dynamik und schnelle Schnitte sowie einen unmittelbaren Einstieg. Lange Spannungsbögen haben an den Anfängen von Social-Media-Videos nichts verloren. Zeigen Sie direkt im ersten Bild echte Menschen, da User auf Bilder von Personen einfach besonders gut anspringen. Hinterlegen Sie Ihren Content mit Musik, die Lust auf mehr macht, oder nutzen Sie gute, schnell erfassbare Texte und Ansprachen à la „Hey du!" oder Fragen, mit denen sich die Zielgruppe angesprochen fühlt, wie beispielsweise „Na, politikverdrossen?" oder „Schon gewählt?".

Wenn Sie Ihr Partei-Logo am Anfang eines Postings oder Videos platzieren, wissen zumindest alle, worum es geht und es kann bei Interessierten zum Scroll Stopper werden. Allerdings kann es andere auch abschrecken, da nicht alle User wissen, dass sie sich auf der feierabendlichen Heimfahrt im Bus eigentlich mit Politik befassen wollen.

Mit guten Überschriften, gegebenenfalls durch auffällige Emojis ergänzt, können Sie schnell Aufmerksamkeit erregen. Folgende Überschriften-Muster sind im Online-Marketing bewährte Scroll Stopper. Nicht nur bei Videos oder Beiträgen in den sozialen Medien sind diese hilfreich, sondern auch als Überschriften für Ihre Blog-Artikel oder als Betreff für Ihre Newsletter. Selbst Offline-Veranstaltungen, die gemäß diesen Mustern betitelt sind, werden wesentlich mehr Aufmerksamkeit generieren:

- „5 Gründe, warum ..."
- „Niemand spricht darüber, aber ..."
- „Hier ist die verrückte Geschichte, wie ..."
- „Sind Sie auch ...?"
- „In 5 Schritten zum ..."
- „Warum wir alle aufhören müssen, ... zu tun!"
- „Angst vor ...?"
- „Politiker:innen wollen nicht, dass Sie wissen, dass ..."
- „Was wäre, wenn ich Ihnen sage, dass ..."
- „Was Sie nie über ... wussten, aber wissen sollten"
- „5 Dinge, die ich über ... gerne eher gewusst hätte"
- „Wenn Sie ..., dann müssen Sie ..."
- „Sie verlieren ..., wenn Sie ..."
- „10 Dinge, die Sie brauchen, um ..."
- „Ist ... immer noch wichtig?"
- „Was Sie heute tun können, um ..."
- „Sie haben noch einen Monat Zeit, um ..."

- „Das Geheimnis ist …"
- „Wollen Sie nicht auch …?"
- „Sie müssen nicht …"

Für Ihre Überschriften sollten Sie unbedingt große, leicht lesbare Schrift benutzen. Ebenso sollten Sie darauf achten, dass Sie das richtige Bildformat verwenden: In den sozialen Medien gilt *Mobile first!* Verwenden Sie im Zweifelsfall immer Hochkantformate oder quadratische Bilder. Querformate eignen sich in der Regel nur für YouTube-Videos.

Story und Storytelling
Wenn Sie die Aufmerksamkeit der User haben, erzählen Sie eine gute Story, die auch packend bleibt und nicht nachlässt. Die Story können Sie entweder in einem Video, in Form von mehreren Kacheln oder einfach in einem begleitenden Post-Text zur Bildkachel erzählen. Fragen Sie sich vorher, was Ihre Zielgruppe interessiert, was wirklich Relevanz für Ihre Zielgruppe hat und kommunizieren Sie Vorteile und Mehrwerte Ihrer Vorhaben – persönlich und auf die Menschen zugeschnitten, was Ihnen wiederum durch die Verwendung Ihrer Personas gelingt. Verbinden Sie politische und fachliche Inhalte mit einer persönlichen Geschichte, die ungeahnte Wendungen hat, spannend ist und spannend bleibt.

Proof (= Beleg)
Stützen Sie Ihre Story durch Hintergrundfakten, Zahlen, Daten oder Aussagen Dritter, die Ihre Kandidierenden oder das Gesagte bestätigen. Das schafft Vertrauen und Glaubwürdigkeit. Nutzen Sie hierfür Testimonials von prominenten Personen aus Politik und Gesellschaft oder zitieren Sie (homöopathisch dosiert) eine aktuelle Studie oder wissenschaftliche Erkenntnisse.

Wenn in Ihrem Team die nötigen Kompetenzen oder die erforderlichen Mittel vorhanden sind, sollten Sie hier Animationen und kluge Infografiken einsetzen. Zahlen und Fakten, die visuell gut aufbereitet sind, sorgen in der Regel dafür, dass sich User Ihre Videos länger ansehen oder auch noch zur nächsten Kachel in Ihrem Bild-Post swipen.

Call-to-Action (CTA) (= Handlungsaufforderung)
Sagen Sie Ihren Content-Konsument:innen, was sie jetzt tun sollen: Auf einen Link klicken? Das Video teilen? Zum Newsletter anmelden? Eine Frage beantworten? Am nächsten Sonntag Ihre Partei wählen? Am Ende Ihrer Posts sollte sich immer ein solcher CTA befinden, um das Maximum aus Ihren Posts herauszuholen – und sei es nur ein zusätzlicher Like, der vielleicht zu mehr Reichweite führt.

Beschreiben Sie auch direkt in Ihrem Post, was nach dem Ausführen des CTA geschieht. Wenn der CTA lautet: „Jetzt Video in voller Länge anschauen!", sorgen Sie schon im Post-Text dafür, dass die User wissen, was sie im Video erwartet und worum es geht. Wenn die User das Video sofort nach dem Aufrufen wieder abbrechen, sendet das negative Signale an die Algorithmen, was wiederum Ihre Reichweite verringern kann.

6.3.3 Follower und Reichweite

„Der einsamste Ort der Welt ist ein Social Media Account ohne Follower" – könnte man meinen und früher hat das zu einem großen Teil auch gestimmt. Die Followeranzahl wird auch heute noch in vielen Social-Media-Teams als Erfolgsmaßstab verwendet. Wenn Sie beispielsweise mehr Follower haben als Ihre politischen Mitbewerber, liegt der Verdacht nahe, dass Sie Social-Media-Arbeit erfolgreicher betreiben als die anderen. Doch das stimmt nicht zwangsläufig. Richtig müsste es heißen: „Der einsamste Ort der Welt ist ein Social Media Account ohne Reichweite." Ihnen sollte von Anfang an klar sein, dass der aufwändigste und beste Content sich nur dann lohnt, wenn er viele Menschen erreicht – und das hat meist nur untergeordnet mit der Anzahl Ihrer Follower zu tun.

Follower
Wenn es um organische Reichweite geht, sind Follower immer noch wichtig. Eine große Zahl an Followern bestätigt außerdem, dass es sich bei Ihrem Account um guten Content handelt, verleiht Ihnen Glaubwürdigkeit und signalisiert, dass sich das Folgen lohnt.

Daher bekommen Sie auch leichter neue Follower, wenn Sie schon eine gewisse Anzahl an Followern haben (Social Proof). Wenn Sie einen neuen Account für den Wahlkampf oder einen professionellen Politker:innen-Account aufsetzen, sollten Sie tatsächlich recht schnell ein paar Follower zusammenbekommen, um zu zeigen, dass es sich hierbei um einen echten Account handelt und nicht um einen Fake-Account mit nur einer Handvoll Followern.

Doch Vorsicht: Es mag zwar zunächst attraktiv scheinen, sich die ersten 1000 oder 2000 Follower zu kaufen, aber nachhaltig ist das nicht: Wenn einer Ihrer echten Follower durch die Liste der (gekauften) Follower scrollt, fällt sofort auf, dass es Fake-Profile sind – und dann wird es schnell peinlich. Daher mein eindringlicher Appell, Follower nie und nimmer zu kaufen und lieber durch eine gute Strategie und solide Social-Media-Arbeit auf organisches Wachstum zu setzen.

Ein nicht zu unterschätzender Vorteil von organischem Wachstum besteht darin, dass die Follower, die sich freiwillig zum Folgen entschieden haben, auch eher bereit sind, mit Ihrem Account zu interagieren, da sie sich wirklich für Ihre Themen interessieren. Sie werden aktiv liken, kommentieren und teilen, was Ihrem Account wiederum zu mehr Reichweite verhelfen kann. Um mehr organische Follower und damit mehr Reichweite zu bekommen, sollten Sie in den Netzwerken umtriebig sein und die folgenden Tipps beherzigen:

- **Liefern Sie sehr guten Content!** Ich meine es ernst: Liefern Sie wirklich guten Content!
- **Persönliche Einladungen:** Laden Sie zunächst innerhalb der Partei und im Freundeskreis dazu ein, Ihrem neuen Account zu folgen.
- **Grundstock an Content:** Warten Sie mit Ihrer externen Follower-Offensive bis Sie ein paar Beiträge auf Ihrem Profil haben, damit Interessierte einen Eindruck Ihres (sehr guten!) Contents gewinnen können.
- **Aktivität:** Folgen Sie relevanten anderen Konten, die erst kürzlich Beiträge anderer Mitglieder Ihrer Partei mit einem Like versehen oder kommentiert haben. Das zeigt, dass es sich dabei nicht um Social-Media-Karteileichen handelt und die Personen Ihrer Partei

vermutlich nahestehen. Kommentieren und liken Sie außerdem selbst die Beiträge anderer, um Ihrem Profil Sichtbarkeit zu geben.
- **Follower-Following-Ratio:** Entfolgen Sie hin und wieder Accounts, die Ihnen nicht zurückfolgen. Im Idealfall folgen Ihnen nach den ersten Monaten Ihrer Social-Media-Aktivität mehr Leute als Sie anderen Accounts folgen. Das sollte zumindest das Ziel sein, um als politischer Account attraktiv zu wirken. Um zu wissen, wer Ihnen nicht folgt, gibt es in den gängigen App Stores (z. T. kostenlose) Tools, bei denen Sie sich mit Ihren Social-Media-Zugangsdaten anmelden können und die Ihnen dann verraten, wer Ihnen nicht zurückfolgt. Aber seien Sie auch hier vorsichtig: Instagram beispielsweise findet dieses Vorgehen gar nicht gut, blockiert diese Tools regelmäßig und sperrt manchmal kurzzeitig auch die Accounts, die die Tools benutzen.
- **Verifizierung und Blauer Haken:** Bewerben Sie sich bei der jeweiligen Plattform um einen blauen Haken, der anzeigt, dass es sich bei Ihrem Account um ein bestätigtes, offizielles Konto mit öffentlicher Relevanz handelt. Der blaue Haken schafft Legitimation und beugt Verwechslungen vor. Um sich zu bewerben, müssen Sie in Ihren Kontoeinstellungen eine Art kleinen Antrag ausfüllen und belegen, dass Sie von öffentlicher Wichtigkeit sind. Es kann gut sein, dass Sie sich mehrfach bewerben müssen, bis Sie den Haken bekommen.

Organisches Follower-Wachstum hat seine Vorteile. Viele Follower zu haben ist grundsätzlich auch besser als eine kleine Followerschaft. Aber wieso ist die Anzahl der Follower gerade in der politischen Arbeit nicht das Wichtigste? Dafür gibt es zwei Gründe: Erstens nehmen die Algorithmen der Social Media eine Filterfunktion ein, sodass Ihre Inhalte ohnehin nicht all Ihren Followern angezeigt werden. Die Ausspielung können Sie durch richtig guten Content zwar verbessern, aber Sie werden auch damit nicht alle erreichen. Zweitens geht es für Sie vor allem um Reichweite in Ihrem Stimm- oder Wahlkreis, nicht um einen begeisterten Fanclub Ihres Social Media Accounts in einem ganz anderen Bundesland. So ein Fanclub ist schön und kann Ihnen auch im Wahlkampf helfen, aber eine größere Präsenz bei Ihren potenziellen Wähler:innen ist definitiv wichtiger.

Reichweite

Wenn Sie sehr guten Content kreieren, wird sich die Reichweite automatisch verbessern, dafür sorgt der Algorithmus. Doch an welchen Stellschrauben können Sie zusätzlich drehen, um Ihre Reichweite zu steigern?

- **Echtzeitformate:** Nutzen Sie Echtzeit-Kommunikation so oft es geht. Machen Sie Livestreams mit Gäst:innen, Live-Videos oder führen Sie Chat-Diskussionen. So erhalten Sie mehr Aufmerksamkeit, da die Plattformen die Live-Formate priorisiert ausspielen.
- **Hashtags:** Mit Hashtags (#) können Sie Themen verschlagworten. So können Sie von Menschen gefunden werden, die sich für Ihre Themen interessieren und nach den passenden Schlagwörtern suchen. Dabei sollten Sie die Bedeutung von Hashtags jedoch nicht überbewerten, denn: Wann haben Sie zuletzt nach einem Hashtag gesucht? Sehen Sie. Hashtags haben auf Twitter immer noch Relevanz, auf Facebook oder Instagram sind Sie jedoch eher ein Style-Accessoire. Wenn Sie Hashtags verwenden wollen, konzentrieren Sie sich auf maximal drei bis vier passende Hashtags pro Beitrag, inklusive Ihrem ganz individuellen Kampagnen-Hashtag. Dieser sollte an den Claim angelehnt sein, sich durch Ihre gesamte Kampagne ziehen und in all Ihren Postings sowie der Offline-Kommunikation (z. B. auf Plakaten) erwähnt werden, damit sich Interessierte umfassend über Ihre Kampagne informieren können.
- **Timing und Frequenz:** Pauschale Aussagen zum optimalen Timing und zur idealen Frequenz der Postings lassen sich nicht treffen. Beide hängen von der jeweiligen Plattform und Ihrer individuellen Zielgruppe ab. Grundsätzlich sollten Sie eher morgens oder tagsüber posten bzw. dann, wenn Ihre Zielgruppe online ist. So haben Sie mehr Sichtbarkeit und erhalten schneller und einfacher Interaktionen, die zu weiterer Reichweite führen können.

Trotz all diesen Tipps und Tricks zum Steigern von Followerzahl und Reichweite: Social-Media-Arbeit soll Spaß machen, weil dieses Gefühl sich auch in Ihrem Content transportiert. Verwenden Sie daher lieber mehr Zeit und Energie auf kreative Bildkacheln und eingängige Texte sowie Ihre generelle, regelmäßige Aktivität in den sozialen Medien als auf die Verwissenschaftlichung von Optimierungspotenzialen. Probieren Sie lieber viel aus und evaluieren Sie, welche Beiträge in Ihrer speziellen Zielgruppe die meisten Interaktionen und die größte organische Reichweite bekommen. Versuchen Sie herauszufinden, woran es liegt und schauen Sie, ob Sie einen Erfolg mit einem ähnlichen Prinzip wiederholen können.

Wenn Sie sich jedoch weiterhin fragen, was Sie noch tun können, damit Ihr (sehr guter!) Content vielen Usern angezeigt wird und vor allem an die *richtigen* Leute kommt, dann ist die Antwort ganz einfach: bezahlte Reichweite.

6.3.4 Werbeanzeigen

Ohne bezahlte Reichweite können Sie eigentlich keine gute Social-Media-Arbeit mehr machen, da die Erstellung von richtig gutem Content oft mehr Zeit in Anspruch nimmt, als es sich für rein organische Reichweite lohnt. Wenn Sie also einen schlagkräftigen und erfolgreichen Social-Media-Wahlkampf machen wollen, werden Sie hier Budget investieren müssen.

Warum Mediabudget?
Die Rechnung ist einfach. Ihr Mediabudget, also das Budget, das Sie in Ihre Social-Media-Kampagnen investieren, steuert Ihre Reichweite. Je mehr Sie investieren, desto mehr Menschen erreichen Sie. Gerade wenn Sie Menschen gezielt nach dem ACDRA-Modell ansprechen oder vor allem Menschen aus Ihrem Wahlkreis erreichen wollen, brauchen Sie bezahlte Anzeigen.

Wo bei der organischen Reichweite weder der Standort der User noch die Phasen des ACDRA-Modells leicht voneinander getrennt werden können, lässt sich beides durch die Zielgruppendefinition bei

Werbeanzeigen in den sozialen Medien sehr wohl genau unterscheiden. Wenn Sie beispielsweise auswählen, dass eine Anzeige an Personen aus Ihrer Region gehen soll, die sich bereits für Ihre Partei und Ihre Kernthemen interessieren, befinden Sie sich vermutlich in den letzten drei Phasen des ACDRA-Modells, in denen es nur noch um die letztliche Stimmabgabe geht und darum, dass die Wähler:innen von Ihrer Sache überzeugt bleiben. Wenn Sie die Zielgruppe größer fassen und auch Menschen adressieren möchten, die Ihrer Partei womöglich noch nicht vollends gewogen sind, dann befinden Sie sich in den ersten beiden Phasen und müssen erst einmal deren Aufmerksamkeit und grundsätzliche Sympathien gewinnen. Das heißt im Klartext: Einen konkreten Wahlaufruf sollten Sie an die Zielgruppe richten, die sich bereits in den letzten drei Phasen befindet; einen spannenden und überzeugenden Beitrag zu einem aktuellen politischen Thema können Sie sowohl an Menschen in den ersten beiden wie auch den letzten drei Phasen adressieren.

Diese Differenzierung ist nur mit dem Einsatz von Mediabudget möglich. Wenn Sie auf rein organische Reichweite Ihrer Postings setzen, können Sie nicht nach spezifischer Nähe zur Partei oder nach Regionen filtern.

Kosten bezahlter Werbung
Die schlechte Nachricht ist also, dass man ohne Mediabudget nur einen Bruchteil der eigenen Follower erreicht und diese dann womöglich noch nicht einmal im eigenen Wahlkreis beheimatet sind. Die gute Nachricht ist aber: In der Regel ist bezahlte Werbung in den sozialen Medien verhältnismäßig günstig. Häufig kann man einen Beitrag bereits für 10 € einigen tausend Accounts anzeigen lassen.

Wenn Sie das wollen, können Sie auch Ihren Account selbst bewerben und einen gezielten Follow-Aufruf starten. Dabei ist es aber wesentlich teurer, die annähernd selbe Reichweite zu erzielen wie mit dem Bewerben eines einfachen Posts. Die Empfehlung lautet daher ganz klar: Sie sollten lieber guten Content bewerben als das eigene Profil, um kein Geld zu verbraten. Die Follower kommen dann ganz von selbst.

Wie viel Budget Sie für Online-Werbung ausgeben sollten, hängt von Ihren Präferenzen und Ihrem Gesamtbudget ab. Um Ihnen eine grobe

Hausnummer zu nennen: Rund 3000 € sollten Sie mindestens für Social-Media-Werbung einplanen, um einen echten Mehrwert zu erzielen. Bei kleinen Wahlkampfbudgets ist die Social-Media-Werbung nicht selten der größte Posten, der – wenn das Geld richtig eingesetzt ist – aber auch einen riesigen Effekt hat.

Wie funktionieren bezahlte Reichweite und gesponserte Posts?

Ob Ihre bezahlte Kampagne erfolgreich ist, hängt vom Content und der ausgewählten Zielgruppe ab. Eine sehr gute Anzeige oder ein sehr guter Post, der viele Interaktionen (Likes, Kommentare oder geteilte Inhalte) erhält, erreicht auch mit weniger Budget mehr Reichweite als langweiliger Content – ganz unabhängig von der Anzahl Ihrer Fans und Follower.

Der Algorithmus bei bezahlter Reichweite funktioniert ähnlich wie der Algorithmus bei organischer Reichweite: Der Content wird an die potenzielle, ausgewählte Zielgruppe ausgespielt und ein Bruchteil davon reagiert. Diese Reaktionen sind positive Signale an den Algorithmus, der den Content daraufhin an weitere User ausspielt, die denen ähneln, die bereits reagiert haben. Je nach Rückmeldung dieser User erkennt der Algorithmus, was funktioniert und was nicht und kann die Ausspielung so immer weiter optimieren – insofern genug Budget vorhanden ist und eine ausreichend große Zielgruppe vorausgewählt wurde. Das heißt aber auch, je mehr Geld Sie – bis zur Sättigung Ihrer Zielgruppe – in Anzeigen investieren, desto besser funktionieren die Anzeigen, da der Algorithmus die perfekte, relevante Zielgruppe immer besser identifizieren kann. Facebook gibt Ihnen hier bereits im Vorfeld einen Hinweis an die Hand, was Sie mit dem eingegebenen Budget erreichen können. Der Preis hängt von der Qualität der Zielgruppe ab und wie groß die Konkurrenz für genau diese Zielgruppe ist. Sie haben den größten Erfolg, wenn möglichst viele Menschen mit Ihren Anzeigen interagieren und das erreichen Sie – Sie ahnen es schon – durch richtig starken Content. Gute Inhalte bringen Ihnen also nicht nur Reichweite, sondern helfen sogar, Mediabudget zu sparen.

Grundsätzlich funktionieren Inhalte im Online-Wahlkampf besser, die Personen zeigen, da die Identifikation mit dem Inhalt dadurch gesteigert und eine Anzeige eher zum Scroll Stopper wird.

Aus demselben Grund – der Identifikation von Menschen mit den Bildern anderer Menschen – folgen die User auch eher den Profilen von Personen als den Seiten der Parteien. Daher sollten Sie auch die Anzeigen über den Account Ihres Kandidaten oder Ihrer Kandidatin ausspielen und nicht über den Account einer Gliederungsebene Ihrer Partei. Die einzige Ausnahme wäre, wenn Ihre Parteiseite wirklich signifikant mehr Follower hat als die Seite der Person, aber auch hier gilt: Testen Sie, was wie gut funktioniert und optimieren Sie entsprechend.

Was müssen Sie bei politischer Werbung beachten?
Instagram und Facebook haben spezielle Werberichtlinien für politische Werbeanzeigen. Bevor Sie also eine Werbeanzeige schalten können, müssen Sie sich zunächst autorisieren. Dies können Sie direkt in den Seiteneinstellungen Ihrer Facebook-Seite bzw. im Facebook Business Manager durchführen – was der Business Manager ist, erfahren Sie im nächsten Abschnitt. Darüber hinaus muss die politische Werbung auch als solche gekennzeichnet werden, um Transparenz für die User zu schaffen.

Die technische Infrastruktur und der Business Manager
Um Werbeanzeigen und bezahlte Reichweite überhaupt nutzen zu können, brauchen Sie die nötige Infrastruktur und ein paar technische Voreinstellungen. Sie müssen Ihre Facebook- bzw. Instagram-Accounts verlinken, ein Konto im Business Manager (inkl. Werbeanzeigenmanager) einrichten und gegebenenfalls das Facebook-Pixel auf Ihrer Website einbauen. Letzteres ist aus datenschutzrechtlichen Gründen jedoch nicht mehr empfohlen und sollte vorher auf jeden Fall mit Ihrem oder Ihrer Datenschutzbeauftragten abgeklärt werden.

Facebook führt Sie beim korrekten Aufsetzen des Business Managers Schritt-für-Schritt durch den Prozess und wenn Sie einmal nicht weiter wissen, gibt es zahlreiche Blog-Artikel, die Ihre Fragen beantworten können. Um ein Business-Manager-Konto einzurichten, gehen Sie auf business.facebook.com, melden Sie sich dort an und folgen Sie den nächsten Schritten. Hier ist es direkt am Anfang ratsam, bei den Unternehmenseinstellungen die Zwei-Faktor-Authentifizierung auszuwählen, um einen Zugriff unbefugter Dritter auf Ihr Konto zu verhindern.

Im Business Manager können Sie nun Seiten und zuständige Personen hinzufügen, die nötigen Rollen für die Seite managen (z. B. Admin-Rechte oder Analyst:innen-Rechte vergeben) und Ihr Konto mit Ihrem Instagram-Account verknüpfen. Theoretisch reicht auch eine Facebook-Seite, um Anzeigen auf Instagram zu schalten, allerdings haben Sie ja vermutlich ohnehin ein Instagram-Konto für den Wahlkampf. Um bei Facebook herausfinden zu können, wer von einem Facebook-Link wirklich auf Ihre Website gekommen ist, müssen Sie den Facebook-Pixel im Header Ihrer Website integrieren und bestätigen, dass es sich bei der im Business Manager angegebenen Website wirklich um Ihre handelt. Sollten Sie sich für den Einsatz des Facebook-Pixels entscheiden, führt Sie Facebook auch durch diesen Prozess bzw. sollten Sie hier ohnehin auf die Hilfe Ihres Website-Administrators zählen.

Anzeigen schalten
Für Ihr Werbekonto brauchen Sie zunächst einen Werbekonto-Namen und müssen im weiteren Verlauf einige Informationen zur Verfügung stellen, z. B. die Zahlungsdaten oder wer Zugriff auf Ihr Werbekonto erhalten soll.

Im Werbeanzeigenmanager sind Ihre Werbeaktivitäten in drei Ebenen aufgeteilt: Kampagnen, Anzeigengruppen und die tatsächlichen Werbeanzeigen. Eine Kampagne kann mehrere Anzeigengruppen enthalten, die wiederum mehrere Einzelanzeigen enthalten. So können Sie je nach übergeordnetem Ziel (Kampagne) Ihre unterschiedlichen Themen (Anzeigengruppe) durch verschiedene Content Pieces (Anzeigen) kommunizieren.

Für einen besseren Werbeerfolg sollten Sie die Werbebudgets nicht auf Werbeanzeigenebene festlegen, sondern auf Anzeigengruppenebene oder sogar Kampagnenebene, da der Algorithmus das Budget dann selbstständig allokiert, d. h. selbstständig gemäß der Rückmeldungen der User entscheidet, wie Sie das Optimum aus Ihrem Werbebudget rausholen. Daher sollte es auch immer mindestens zwei verschiedene Anzeigen pro Anzeigengruppe geben, damit der Algorithmus selbst experimentieren und herausfinden kann, welche Anzeige besser funktioniert und diese dann bevorzugt ausspielt.

Sie sollten Ihren Kampagnen, Anzeigengruppen und Anzeigen immer einheitliche und wiedererkennbare, sprechende Namen geben, damit Sie sie leicht voneinander unterscheiden können. Ein gutes Format für eine Anzeigenbeschriftung ist: JJJJMMTT_Kampagnenname_Anzeigengruppe_Zielgruppe_Anzeige. In der Praxis kann das dann so aussehen: 20220725_Awareness_Klima_18–35Jahre_CO2-Demonstration1.

Ziele und Zielgruppen festlegen
Bei Facebook haben Sie sehr viele Möglichkeiten, Ihre Kampagnenziele und Ihre Zielgruppe näher einzugrenzen. Hier sollten Sie zunächst wissen, was genau Sie bewerben möchten und dann alle möglichen Einstellungen so treffen, wie es zu Ihren Inhalten passt. In aller Kürze: Ihre Zielgruppe können Sie u. a. nach Alter, Geschlecht oder Standort eingrenzen und je nachdem, auf welche ACDRA-Phase Ihre Anzeige abzielt, können Sie hier auch die präferierten Interessen der anzusprechenden Zielgruppe definieren. Als Kampagnenziel können Sie bei Facebook vorauswählen, ob Ihre Anzeigen beispielsweise viel Bekanntheit oder eher Interaktionen mit der Anzeige generieren sollen.

Um eine konkrete Anzeige zu schalten, können Sie eine Werbeanzeige neu erstellen oder einen Beitrag bewerben, der bereits gepostet wurde. Wenn Sie eine Anzeige erstellen, folgen Sie einfach den Schritten, die Ihnen Facebook vorgibt, laden Sie entsprechend Bilder hoch, fügen Sie Links hinzu und ergänzen Sie Überschrift und Texte.

Datenerhebung und Bewertung Ihres Anzeigen-Erfolges
Theoretisch gibt es bei Facebook sehr viele Möglichkeiten, Daten zu erheben und zu verknüpfen. Allerdings ist dies erstens für kleinere Wahlkämpfe nicht unbedingt erforderlich und zweitens gibt es inzwischen auch einige technische und datenschutzrechtliche Restriktionen, mit denen ein allzu wilder Datenaustausch ohnehin nicht mehr möglich ist. Wenn Sie also Ihre Werbeerfolge umfassend messen und Ihre Zielgruppe haargenau ansprechen wollen, rate ich Ihnen hier erstens, unbedingt mit Profis zu dem Thema zu sprechen, die sich Ihre individuellen Anforderungen ansehen und Sie bei den

nächsten Schritten beraten können, und zweitens, direkt Ihre Datenschutzbeauftragten aus der Partei mit ins Boot zu holen.

Ob Sie eine bezahlte Werbung als Erfolg verbuchen oder nicht, hängt natürlich von den Zielen ab, die Sie mit der Anzeige erreichen wollten. Wenn Sie eine Veranstaltung beworben haben, können die erzielte Reichweite oder die tatsächlichen Anmeldungen zur Veranstaltung Auskunft über den Erfolg geben. Die sogenannte Click-Through-Rate bei einem Link verrät Ihnen, welcher Anteil der User, die die Anzeige gesehen haben, auch wirklich auf Ihren Link geklickt hat. Was für Sie letztendlich ein Erfolg ist, müssen Sie im Vorfeld definieren, sich die Ergebnisse danach ansehen und gegebenenfalls Verbesserungspotenziale identifizieren.

Werbeanzeigen-Richtlinien
Hin und wieder kommt es vor, dass Ihre Werbeanzeigen von Facebook oder Instagram abgelehnt werden. Die Werberichtlinien können Sie auf Facebook nachlesen und ich würde Ihnen auch raten, das einmal zu tun, bevor Sie die ersten Anzeigen entwerfen. Doch auch wenn Sie gut vorbereitet sind, kann es sein, dass Anzeigen, die Sie schalten wollen, abgelehnt werden. Selbst dann, wenn sie Ihrer Meinung nach keiner Richtlinie widersprechen. Die häufigsten Gründe dafür sind schlechte Bildqualität, Rechtschreibfehler oder zu euphorisches Auftreten in den Anzeigen, z. B. in Form von überschwänglichen Texten, zu vielen Emojis oder der Verwendung von zu vielen Großbuchstaben. Facebook hat ein Interesse daran, die User nicht mit schlechten Anzeigen zu nerven und stellt deshalb auch visuelle und textliche Ansprüche an Ihre Anzeige.

Relativ eindeutige Gründe für eine Ablehnung sind hingegen dargestellte Nacktheit, Drogen oder diskriminierende Inhalte. Bedenken Sie, dass Facebook auch Ihre Website scannen könnte, wenn Sie einen bestimmten Link bewerben wollen. Auch dies kann zu einer Ablehnung der Anzeige führen, wenn dort anstößige Inhalte zu sehen sind.

6.3.5 Community Management

Das Community Management ist wahrscheinlich die unterschätzteste Disziplin im Bereich Social Media – was absurd ist, weil ein Medium ja genau da wirklich „social" wird, wo es um den echten Austausch geht. Die Möglichkeit, einen Dialog entstehen zu lassen, sollten Sie unbedingt nutzen. Nicht zuletzt deshalb, weil Ihre politischen Mitbewerber:innen das Community Management vermutlich vernachlässigen. Aber warum ist das so? Schlechte Erfahrungen in den Social Media mit Bots und Trollen lassen einem zugegebenermaßen oft die Lust auf den Austausch vergehen. Außerdem ist Community Management anstrengend und zeitintensiv, da Kommentare und Fragen auch am Wochenende und an Feiertagen kommen können. Die folgenden Fragen und Antworten helfen Ihnen deshalb, Community Management in der Praxis gut, effizient und gewinnbringend umzusetzen.

Was bringt mir das Community Management?
Obwohl es sich so anfühlt, als ob Sie nur reaktiv auf die Fragen und Kommentare Ihrer Community antworten würden, haben Sie selbst am meisten von einem guten Community Management. Ohne dass Sie eine große Veranstaltung planen oder Stunden an einem Infostand stehen müssen, bekommen Sie die Möglichkeit, sich von überall aus mit potenziellen Wähler:innen auszutauschen, zu vernetzen, Sympathien zu sammeln, sie von Ihren Inhalten zu überzeugen und Feedback zu erhalten. Sie erlangen durch den Austausch einen Eindruck von Ihrer Zielgruppe und lernen Ihre Wähler:innen besser kennen. Das hilft Ihnen auch im analogen Wahlkampf, Bedürfnisse besser zu verstehen und entsprechend kommunizieren zu können (Inspect and Adapt).

Community Management in den sozialen Medien gibt Ihnen – im Gegensatz zum analogen Wahlkampf – jedoch die Möglichkeit, dass Sie nicht innerhalb weniger Sekunden antworten müssen, sondern ggf. noch eine Quelle recherchieren und über Ihre Antwort nachdenken können. Das ist vor allem dann angebracht, wenn der Ton eines Kommentars etwas rauer geworden ist und Sie vielleicht selbst erst einmal durchatmen sollten – das ist in der analogen Gesprächssituation oft nicht so einfach.

Gutes Community Management sorgt außerdem für mehr Reichweite, weil viel Interaktion stattfindet und unbeteiligte Menschen den Austausch verfolgen können. Wenn in Ihren Kommentarspalten andere Leute verlinkt werden, umso besser: „The more the merrier" lautet die Devise.

Es zahlt positiv auf Ihre Marke als Kandidat:in und Partei ein, wenn Sie Ihr Ohr wirklich nah an den Bürger:innen haben, erreichbar sind und Fragen beantworten. Übertreiben Sie es aber nicht und vor allem, verfallen Sie nicht zu leicht in eine Rechtfertigungshaltung, sonst wirkt es unsouverän und leicht anbiedernd. Reagieren Sie auf Kommentare und zeigen Sie, dass Sie da und ansprechbar sind. Menschen erinnern sich leichter an Ihr Gesicht und Ihren Namen, wenn Sie mal einen persönlichen Austausch mit Ihnen hatten und sei es nur in den Social Media.

Die Kernbotschaften des Wahlkampfes lassen sich im Bereich Community Management hervorragend immer wieder platzieren und zwar ohne, dass Sie sie einfach auskippen und ungefragt wiederholen, sondern indem Sie auf konkrete Kommentare mit Ihren Kernbotschaften antworten. So verfangen Ihre Überzeugungen und Absichten bei Ihren potenziellen Wähler:innen und Sie werden mit Themen assoziiert, für die Sie im Idealfall dann auch gewählt werden.

Wir alle lieben Wertschätzung. Neben allerlei negativen Kommentaren, die sich im Laufe eines Wahlkampfes in den Kommentarspalten ansammeln können, ist dort auch immer viel Platz für Lob und Wertschätzung. Wenn Sie besonders tolles Lob bekommen, machen Sie sich einen Screenshot und legen Sie alles positive Feedback in einem Ordner ab, den Sie heranziehen können, wenn Sie diesen kleinen Stimmungsaufheller mal brauchen. Doch auch Sie können Ihren Followern und potenziellen Wähler:innen mit Wertschätzung und Lob begegnen, was Ihnen zusätzliche Sympathien einbringt. Loben Sie kluge Gedanken und Fragen, bedanken Sie sich für die Unterstützung und netten Worte und kommentieren Sie auch selbst unter den Beiträgen von anderen mit positiven und anerkennenden Botschaften.

Was macht gutes Community Management aus?
Gutes Community Management setzt sich aus folgenden Bausteinen zusammen:

- **Verbindung herstellen:** Reagieren Sie auf Feedback und bedanken Sie sich für Kommentare. Das steigert die Bindung zwischen Ihnen und Ihrer Community.
- **Schnell sein:** Antworten Sie schnell, sonst könnte eine gute Diskussion bereits verpufft sein. Antworten Sie am besten sofort, wenn es irgendwie geht – ansonsten innerhalb der ersten vier Stunden, auf jeden Fall aber innerhalb von 24 Stunden.
- **Auf die Sprache achten:** Bleiben Sie immer höflich, antworten Sie mit Feingefühl und achten Sie auf eine fehlerfreie Rechtschreibung und Interpunktion.
- **Algorithmus beeinflussen:** Fördern Sie die Interaktion und beeinflussen Sie den Social-Media-Algorithmus durch Kommentare und Reaktionen auf Kommentare. Antworten Sie auch auf Nicht-Fragen, indem Sie sich bedanken oder eine Rückfrage stellen.
- **Persönlichkeit zeigen:** Antworten Sie persönlich als Mensch und nicht im Namen der Partei.
- **Reichweite generieren:** Involvieren Sie durch Markierung Dritte in die Diskussion, wenn das Thema es hergibt.
- **Feedback nutzen:** Nutzen und dokumentieren Sie das Feedback Ihrer Community: Was kam gut an und was nicht? Auf welche Beiträge haben Sie die meisten Interaktionen, die meisten Kommentare, das meiste positive oder negative Feedback bekommen? Lernen Sie daraus. Ihre Social-Media-Aktivitäten sollten Sie als Gratis-Marktforschung ansehen.
- **Von Wettbewerbern absetzen:** Nutzen Sie Ihr Community Management, um sich vom politischen Mitbewerber positiv abzuheben. Homöopathisch dosiert, können Sie auch darauf hinweisen, wenn der politische Mitbewerber auf Kommentare nicht antwortet.
- **Effizienz steigern:** Erstellen Sie nach und nach einen Standard-Katalog mit den am häufigsten geäußerten oder allgemeinen Fragen und den passenden, von den Kandidierenden autorisierten Antworten. Die Übersicht über die FAQs (= Frequently Asked

Questions) hilft Ihnen, Ihr Community Management immer effizienter zu gestalten, auch wenn Sie die Antworten im Austausch mit Ihrer Community stets leicht anpassen und individualisieren sollten. Mit einem solchen Katalog können alle Mitglieder im Wahlkampfteam beim Community Management unterstützen.

Wer soll sich um das Community Management kümmern?
Community Management im Wahlkampf kennt kein Wochenende und keinen Feierabend. Das ist leider wahr. Ganz im Gegenteil: Weil die User am Wochenende und am Abend mehr Zeit haben, finden angeregte Diskussionen oft genau dann statt. Folgende Fragen sollten Sie daher im Vorfeld klären: Ist das Wahlkampfteam bereit, auch am Wochenende und ad hoc auf einen Kommentar zu reagieren? Wer genau ist dazu bereit und geeignet dafür? Wer darf selbstständig im Namen des Wahlkampfteams oder gar der Kandidierenden reagieren? Will der Kandidat oder die Kandidatin erst freigeben, wie in seinem oder ihrem Namen oder im Namen des Wahlkampfteams geantwortet werden darf? Freigaberunden beanspruchen natürlich Zeit und verhindern eine echte Diskussion in den Kommentarspalten. Die folgende Lösung hat sich am praktikabelsten erwiesen:

- Kandidierende antworten so oft es geht selbst, insofern sie sich in den sozialen Medien auskennen und die Dynamiken in den Kommentarspalten verstehen.
- Sind die Kandidierenden im Umgang mit Social Media nicht versiert, können sie das Thema an ein, zwei oder mehrere bereitwillige Personen auslagern, denen sie inhaltlich und orthografisch vertrauen.
- Eine Messenger-Gruppe mit den Mitgliedern des Social-Media-Teams erleichtert die Abstimmung, wer wann erreichbar ist und wer auf welchen Kommentar antwortet. Hier können auch schwierige Fälle kurz besprochen werden.
- Wenn das Vertrauen groß ist, können einzelne Mitglieder auch im Namen der Kandidierenden antworten oder – wenn sie nur über deren Account agieren – eine bestimmte Signatur in Klammern am Ende des Kommentars hinzufügen. Die Signatur macht kenntlich,

dass eine Antwort nicht von den Kandidierenden selbst kommt, sondern von einer Person aus dem Team. Solche Kennzeichnungen können entweder die Initialen der jeweiligen Teammitglieder sein (z. B. [rg]) oder eine Signatur für das gesamte Team (z. B. [Team Schmidt] oder [TeamS]).

Was ist ein Shitstorm und wie gehe ich damit um?
Wenn man in den sozialen Medien aktiv ist, lassen negative Rückmeldungen meist nicht lange auf sich warten. Wie Sie mit Negativität im Wahlkampf grundsätzlich umgehen, stellt Barbara Eggers in ihrem Gastbeitrag im weiteren Verlauf des Buches noch ausführlich dar. Doch wie geht man in den sogenannten *sozialen* Medien mit a-sozialem und destruktivem Verhalten oder nicht-konstruktiver Kritik um?

Nicht jede Flut an negativen Kommentaren wird direkt als Shitstorm bezeichnet. Echte Shitstorms sind glücklicherweise eher selten und bei kleineren Accounts, die nicht in der ersten Reihe der Landes- oder Bundespolitik mitspielen, wirklich sehr unwahrscheinlich. Wenn Sie zehn negative Kommentare bekommen, dann ist das noch kein Shitstorm. Bei 100 feindseligen Posts – vor allem über einen längeren Zeitraum hinweg und derart, dass Sie mit der Bewältigung nicht mehr hinterherkommen – darf man sich jedoch durchaus Gedanken machen und das Geschehen näher beobachten.

Oft hilft es, zunächst durchzuatmen und zu warten, was passiert. Um einen verlässlichen Indikator dafür zu haben, ob aus einer Welle an kritischen Kommentaren wirklich ein Shitstorm entsteht, sollten Sie etwa jede halbe Stunde oder einmal jede Stunde Ihren Kanal öffnen und die Vehemenz der geführten Debatte und die Anzahl an neuen Kommentaren überprüfen. Dies kann Ihnen helfen, die Auswirkungen für sich einschätzen zu können.

Wenn Sie feststellen, dass sich ein Shitstorm entwickelt, sollten Sie zunächst einmal dankbar sein. Dankbar? Ja, dankbar. Dankbar dafür, dass sich alle Kritik in diesem Moment an einem einzigen Ort sammelt und Sie daher gezielt darauf reagieren können. Vermutlich – außer bei einem wirklich schwerwiegenden Fauxpas – wird sich ein Shitstorm nicht auf andere Kanäle ausweiten.

Wenn es also soweit ist, wie sollte man sich verhalten? Viele Fehler in der politischen Kommunikation passieren in der Reaktion auf einen Shitstorm. Falsches Verhalten sorgt hier meist für noch mehr Vertrauensverlust und Häme als das ursprüngliche Ereignis, das den Shitstorm ausgelöst hat. Setzen Sie sich mit geäußerter Kritik ernsthaft auseinander und entkräften Sie die Argumente der Gegenseite. Stellen Sie richtig, wenn Sie falsch verstanden wurden. Achten Sie aber darauf, nicht in eine Rechtfertigungshaltung zu verfallen oder Fakten hilflos abzustreiten, das macht Sie unsouverän und unsympathisch. Zeigen Sie auch nicht mit dem Finger auf andere, sondern bleiben Sie in Ihrer Argumentation ganz bei sich. Es kann als Zeichen von Größe gewertet werden, wenn Sie sich aufrichtig entschuldigen und Fehler einräumen. Doch Vorsicht: Ihre Entschuldigung darf keine sogenannte Nonpology sein, also eine Entschuldigung, die keine echte Reue zeigt oder die Schuld den eigentlichen Adressat:innen der Entschuldigung zuweist. Antworten Sie mit Ihrer Richtigstellung oder Entschuldigung immer direkt auf die geäußerte Kritik und kommen Sie nicht auf die Idee, einen eigenständigen Beitrag zu veröffentlichen, der auf die Kritik eingeht. Ein eigenständiger Post macht Ihr Problem in der Regel größer und erzeugt unnötige Aufmerksamkeit. Er agiert monologisch und nutzt nicht den Dialog, um die Differenzen zu beseitigen. Versuchen Sie, unangenehme Streitgespräche, die persönliche Gründe und keine Relevanz für Ihre gesamte Community haben, in die Direktnachrichten zu verschieben und dort zu lösen. Bei Troll-Kommentaren, grober Unhöflichkeit und unnötiger Schärfe sollten Sie nicht zögern, die entsprechenden User zu melden und zu blocken. Manche Kommentare können Sie auch verbergen, allerdings sollten Sie darauf achten, dass für Ihre Community nicht der Eindruck entsteht, Sie würden kritische Stimmen stummschalten. Erläutern Sie lieber in einem Kommentar, warum Sie manche Kommentare ausblenden, z. B. weil Sie unbeteiligte Dritte angreifen, unter der Gürtellinie agieren oder diskriminierend sind.

Sobald der Shitstorm zu einem lauen Lüftchen abgeklungen ist, dokumentieren Sie, was funktioniert hat und was nicht. Notieren Sie sich die geäußerte Kritik und wo es in der Kommunikation zu Missverständnissen kam, um künftig daraus zu lernen. Ja, das macht Arbeit, aber wenn Sie die Kanäle auch von Ihren Teammitgliedern betreuen lassen, sind Listen mit bereits dagewesenen Kritikpunkten und erprobten Lösungen im Shitstorm-Management wichtig für eine konsistente Kommunikation.

Die sozialen Medien vergessen meist schnell. Das heißt, wenn Sie als Person nicht ohnehin im Rampenlicht stehen und auch außerhalb Ihres Wahlkampfes große Aufmerksamkeit genießen, dann ist eine Welle an negativen Rückmeldungen oft schneller wieder verebbt als Sie denken.

6.3.6 Plattformen

Um zu entscheiden, welche Social-Media-Plattformen Sie in Ihrer Kampagne bespielen wollen, sollten Sie die Besonderheiten der einzelnen Plattformen kennen und wissen, wo sich Ihre individuellen Zielgruppen aufhalten. Befragen Sie hierzu auch Ihre Personas. Die Auswahl der Plattformen hängt auch mit den eigenen Kompetenzen und Ressourcen im Team zusammen. Wie viele Kanäle können Sie sinnvoll bespielen und betreuen? Ein drittes Entscheidungskriterium für die Plattformauswahl sind die Ziele, die Sie mit Ihrer Social-Media-Arbeit verfolgen wollen. Welches Medium schafft die für Sie besten Voraussetzungen, um mit gutem Content Ihre Ziele zu erreichen? Als Faustregel gilt: Bespielen Sie lieber wenige Kanäle richtig gut, als auf allen Plattformen einen Account zu haben und dann keinen oder minderwertigen Content zu liefern. Setzen Sie auf Fokus und Priorisierung anstatt auf die Gießkanne. Beliebigkeit schadet eher. Es geht nicht um die bloße Präsenz, sondern um Relevanz und darum, wie Ihre Kampagne wahrgenommen wird.

Jede Plattform braucht eigenen Content, um zu funktionieren. Das macht die Content-Erstellung aufwändig. Mehr bespielte Plattformen bedeuten auch mehr benötigte Ressourcen, mehr beanspruchte Zeit und mehr Kosten für bezahlte Reichweite und Anzeigen. Ihre politischen Kernbotschaften bleiben plattformübergreifend gleich, aber die jeweiligen Themen und die geeignete Inszenierung können sich ändern, weil diese sich nach der Plattform bzw. Zielgruppe richten.

Eine unumstößliche Wahrheit ist, dass Sie auf Facebook und Instagram nicht verzichten können. Diese Entscheidung kann ich Ihnen zumindest abnehmen. Daher sollten Sie mit diesen beiden Plattformen beginnen und dann gegebenenfalls weitere Plattformen hinzunehmen, auf die Sie Lust haben und von denen Sie sich einen Mehrwert versprechen. Man merkt als User durchaus, ob Plattformen lieblos und aus Pflichtgefühl bespielt werden oder ob sich die Account-Inhaber:innen gerne, versiert und leichtfüßig in dem jeweiligen Medium bewegen.

Alle Plattformen haben ihre jeweilige Daseinsberechtigung, aber nicht alle eignen sich gleichermaßen für Ihre politische Kampagne. Hier eine kurze Übersicht (Abb. 6.5) über die, meiner Meinung nach, relevanten Hauptinhalte und vertretenen Wähler:innengruppen auf den Plattformen:

Plattform	Inhalt / Zweck	Wähler:innengruppe
Facebook	Kontakte pflegen, Information	30–65+ Jahre, gemischt
Instagram	Inspiration, Ästhetik	16–55 Jahre, urban
Twitter	News, Diskussion	18–50 Jahre, eher akademisch
YouTube	Videos zu allen Themen	16–65 Jahre, gemischt
LinkedIn	Arbeitswelt, Know-how	25–65 Jahre, akademisch
Tiktok	Entertainment, Talente, Kreativität	16–30 Jahre, urban
Twitch	Gaming, Livestreams	16–30 Jahre, tech-affin
Jodel	Studierendenleben, Anonymität	18–30 Jahre, studentisch
Snapchat	Private Kurzvideos, Fotos	16–25 Jahre, gemischt
Pinterest	Inspiration, Do-It-Yourself	25–50 Jahre, urban

Icons: Pixel perfect, www.flaticon.com. Jodel Icon: Icons8.

Abb. 6.5 Übersicht über die wichtigsten Social-Media-Plattformen

Die Zuwachsraten der Nutzer:innen sind in der älteren Zielgruppe am größten. In einigen Jahren werden Sie in den sozialen Medien dementsprechend auch mehr Menschen mit weit über 70 Jahren erreichen als heute.

6.3.6.1 Facebook

Facebook war das erste massentaugliche soziale Netzwerk. Es diente zunächst der persönlichen Vernetzung, entfernte sich über die Jahre aber immer mehr davon. Heute ist Facebook voll von zielgruppengerechter Werbung und man nutzt es für Infotainment, also das möglichst kurzweilige Konsumieren von Informationen. Videos und Link-Posts verdrängen zunehmend persönlich verfasste Kurztexte. Facebook ist die Allzweckwaffe unter den sozialen Netzwerken, weil fast jede:r dort ist und es viele verschiedene Content-Arten und Möglichkeiten zur Interaktion bietet. Durch Algorithmen und riesige Datenmengen ist der Newsfeed auf Facebook sehr zielgruppenorientiert. Auch wenn es immer wieder heißt, Facebook sei tot, sprechen die Statistiken eine andere Sprache: Facebook nutzen in Deutschland rund 25,75 Mio. Menschen (Stand Anfang 2022), 49,6 % davon sind weiblich (Kemp, 2022, o. S.). Wie fast alle Social-Media-Plattformen wird Facebook überwiegend mobil genutzt.

Um auf Facebook erfolgreich zu sein, sollten Sie vier bis sechs Postings pro Woche veröffentlichen. Weniger als drei Postings pro Woche sollten es nicht sein, da sich Ihre Zielgruppe sonst seltener an Sie erinnert. Facebook bietet verschiedene Content-Formate an, die Sie gezielt zur Ansprache Ihrer Zielgruppe gemäß der jeweiligen ACDRA-Phase nutzen können. Jedes Format hat dabei ein eigenes Ziel: Mit einem Bild- oder Kachel-Posting wollen Sie primär Likes generieren, mit einem Link-Post Klicks – auf Ihre Website, Ihr Profil auf anderen Social-Media-Plattformen oder Ihren Podcast – und bei Videos zählen die Views, also wie oft Ihr Video angesehen wurde. Sehen wir uns die einzelnen Formate nun genauer an:

Beiträge
Bild-Beiträge erschienen im Newsfeed Ihrer User und sollen Interaktionen erzeugen – sie wollen gesehen und gelikt werden. Bei Bild-

Posts geht es zwar primär um die visuelle Vermittlung von Inhalten, doch es kommt auch auf den begleitenden Text an, da dieser bei Facebook – im Gegensatz zu Instagram – *über* dem Bild erscheint und dadurch beim Scrollen meist vor dem Bild wahrgenommen wird. Hier können Sie anwenden, was Sie bisher bereits über gute Überschriften und das Verfassen packender Texte gelernt haben. Fassen Sie sich jedoch kurz: Lange Texte sind zwar manchmal notwendig, aber Aufmerksamkeit gewinnen Sie eher mit kurzen und knackigen Botschaften. Wenn Sie sich dennoch für einen längeren Text entscheiden, überlegen Sie sich, ob Sie diesen durch Aufzählungszeichen oder Emojis strukturieren und dadurch besser erfassbar machen können. Nutzen Sie im Text auch einen Call-to-Action, der zur Interaktion anregt. Richten Sie Fragen an Ihre Zielgruppe, die die User in den Kommentaren oder durch Klick auf eine bestimmte Reaktionsmöglichkeit (z. B. Daumen hoch, Herz etc.) beantworten können, markieren Sie andere Accounts oder stellen Sie eine provokante These auf.

Ihre Bilder oder Kacheln selbst sollten quadratisch oder annähernd quadratisch (5:4) sein. Die korrekten, optimalen Bildformate für allerlei Anwendungsfälle bei Facebook (z. B. Profilbild, Profil-Titelbild etc.) ändern sich oft und sollten vor jedem Wahlkampf einmal gegoogelt werden.

Wenn auf dem ersten Bild klar ersichtlich ist, dass es um Ihre Partei geht, dann müssen Sie kein zusätzliches Logo verwenden. Falls es nicht deutlich hervorgeht, können Sie zumindest ein kleines Logo auf Ihre Kacheln setzen.

Ideen für gute Bild-Posts:

- Infografik oder Prozessdiagramm (z. B. Wie funktioniert die Wahl?)
- Vorher-Nachher-Vergleich (z. B. Straße vor und nach dem Plakatieren)
- Zitate und Testimonials
- Impressionen aus dem Wahlkampf
- Vorankündigungen und Appetizer
- Aufzählungen von Fakten oder hilfreichen Hinweisen
- Foto-Story (mehrere Bild-Kacheln in einem Post erzählen eine Geschichte)
- Grafische Ergänzungen auf einem Foto (z. B. Sprechblasen mit Zitat)

Videos
User lieben Videos, weil diese sehr passiv und ohne große Anstrengung konsumiert werden können. Sie erscheinen ebenfalls im Newsfeed und wollen vor allem gesehen werden. Daher braucht es einen starken Auftakt, der im weiteren Verlauf des Videos auch hält, was er verspricht. Die Kernaussage des Videos sollte direkt am Anfang kommen, da sich nicht alle User das Video bis zum Ende ansehen werden. So kann man mit dem Wichtigsten beginnen und im Video dann ausführen, wie man zu dieser Hauptaussage kommt.

Auch bei Videos ist ein quadratisches Format oder ein Hochformat empfohlen. Im Breitbild würde das Video zu klein angezeigt. Die optimale Länge für ein Video hängt von Ihrem jeweiligen Inhalt und Ihrer Zielgruppe ab und kann daher nicht pauschal angegeben werden. Kürzer ist in der Regel aber besser als zu lang.

Schnelle Schnitte, Blink-Effekte und Farbwechsel halten die Aufmerksamkeit hoch. Eine klare Story hält die Zuschauer:innen bei der Stange. Wenn Sie im Video Ihre Personas abbilden, steigt die Chance, dass sich die User mit Ihrem Video und Ihrer Botschaft identifizieren.

Ideen für gute Videos:

- Statement des Kandidaten oder der Kandidatin zu einem aktuellen Thema
- Video aus der Ich-Perspektive der Kandidierenden auf dem Weg zu einer Veranstaltung
- Klassische Image-Videos
- How-to-Anleitungen, z. B. zum korrekten Ausfüllen des Wahlzettels

Links
Ziel und Zweck von Link-Posts ist es, die Facebook-User auf Ihre Website, zu Ihrem Podcast oder zu Ihren Profil-Seiten auf anderen Social-Media-Plattformen zu bekommen. Gerade weil Sie damit Menschen in der Awareness- und Consideration-Phase erreichen wollen, sollten Sie hier lieber auf spannende und kurzweilige als auf anspruchsvolle politische Inhalte setzen.

Bei einem Link-Post zieht sich Facebook automatisch ein Titelbild von der verlinkten Seite. Allerdings können Sie auch ein eigenes Bild hochladen, wenn Sie mit dem automatisch ausgewählten Bild nicht zufrieden sind. Hier können Sie gerne ein Breitbildformat wählen, damit auffällt, dass es sich um einen Link handelt, da wir von den Desktop-PCs Websites ja meist als Querformate gewohnt sind.

Bei Texten zu Link-Posts sollten Sie einerseits die Tipps für gute Überschriften beherzigen, um an die Neugier Ihrer User zu appellieren, und zum anderen deutlich machen, was die User erwartet, wenn sie auf den Link klicken, um hohe Absprungraten direkt nach dem Öffnen des Links zu vermeiden.

Stories
Die Facebook Stories sind – wie bei Instagram – über dem Newsfeed platziert, werden aber weit weniger genutzt als bei Instagram und sind damit eher irrelevant. Das Erstellen eigener Facebook Stories ist daher nicht zu empfehlen. Vielmehr sollten Sie auf Instagram die Voreinstellung treffen, dass Instagram Stories direkt auch auf Facebook erscheinen. So sparen Sie sich Zeit und haben dennoch ein Grundrauschen in den Facebook Stories, das zu erhöhter Sichtbarkeit führen kann, weil verhältnismäßig wenige Accounts aktiv Stories auf Facebook produzieren und Sie somit eher angezeigt werden. Das Format für Facebook Stories ist das klassische Hochformat – wie auch bei den Instagram Stories.

Livestream
Da die Plattformen Live-Formaten eine erhöhte Sichtbarkeit geben, lohnt es sich, Livestreams hin und wieder zu nutzen. Die Unmittelbarkeit und Authentizität im Livestream macht dieses Format so interessant. Außerdem können Sie sich damit vermutlich von Ihrer Konkurrenz absetzen, da nicht alle Kandidierenden gleich gerne Live-Formate nutzen. Auf Facebook können Sie mehrere Stunden am Stück streamen und den Stream auch in Form eines Events vorplanen. So kann der Stream auch vorab schon beworben werden, um eine möglichst große Anzahl an Zuschauer:innen zu bekommen.

Über die Chatfunktion ist interaktiver Austausch mit der Community während des Streams möglich. Alternativ können Sie auch User in Ihren Livestream holen, wenn Sie ihn nicht gerade für eine Diskussion mit einer Expertin oder einem Experten nutzen. Testen Sie in jedem Fall vorher Ihre Internetverbindung und die Bildqualität.

Wenn Ihre Kandidierenden sich mit Live-Formaten nicht auf Anhieb wohlfühlen, können Sie entweder zu nächtlicher Stunde mit weniger Zuschauer:innen üben oder sich gleich darauf beschränken, lieber gute Videos als schlechte Livestreams zu machen.

Weitere Tipps für Ihren Facebook-Wahlkampf

- Erstellen Sie eine Facebook-Gruppe, die nicht öffentlich zugänglich ist. So können Sie einer kleineren Gruppe von Menschen exklusive Einblicke in Ihren Wahlkampf gewähren. Das hilft, die Menschen, die in diesem exklusiven Kreis sind, eng an Ihren Wahlkampf zu binden. Natürlich soll die Gruppe nach und nach wachsen und nicht geheim bleiben.
- Erstellen Sie eine Gruppe mit Parteimitgliedern, die sich bereit erklärt haben, Sie bei der Social-Media-Arbeit zu unterstützen – und sei es nur, um regelmäßig auf Ihre Postings zu reagieren und gegebenenfalls kritischen Kommentaren zu widersprechen.
- Erstellen Sie Veranstaltungen auf Facebook, um Offline- und Online-Events anzukündigen und zu bewerben.

In jedem Fall gilt: Testen, testen, testen! Nur durch ausgiebiges Probieren, Vergleichen und Überprüfen der Maßnahmen und Erfolge lässt sich Ihre Facebook-Nutzung nach und nach verbessern.

6.3.6.2 Instagram

Instagram lebt von Bildern und Ästhetik. Die Inhalte müssen daher gut aussehen oder inspirieren – am besten beides. Die Optik bei Instagram ist wichtiger als bei jedem anderen sozialen Netzwerk.

Anfang 2022 haben 29,85 Mio. Deutsche Instagram genutzt. 48,8 % davon waren weiblich (Kemp, 2022, o. S.). Wer bei Instagram aktiv ist, ist es mehrfach am Tag und auch recht lange. Für die Content Creators, also diejenigen, die selbst Inhalte produzieren, geht es meist um gute

Selbstdarstellung. Alle anderen, die Instagram eher passiv nutzen, lassen sich hier berieseln und suchen nicht aktiv nach etwas Bestimmtem, sondern öffnen die App routinemäßig, ohne konkrete Absicht, und meist, um Wartezeit zu überbrücken oder um einfach gemütlich auf dem Sofa zu checken, was bei Freund:innen, Familie und in der Welt der Promis so los ist. Daher ist es hier auch besonders wichtig, einen starken Scroll Stopper einzusetzen. Die Konkurrenz an visuellem High-Class-Content und überzeugenden Bildern ist bei Instagram einfach riesig. Dagegen müssen Sie mit Ihrer politischen Kampagne erst einmal ankommen. Dies gelingt, indem Sie die Tipps für gute Scroll Stopper berücksichtigen, aber auch, indem Sie bereits im Vorfeld eine Bildwelt definieren, die zu Ihnen passt und die Ihre Kernbotschaften visuell unterstreicht (siehe Abschn. 6.2.4). Eine einheitliche Bildsprache sollte sich auf Ihrem gesamten Profil wiederfinden.

Doch Instagram wäre kein soziales Netzwerk, wenn es nicht auch hier um Interaktion und Kommunikation ginge. Nutzen Sie also die Kommentarfunktion und kommentieren Sie bei anderen, liken Sie die Instagram-Stories und Beiträge anderer Accounts und interagieren Sie mit den Menschen, die hinter den Accounts stecken. Ja, das kostet Zeit, aber so funktionieren soziale Medien eben. Zur Interaktion gehört auch das eigene Community Management. Sie sollten auf Kommentare und Nachrichten antworten und den Austausch so ganz bewusst fördern.

Inhaltlich sollte man auf Instagram Privates und Politik – wenn möglich und gewünscht – kombinieren. Dabei werden Sie feststellen, dass private Inhalte in der Regel mehr Likes generieren als politische Statements. Die politischen und gesellschaftlichen Themen auf Instagram nehmen zwar zu – man spricht inzwischen auch von „Sinn-fluencern" –, aber ein politisches Debattenmedium ist Instagram nicht. Wichtig ist, dass Sie authentisch kommunizieren und einen guten Mix aus persönlichen Inhalten und politischer Überzeugungsarbeit anbieten. Dann können Sie Menschen in allen Phasen des ACDRA-Modells ansprechen – von Awareness bis Advocacy. Instagram bietet Ihnen zu diesem Zweck ebenfalls die Möglichkeit, Anzeigen zu schalten sowie die Performance Ihrer Beiträge zu analysieren und somit auch zu optimieren.

Instagram ist sehr innovationsfreudig. Deshalb ist auch davon auszugehen, dass der Siegeszug noch lange anhält. Regelmäßig werden neue Interaktionsmöglichkeiten und Content-Formate getestet und dann für alle User nutzbar gemacht. Versuchen Sie hier, möglichst schnell auf neue Features zu reagieren, da dies von der Plattform honoriert wird und Sie dadurch mehr Reichweite generieren können.

Beiträge
Beiträge erscheinen im Feed der User und als Kacheln in Ihrem eigenen Profil. Mit den kreativen Funktionen und Filtern, die Instagram Ihnen zur Bearbeitung Ihrer Bilder bietet, können Sie aus einem guten Bild ein hervorragendes Bild machen. Die User sind in ihrem Instagram-Feed erstklassiges Bildmaterial gewöhnt. Zu dunkle Bilder oder Fotos in schlechter Qualität fallen negativ auf und führen im schlimmsten Fall sogar dazu, dass Ihrem Account entfolgt wird. Allerdings sollten Sie es mit den Filtern nicht übertreiben. Versierte Nutzer:innen erkennen schnell, ob ein Bild durch einen Filter künstlich aufgehübscht wurde und empfinden es ab einem gewissen Punkt als Schummelei.

Fragen Sie sich, bevor Sie einen Beitrag posten, ob der Look und die Qualität zur *visuellen Wellness* Ihrer User beitragen. Achten Sie dabei auch darauf, ob Infografiken oder Textkacheln optisch ansprechend und vor allem schnell erfassbar sind (z. B. in Form von Zitaten), da Instagram meist (noch) nicht als inhaltsschweres News-Medium verstanden, sondern überwiegend visuell konsumiert wird.

Ihre Beitragsbilder auf Instagram sollten im Idealfall quadratisch oder annähernd quadratisch sein – nicht zuletzt deshalb, weil Ihre Beiträge auch auf Ihrem Profil als quadratische Bilder angezeigt werden. Bilder von Personen bekommen mehr Aufmerksamkeit und emotionalisieren Ihre User eher. Das bedeutet aber auch: Wenn Sie in einem Beitrag über einen bestimmten Gegenstand sprechen wollen, sollten Sie ganz bewusst auf Gesichter verzichten. Konzentrieren Sie sich stattdessen visuell auf den Gegenstand, um den sich Ihr Beitrag dreht. Die Geschichte zum Gegenstand können Sie entweder in mehreren Kacheln erzählen oder Sie beginnen mit einer auffälligen Kachel und führen die Geschichte dann im beschreibenden Text zum Bild fort.

Da Ihr Accountname ohnehin über Ihrem Beitrag steht, ist es nicht zwingend erforderlich, das Logo Ihrer Partei in die Kacheln zu integrieren. Gerade am Anfang des Wahlkampfes jedoch, wenn Sie vor allem erste Awareness für Ihre Kampagne generieren wollen, lohnt es sich, das Logo häufiger einzubauen. Nach und nach werden Ihre Follower Ihre Beiträge aber allein anhand Ihrer Bildsprache und individuellen Farbgebung erkennen.

Videos
Videos werden ebenfalls im Feed angezeigt und in ihrer Bedeutung immer wichtiger. Sie sind zwar nicht pauschal für alle Zwecke besser geeignet als Bilder, aber da die Plattformen Video-Content in der Ausspielung aktiv bevorzugen, sollten Sie hin und wieder Videos veröffentlichen – zumal inzwischen jedes halbwegs moderne Smartphone Videos in akzeptabler Qualität aufnehmen kann. Durch die Dynamik fungieren Videos eher als Scroll Stopper, sodass Sie auch Ihre Kernbotschaft leichter an die User vermittelt bekommen. Wenn Sie im Video Schrift benutzen, kann das Ihre Aussagen zusätzlich unterstreichen und sie ins Gedächtnis der Zuschauer:innen bringen. Dabei können Sie kurze Statements als Bildkacheln in Ihr Video einbauen oder den Text des Videos durch Untertitel anzeigen lassen. Untertitel sind grundsätzlich ratsam, da nicht jeder User immer die Gelegenheit hat, ein Video mit Ton anzusehen. Allerdings kostet das Untertiteln auch etwas mehr Mühe und Zeit, wenn es gut gemacht sein soll.

Videos sollten Sie auf Instagram immer im Quadrat- oder Hochformat veröffentlichen. Um besondere Aufmerksamkeit zu generieren, können Sie Spezialeffekte einsetzen (z. B. Stop-Motion beim Aufbau eines Infostandes, mit Stativ gefilmt). Durch die besondere Bildsprache bleiben User an solchen Videos leichter hängen und konsumieren auch aufmerksamer, sodass Sie Ihre politischen Botschaften besser platzieren können.

Stories
Die Stories erscheinen bei Instagram – wie bei Facebook auch – ganz oben über dem Newsfeed. Viele User nutzen auf Instagram bevorzugt die Stories, vor allem jüngere User, weshalb Sie dieses Format unbedingt

verwenden sollten. Stories haben etwas Unmittelbares, Spontanes und Ephemeres, also Vergängliches, da sie nach 24 Stunden wieder verschwinden. Stories, die Ihnen zu gut erscheinen, als dass Sie sie einfach verschwinden lassen wollen, können Sie in den Story-Highlights konservieren und dauerhaft sichtbar machen. Bei den Highlights – wie bei den Stories selbst – gilt, dass sie chronologisch geordnet sind, also mit der ältesten Story beginnen und neue Stories immer hinten angehängt werden.

Es gibt hier keine Regeln, wie oft Sie Stories veröffentlichen sollten. Als grobe Richtschnur würde ich rund drei Stories pro Tag empfehlen, aber natürlich kann es auch spannende Tage mit mehr Stories geben oder Pause-Tage ganz ohne Story. Wichtig ist auch bei den Stories, dass Sie lieber seltener, dafür aber guten Content veröffentlichen als viel Content, der jedoch langweilig und nicht ansprechend ist.

Inhaltlich eignen sich Stories für einen Blick hinter die Kulissen, für aktuelle Ereignisse und kleine Einsichten in das aufregende Leben der Kandidierenden. Sie können Videos als Story posten oder einfach Bilder, die Sie mit ein paar kreativen Elementen aufpeppen sollten. Videos dürfen bei den Stories nicht länger als 15 Sekunden sein. Da Stories immer im Hochformat angezeigt werden, sollten Sie auch Ihre Videos hochkant aufnehmen.

Design- und Interaktionstipps für gute Stories:

- Nutzen Sie die Möglichkeiten der Gestaltung, die Instagram Ihnen bietet: Wählen Sie Schriftart, farbige Hinterlegung des Textes, Schriftgröße und Farbigkeit aus, zeichnen Sie mit Ihrem Finger direkt auf den Bildschirm, um eine Story noch persönlicher zu machen oder fügen Sie Gifs hinzu – um nur einige Möglichkeiten zu nennen.
- Fördern Sie die Interaktion mit Ihrer Story, indem Sie Fragen stellen, einen Schieberegler in Ihre Story einbauen oder die Umfrage-Funktion für Abstimmungen nutzen.
- Integrieren Sie Links, erwähnen Sie andere Accounts und fügen Sie den aktuellen Standort hinzu, um Ihre Reichweite zu erhöhen und Relevanz zu erzeugen.

- Verwenden Sie passende Songs aus der Instagram-Musikbibliothek. Dies kann die Aufmerksamkeit für Ihre Story erhöhen und Sie können eine emotionale Botschaft durch die Musik unterstreichen.

Insta-Stories dürfen alles, aber nicht langweilig sein. Sie leben von Kreativität. Sie sollen überraschen und unterhalten. Bleiben Sie aber auch bei den Stories bei einheitlichen Gestaltungsmustern über den Wahlkampf hinweg, um Ihren Wiedererkennungswert zu steigern.

Livestream
Livestreams auf Instagram erscheinen ganz links bei den Stories und haben damit den prominentesten Platz. Sie sind eine gute Möglichkeit für politische Debatten, da der Eindruck entstehen kann, man würde zwei Personen bei einem Podcast zusehen. Die Livestreams funktionieren ausschließlich im Hochformat, was einen Unterschied zwischen Instagram und Facebook darstellt. Einen Livestream können Sie jederzeit starten und auch alleine durchführen. Sie können dann im Stream auf Fragen reagieren, die Ihnen über die Kommentarfunktion des Streams gestellt werden, oder Sie holen spontan interessierte User in Ihren Stream, um mit diesen direkt zu sprechen.

Reels
Das Reels-Format stammt ursprünglich von TikTok. Reels sind unterhaltsame Kurzvideos mit einer Länge von 15 bis 30 Sekunden, die auf eine ganz bestimmte Art und Weise produziert werden – meist mit schnellen Schnitten und einer gewitzten Tonspur hinterlegt. Es gibt einen eigenen Feed nur mit Reels, über den Sie auch unbekannte Zuschauer:innen erreichen können. Neben diesem eigenen Tab erscheinen die Reels zusätzlich in den Feeds bzw. Stories der User. Die Reels können mit verschiedenen Filtern und Effekten bearbeitet und mit passendem Audio hinterlegt werden. Der Ton wird entweder von der App bereitgestellt oder Sie verwenden eigene Audioaufnahmen oder die Audioaufnahmen anderer User.

Instagram wird auch zukünftig verstärkt auf Kurzvideos in Form von Reels setzen. Daher sollten Sie sich mit dem Medium vertraut machen, zumindest um zu wissen, wann Sie es wofür nutzen könnten.

6.3.6.3 Twitter

Twitter hatte Anfang 2022 in Deutschland 7,75 Mio. Nutzer:innen (Kemp, 2022, o. S.). Obwohl die Nutzer:innenzahlen damit deutlich unter denen von Facebook und Instagram liegen, sollten Sie Twitter als soziales Netzwerk für Ihren Wahlkampf nicht sofort verwerfen. Dafür gibt es drei Gründe: Erstens interessieren sich auf Twitter sehr viele Menschen für Politik, sodass Ihre Inhalte eine große Relevanz entfalten können. Zweitens erhalten Sie alleine bei der passiven Nutzung viele Einblicke in aktuelle Diskussionen und Positionierungen. Drittens ist Twitter das Medium der Journalist:innen. Wenn Sie dort aktiv sind und klare Meinungen kommunizieren, ist die Wahrscheinlichkeit, dass ein Medium darüber berichtet, höher als bei Instagram und Co.

Twitter ist das schnellste soziale Medium. Es funktioniert vor allem textbasiert, mit Kurznachrichten (Tweets), die maximal 280 Zeichen haben dürfen. Allerdings kann man mehrere Tweets à 280 Zeichen aneinanderhängen. Das nennt man dann Thread (dt.: Faden). Meist werden diese zusammenhängenden Tweets kenntlich gemacht, indem eine in Klammern gesetzte Nummerierung am Ende jedes Tweets angibt, der wievielte Tweet von wie vielen zusammenhängenden Tweets es jeweils ist, also z. B. (1/7), (2/7) usw.

Twitter wird ebenfalls überwiegend mobil genutzt. Die Klientel ist im Durchschnitt sehr informiert, klug und gebildet. Die Devise bei Twitter lautet: Keep it short, also in etwa: Fass dich kurz! Der News-Charakter eines Tweets ist wichtiger, als dass der Tweet inspirierend oder grafisch mühevoll aufbereitet ist. Jedoch ist Humor ein wichtiger Erfolgsfaktor bei Twitter – Kreativität hilft also auch hier.

Viele soziale und politische Bewegungen der letzten Jahre entstanden zum großen Teil auf Twitter; man denke nur an #meToo und #BlackLivesMatter. Um zu wissen, worüber die Twitter-Community gerade spricht, können Sie sich in der App jederzeit die aktuellen Trendthemen anzeigen lassen. Die Mechanismen und Dynamiken von Twitter sind oft jedoch nicht auf Anhieb verstehbar. Wenn Sie also neu auf Twitter sind, dann lassen Sie sich ruhig ein bisschen Zeit, um anzukommen. Lesen Sie viel mit und probieren Sie nach und nach eigene Tweets aus.

Twitter ist gut, um Awareness zu generieren, da sich gute Tweets rasend schnell verbreiten können. Schlagkräftiger Wahlkampf, der Wähler:innen für Sie gewinnt, ist aufgrund der überregionalen Streuverluste aber schwierig. Wenn Sie jedoch gezielt regionale Inhalte verzwitschern, ist es durchaus möglich, Follower aus der Region zu sammeln und vor allem bei der regionalen Presse wahrgenommen zu werden.

Follower und Reichweite generieren

Es ist nicht leicht, auf Twitter schnell viele Follower zu generieren und während der Dauer eines Wahlkampfes große Reichweite aufzubauen. Aber es ist auch nicht unmöglich. Die folgenden Tipps können Ihnen bei den ersten Schritten hin zu mehr Reichweite behilflich sein.

- Folgen Sie kleineren und größeren Accounts.
- Liken und retweeten Sie die Tweets und Kommentare anderer.
- Kommentieren Sie unter Tweets großer Accounts.
- Nutzen Sie gerade trendende Hashtags, um Sichtbarkeit zu bekommen.
- Betreiben Sie auch hier Community Management.
- Tweeten Sie offene Fragen und diskutieren Sie die Antworten.
- Verfassen Sie Umfragen, die durch Interaktion oft gute Reichweite bekommen.
- Verwenden Sie hin und wieder passende Bilder in Ihren Tweets.
- Seien Sie klug, lustig, bescheiden, selbstironisch.
- Seien Sie aktiv und tweeten Sie im Idealfall drei- bis sechsmal täglich.

Ab einem gewissen Punkt zählt für Ihre Reichweite vor allem die Qualität des Contents und ob Sie fließend *Twitter sprechen* oder nicht, denn Twitter hat eine gewisse Eigendynamik mit eigenen Codes.

Bonus: Kleines Twitter-Glossar

- Tweet = Max. 280 Zeichen umfassende Kurznachricht
- Retweet = Geteilter Tweet ohne eigenen Kommentar
- Zitierter Tweet = Retweet, aber mit eigenem Kommentar über dem Retweet
- DruKo = Kommentar unter dem Tweet
- DrüKo = Der Text über einem zitierten Tweet
- Thread = Zusammenhängende Tweets
- Bio = Beschreibung über Sie auf Ihrem Profil
- Hashtag = Verschlagwortung von Themen, nach denen Sie auch suchen können, um Tweets zum gefragten Thema angezeigt zu bekommen
- Memes = Bilder, die der Community bereits bekannt sind und humorvoll in einen anderen Kontext gerückt werden.

Spaces

Erinnert sich noch jemand an Clubhouse? Während der Corona-Pandemie hat diese App-Plattform für ordentlich Wirbel gesorgt. Sie war zunächst nur durch persönliche Einladung zugänglich und auch nur für Nutzer:innen von Apple-Geräten. Dennoch hat sich in den ersten vier Wochen nach Deutschlandstart alles dort gesammelt, was Rang und Namen oder auch keinen Rang und Namen hat. Die App ist *Audio only*, basiert also nur auf dem gesprochenen Wort, ohne dass die Sprechenden – außerhalb ihrer Profilfotos – gezeigt werden. Auf Clubhouse kann man in virtuelle Audio-Räume eintreten, in denen Personen miteinander sprechen. Man kann sich auch melden, um selber sprechen zu können oder einen eigenen Raum eröffnen. Clubhouse ist inzwischen mindestens so tot wie die Lokalisten (kennt die noch jemand?), aber das Prinzip besteht auf Twitter weiter und heißt dort „Spaces".

Die Spaces werden recht prominent oben über dem Newsfeed angezeigt und wenn Ihnen danach ist, ein Thema mit der Twitter-Community zu besprechen, dann können Sie dieses Format ausprobieren und vielleicht wertvolle Einsichten gewinnen. Zu Ihrem

Standard-Repertoire der Social-Media-Kommunikation muss es aber derzeit sicher nicht gehören.

6.3.6.4 YouTube

YouTube ist eine Video-Plattform, die von rund drei Viertel aller Deutschen hin und wieder genutzt wird. Es gibt dort alles zu finden, zu jedem Thema und in jeder erdenklichen Ausführlichkeit. Wenn Sie auf YouTube also erfolgreich sein wollen, brauchen Sie entweder ein sehr gutes Nischenthema oder sehr gute Qualität in Ihren Videos. Mit normalen Mitteln ist beides in der Dauer eines Wahlkampfes nahezu unerreichbar.

Daher sollten Sie sich nicht auf YouTube als Video-Kanal konzentrieren, sondern ihn vor allem nutzen, wenn Sie Livestreams von Veranstaltungen oder Gesprächen anbieten wollen. Interessierte Zuschauer:innen brauchen dann nur den jeweiligen YouTube-Link und können Ihre Diskussion verfolgen.

Wenn Sie jedoch davon überzeugt sind, dass Sie eigenen Content für YouTube produzieren wollen und können, dann sollten Sie versuchen, den Kanal so anzulegen, dass er über die Dauer Ihres Wahlkampfes hinaus Bestand haben kann, z. B. als politische Bildungsplattform Ihrer jeweiligen Partei oder politischen Gliederungsebene.

6.3.6.5 LinkedIn

LinkedIn hatte Anfang 2022 in Deutschland 13 Mio. Mitglieder; 38,1 % davon weiblich (Kemp, 2022, o. S.). LinkedIn ist das soziale Netzwerk für Beruf und Karriere. Politische Inhalte finden sich dort zwar hin und wieder, aber nicht selten werden politische Accounts von anderen Usern darauf hingewiesen, dass dies nicht der eigentliche Zweck des Netzwerks ist. Bei LinkedIn geht es vor allem um die Personen, nicht vordergründig um Unternehmen oder gar um Parteien.

LinkedIn bietet – wie beispielsweise Facebook – ebenfalls verschiedene Content-Formate an, wie Bilder, Videos und Links. Werbung auf LinkedIn ist jedoch teurer als auf Facebook oder Instagram.

Organische Reichweite erhalten Sie auch bei LinkedIn vor allem durch Interaktionen der User mit Ihren Beiträgen. Dabei werden Ihre Inhalte auch Accounts angezeigt, mit denen Sie gar nicht vernetzt sind, wenn einer von deren Kontakten mit Ihrem Post interagiert hat.

Wenn Sie der Meinung sind, dass sich Ihre Zielgruppe verstärkt auf LinkedIn aufhält, sollten Sie dieses Medium nutzen – wenn auch nicht mit allerhöchster Priorität, da es schlichtweg nicht für den politischen Wahlkampf gedacht ist. Dies kann aber auch ein Vorteil sein, da Ihre Inhalte dann womöglich eher auffallen. Wenn Sie LinkedIn nutzen, bedenken Sie, dass LinkedIn vor allem während der Arbeitszeiten aufgerufen wird und abends oder am Wochenende fast gar nicht.

Bei LinkedIn sind Inhalte beliebt, die hohe Relevanz für die karriereorientierte Zielgruppe haben, Erfolgsstories oder Geschichten vom Scheitern erzählen, die innovativ und authentisch sind und inspirieren. Dabei ist die visuelle Aufbereitung, insofern ein gewisses Maß an Professionalität eingehalten wird, derzeit weniger wichtig als beispielsweise bei Instagram.

Wenn Sie auf LinkedIn einen sehr erfolgreichen Beitrag hatten, sollten Sie als nächstes nicht gleich wieder den nächsten Top-Content teilen, da LinkedIn nach einem sehr erfolgreichen Post dem nächsten meist etwas weniger Reichweite gibt. Damit will LinkedIn einerseits eine gute Durchmischung in den User Feeds erreichen und andererseits wird Ihr sehr erfolgreicher Content ohnehin über mehrere Tage von LinkedIn ausgespielt.

6.3.6.6 TikTok

TikTok ist in den letzten Jahren immer beliebter geworden, vor allem bei den jüngeren Menschen. Anfang 2022 hatte TikTok in Deutschland jedoch auch 17 Mio. Nutzer:innen über 18 Jahren (Kemp, 2022, o. S.). 53,6 % der TikTok-Nutzer:innen sind weiblich.

TikTok begann als App für Tanzvideos, hat inzwischen aber auch viele lustige, kabarettistische und zunehmend gesellschaftliche bzw. politische Inhalte. Bei TikTok geht es um Video-Entertainment im Hochformat. TikTok hat einen unendlichen Feed, der rein algorithmenbasiert ein Video nach dem anderen ausspielt und dabei den Geschmack der User erstaunlich gut zu treffen scheint. Es gibt zwar die Möglichkeit, Accounts zu folgen und es gibt auch eine Messenger-Funktion, aber die Entdecken-Variante im Feed, bei der man nur neue Contents bekommt, von Leuten, denen man nicht unbedingt folgt, ist nach wie vor die beliebteste Anwendung von TikTok.

Videos auf TikTok strotzen nur so vor Kreativität und Talent und unterhalten durch die meist sehr treffenden Soundspuren, die die Videos untermalen. Die Qualität der Videos ist hoch, obwohl sie immer etwas ganz Nahbares und Spontanes an sich haben. Der Unterhaltungsfaktor der Videos sorgt für den riesigen Suchtfaktor der App.

Bei TikTok geht es ums Mitmachen und es gibt verhältnismäßig viele Menschen, die selbst Content produzieren. Wenn Sie TikTok also nutzen wollen, sollten Sie auch wirklich regelmäßig Videos zur Verfügung stellen. Besonders beliebt, und vielleicht für Sie im Wahlkampf besonders geeignet, sind gewitzte Schritt-für-Schritt-Anleitungen. Mögliche Beispielthemen hierfür wären: Wie fülle ich einen Stimmzettel aus? Wie beantrage ich Briefwahl? Wie mache ich Briefwahl? Wie beantrage ich Kindergeld? Wie kann ich Strom sparen? Wie kann ich im Haushalt Wasser sparen?

Wenn Sie Ihre (junge) Zielgruppe auf TikTok vermuten und wirklich Lust auf das Medium haben, dann probieren Sie TikTok aus. Allerdings sollten Sie bedenken, dass die Produktion der Videos einigen Aufwand bedeutet und selbst viele Views und große Reichweite bei einem primär überregionalen Medium wenig für Ihren Wahlerfolg vor Ort bringen. Eine Präsenz auf TikTok dient also eher Ihrem Markenimage bei Menschen, die Sie bereits kennen und deshalb nach Ihnen suchen.

6.3.6.7 Twitch

Twitch ist eine Livestreaming-Plattform mit inzwischen mehreren Millionen Usern in Deutschland. Ursprünglich wurde die Plattform vor allem im Gaming-Bereich genutzt. Dabei haben sich User live beim Computerspielen gefilmt, während andere zuschauen konnten. Auch bei Twitch ist die Zielgruppe dementsprechend jung.

Es gibt bereits Ansätze, die Plattform auch für den politischen Wahlkampf zu nutzen. So finden dort inzwischen Konferenzen mit Expert:innenvorträgen statt oder Interviews mit Politiker:innen. Das besonders Reizvolle an dieser Plattform ist natürlich die Authentizität, die ein Livestream bietet. Ein interaktives Moment kommt hinzu, wenn die Zuschauer:innen die Chatfunktion nutzen und so die Fragen direkt in den Livestream mit aufgenommen und spontan beantwortet werden können. Die Plattform lebt vom engen Austausch zwischen Content-Creator und Community.

Ob Sie diese Plattform nutzen wollen, hängt davon ab, wie groß die Schnittmenge der Twitch-Nutzer:innen mit Ihrer Zielgruppe ist. Wenn Digitales, Gaming und E-Sports zu Ihren Wahlkampfthemen gehören, kann sich die Plattform durchaus lohnen – gegebenenfalls auch in Zusammenarbeit mit einem dort bereits etablierten Influenceraccount, der der Partei nahesteht.

6.3.6.8 Jodel

Ursprünglich nur von Studierenden genutzt, bietet Jodel heute vielen jungen Erwachsenen die Möglichkeit, kurze und anonyme Beiträge (Jodel) auf der Plattform zu veröffentlichen. Ein Beitrag kann ein Text (von begrenzter Länge), ein Foto mit einem kurzen Kommentar oder ein Video sein. Jeder Beitrag kann von anderen Benutzer:innen – ebenfalls anonym – positiv oder negativ bewertet und kommentiert werden. Auf dieser Plattform investiert man keine Zeit in das aufwändige Anlegen eines Profils, sondern kann sofort losjodeln. Der große Vorteil von Jodel ist, dass es regional funktioniert und Sie Beiträge aus Ihrer Region sehen bzw. auch Ihre Beiträge in der Region angezeigt werden.

Ein normaler Beitrag mit offensichtlicher politischer Werbung wird von der Jodel-Community meist schnell abgestraft. Sie können die Plattform aber nutzen, um – Pssst! Geheim! – anonym ein Stimmungsbild einzuholen, z. B. indem Sie unverbindlich fragen, was die Community eigentlich von Ihnen oder Ihren Mitbewerber:innen hält – natürlich ohne dass Sie sich zu erkennen geben. Stellen Sie Fragen zu einem aktuellen Thema oder testen Sie Ihre politischen Forderungen in freier Wildbahn: „Ich habe gehört, dass es bald längere

Ladenöffnungszeiten geben soll. Wie findet ihr das?" Sie sollten sicher nicht zu viel Zeit auf dieses soziale Medium verwenden, aber für solche kurzen Meinungsabfragen kann es sich hier und da anbieten.

Gratis-Tipp am Rande: Weil ein Jodel nur 150 Zeichen umfassen darf und daher sprachliche Kürze geboten ist, hat sich auf Jodel eine Art eigene Sprache entwickelt, die verstärkt mit Abkürzungen arbeitet. Wundern Sie sich also nicht über kryptische Buchstabenkürzel, sondern googlen Sie diese einfach, bevor Sie auf einen Jodel antworten.

6.3.6.9 Snapchat

Snapchat wird vor allem von jüngeren Menschen und innerhalb des eigenen Freundeskreises als Messenger genutzt. Anfang 2022 hatte die App in Deutschland 15,3 Mio. User; 56,7 % der User sind weiblich (Kemp, 2022, o. S.).

Auf Snapchat können Sie Fotos und andere Medien verschicken, die nur eine bestimmte Anzahl von Sekunden sichtbar sind. Ebenso können Sie – wie Sie es bereits von Instagram kennen – auch Stories posten, die nach 24 Stunden wieder verschwinden. Snapchat bietet allerlei Möglichkeiten, sich kreativ auszudrücken, beispielsweise durch die zahlreichen Filter, die auch heute noch umfangreicher sind als bei Instagram. Die Kurzlebigkeit der Snaps sorgt für Schnelligkeit und unmittelbare Einblicke in den Alltag von Freund:innen und Familie. Es wird nicht so viel gefeilt und auch die Ansprüche an die Bildqualität sind nicht so hoch wie bei Instagram. Kreativität und Authentizität sind hier wichtiger als Professionalität. Da die Zielgruppe jedoch sehr jung ist und die App vor allem im Bekanntenkreis genutzt wird, können Sie Snapchat für Ihre politische Arbeit eher außer Acht lassen.

6.3.6.10 Pinterest

Pinterest ist eine visuelle Suchmaschine, die vor allem der Do-It-Yourself-Community Inspirationen und Bilder liefert. Ob Kuchenrezepte, Nähanleitungen oder Techniken zur Wandgestaltung – bei Pinterest finden Sie innovative Ideen für jeden Bedarf, die Sie auf Ihrer digitalen Pinnwand speichern können. Dementsprechend wird Pinterest von Menschen genutzt, die eine kreative Idee, Inspiration oder Anleitung suchen – und die sind gerade dann in der Regel nicht offen für politischen Content. Obwohl immer mehr Sport- und Fashion-Themen bei Pinterest Einzug halten und damit auch nicht ausgeschlossen ist, dass die Plattform perspektivisch auch politischer werden könnte, sehe ich diesen Trend derzeit nicht.

6.3.6.11 Grenzfall Messenger

Fast alle Menschen nutzen Messenger-Dienste. Ob diese zu den sozialen Medien gehören, ist strittig. Einerseits ist Vernetzung und Austausch, auch in Gruppen, natürlich möglich, andererseits funktionieren sie weit weniger offen und interaktiv als andere soziale Netzwerke. Es braucht einen Initialkontakt, um mit jemandem via WhatsApp, Signal oder Telegram in Kontakt treten zu können. Das bedeutet für Sie, dass Messenger-Dienste sich im Rahmen Ihres Social-Media-Wahlkampfes nicht für die Generierung von Awareness eignen, sondern vor allem für die letzten drei Phasen des ACDRA-Modells (Decision, Retention und Advocacy) genutzt werden sollten. Über Messenger können Sie Menschen unmittelbar ansprechen – mit einem konkreten Anliegen, einer persönlichen Botschaft oder einem letzten individuellen Wahlaufruf. Die Kommunikation via Messenger ist meistens auf den Punkt und in einer für alle Beteiligten angenehmen Frequenz gehalten. Sie ist direkt, von Mensch zu Mensch, und impliziert in den meisten Fällen auch die Nahbarkeit und Erreichbarkeit der Kandidierenden oder des Wahlkampfteams.

Wenn Sie Messenger-Dienste im Wahlkampf nicht mit Ihrer privaten Nummer nutzen möchten, können Sie sich eine Prepaid-Karte zulegen, mit der Sie in der Zeit des Wahlkampfes mit interessierten Bürger:innen kommunizieren können. Diese Nummer bietet sich auch für regelmäßige Telefonsprechstunden an.

Telegram bietet sogenannte Telegram-Kanäle an. Diese kennen Sie vielleicht aus den Hochzeiten der Corona-Pandemie, als die Attila-Hildmanns dieser Welt diese Telegram-Funktionalität in Verruf gebracht haben. Bei Kanälen handelt es sich um Gruppen, bei denen jedoch nur die Gruppen-Ersteller:innen bzw. Admins an die Gruppe kommunizieren können. Interessierte kommen via Einladung und/oder Link in Ihren Kanal. Es gibt geschlossene und offene Kanäle, je nachdem, ob jede:r einfach beitreten kann oder ob ein Beitritt durch einen Admin freigegeben werden muss. Kanäle helfen Ihnen, regelmäßige Updates zu den nächsten Veranstaltungen oder Treffpunkten schnell und einfach an eine große Menge an Menschen zu kommunizieren, ohne dass Nachrichten aller Beteiligten die Gruppe fluten.

Rein datenschutzrechtlich ist die Verwendung der meisten Messenger schwierig. Die einzigen Messenger, die aus Datenschutzsicht zu empfehlen sind, sind Threema und Signal, diese hat aber nicht jede Person auf dem Handy. Vor der Verwendung von WhatsApp (gehört zu Facebook bzw. Meta) oder Telegram für Wahlkampfzwecke sollten Sie auf jeden Fall mit Ihrem oder Ihrer Datenschutzbeauftragten sprechen.

6.3.7 Fehler, Fallstricke und Gefahren

Die größte Gefahr für Ihren Social-Media-Wahlkampf ist die Beliebigkeit und dass Ihr Content dadurch einfach untergeht. Deshalb ist die Strategie so wichtig, die Ihnen hilft, ein wildes Kommunikationspotpourri mit zu vielen Informationen, Botschaften und Inhalten zu vermeiden.

Doch die Strategie alleine ist noch kein Garant für Erfolg. Manchmal verfängt der offensichtlich beste Content nicht. Dabei liegt der Fehler meist darin, nicht zu testen, was funktioniert, oder die Ergebnisse nicht zu nutzen. Experimentieren Sie mit Farben, Schriftgrößen und der Länge Ihrer Texte und Videos. Hier gibt es kein Universalrezept. Ihre Strategie muss auf Ihre individuelle Zielgruppe zugeschnitten werden.

Die besten Inhalte werden nicht gesehen, wenn es keinen guten Scroll Stopper gibt. Damit fängt im Social-Media-Wahlkampf alles an, der Rest ist Kür. Verwenden Sie Inhalte mehrfach, aber tauschen Sie das Startbild aus, um herauszufinden, was gut funktioniert. In der Regel wird es nicht auffallen, wenn Sie denselben Inhalt vor ein paar Wochen schon einmal mit einem anderen Titelbild gepostet haben.

Postings ohne Struktur werden bei Ihrer Zielgruppe keine Wirkung entfalten. Es braucht einen roten Faden – egal ob in einem Text, einer Bildserie oder in einem Video. Halten Sie sich deshalb immer an die bewährte Reihenfolge: Scroll Stopper, gute Story, Proof und Call-to-Action.

Es gibt Plattformen, die sich kaum für politischen Wahlkampf eignen. Dazu gehören vor allem Pinterest, Snapchat, Twitch und Jodel. Für einzelne Verwendungszwecke, wie beschrieben, kann man die Plattformen gut nutzen, aber Sie sollten sich nicht auf diese Plattformen konzentrieren oder Energie aufwenden, die Sie unter Umständen woanders besser investieren können. Finden Sie heraus, welches Medium Ihnen bei Ihrem Wahlkampf inwiefern hilft und nutzen Sie es dann genau dafür.

Der Anspruch dieses Buches ist es nicht, Ihnen die tiefsten Untiefen des Social-Media-Marketings zu vermitteln, sondern Ihnen die wichtigsten Werkzeuge an die Hand zu geben, mit denen Sie einen soliden, modernen Social-Media-Wahlkampf führen können. Gerade das Thema der bezahlten Werbung (granulare Zielgruppendefinitionen, Re-Targeting, Werbebudget-Allokation etc.) ist eine Wissenschaft, die für Social-Media- und Marketing-Abteilungen großer Konzerne zum Tagesgeschäft gehört. Die Bundesspitze Ihrer Partei sollte Social-Media-Wahlkampf eventuell auf diesem Level betreiben, aber auf den Ebenen darunter ist es vollkommen ausreichend, das Grundrüstzeug parat zu haben, um merkliche Erfolge zu erzielen – ohne dass Sie teure Social-Media-Manager bezahlen müssen.

6.4 Eigene Website und Blog

Die sozialen Medien sind im Wahlkampf ideal, um Awareness zu generieren und um mit den Bürger:innen zu kommunizieren. Auf Ihre Website hingegen wird kaum jemand stoßen, der Sie bzw. Ihre Kandidierenden noch nicht kennt oder nicht aktiv nach Ihrer Website gesucht hat. Das bedeutet, dass Sie die erste Hürde überwunden und die Aufmerksamkeit Ihrer potenziellen Wähler:innen auf Ihrer Website haben. Nun müssen Sie Ihre Besucher:innen überzeugen oder in ihrer Wahlentscheidung bestätigen.

Machen Sie es den Besucher:innen so einfach wie möglich, auf Ihrer Website einerseits zu finden, was sie suchen, und andererseits zu entdecken, was Sie kommunizieren wollen. Deshalb sollten Sie sich vor der Erstellung Ihrer Website gut überlegen, was Ihre Besucher:innen wirklich interessiert. Nutzen Sie für die Website-Konzeption die Methoden des Design Thinkings, befragen Sie Ihre Personas und verwenden Sie die Ergebnisse, die bereits beim Ausfüllen des Digital-Marketing-Canvas festgehalten wurden. Wichtig ist, dass Sie Ihre Website dafür nutzen, Ihre Kernbotschaften zu kommunizieren und sich von Ihrer politischen Konkurrenz abzugrenzen.

Nutzen Sie so oft wie möglich die Macht des Social Proofs: Platzieren Sie die Logos von Gruppierungen, Verbänden oder Vereinen, deren Unterstützung Sie haben, auf Ihrer Website und ergänzen Sie an passenden Stellen Testimonials, also lobende Aussagen Dritter über Sie bzw. Ihre Kandidierenden oder Ihre Partei. Sie können auch selbst einen Proof liefern: Berichten Sie auf Ihrer Website von echten Erfolgsstories. Was haben Sie in der Vergangenheit erreicht? Wo und wie konnten Sie bereits ganz konkret unter Beweis stellen, dass Sie bzw. Ihre Kandidat:innen für das jeweilige Amt geeignet sind?

Jedoch gilt auch beim persönlichsten und überzeugendsten Storytelling, dass die allerwenigsten Menschen Lust haben, einen ellenlangen Fließtext auf Ihrer Website zu lesen. Lockern Sie Ihre Website daher mit guten Fotos auf, verwenden Sie Grafiken, um komplizierte Prozesse darzustellen, und strukturieren Sie längere Texte durch Zwischenüberschriften, das Hervorheben von Schlagworten sowie durch Aufzählungen in Listenform. Selbst bei den spannendsten Inhalten liegt die Würze in der Kürze. Achten Sie darauf, dass Ihre Website kurzweilig, leicht erfassbar und für Eilige schnell zu überfliegen ist. Nur wenn Sie die Aufmerksamkeit Ihrer Website-Besucher:innen aufrechterhalten, können Sie auch Ihre Kernbotschaften vermitteln.

Domain(s)
Ihre Website-Domain ist der Teil einer Internetadresse (URL), der hinter dem „https://" oder dem „www." kommt. Ihre Wahlkampf-

Domain sollte unbedingt den Vor- und Nachnamen der oder des Kandidierenden enthalten (z. B. vorname-nachname.de), um bei der Suche im Internet leicht gefunden zu werden. Je nach Wahlkampfbudget können auch noch weitere Domains hinzugekauft und Weiterleitungen von diesen Domains auf die Haupt-Domain eingerichtet werden. Beliebte zusätzliche Domains sind die zusammengeschriebene Version der Haupt-Domain, also vornamenachname.de, oder der wahlkampfclaim.de. Wenn es ein relevantes Thema im Wahlkampf gibt, mit dem der Kandidat oder die Kandidatin in Verbindung gebracht werden soll, dann würde sich das auch anbieten. Beispiele hierfür wären keine-ostumgehung-hintertupfing.de oder mehr-kitaplaetze-in-musterstadt.de.

Eine kleine aber feine Trickserei, die man mit Domains zusätzlich anstellen kann, sind Catch-All-E-Mail-Adressen (dt.: Sammle-alles-E-Mail-Adressen). Wenn Sie diese einrichten, kommen alle E-Mails, die an Ihre Domain, z. B. @vorname-nachname.de, geschickt werden, bei Ihnen an – und jetzt der Clou: Dabei ist ganz egal, was man vor das @ schreibt. Das heißt in der Praxis: Wenn Sie mit einer Bürgerin am Infostand über ein Thema sprechen, mit dem Sie vorher noch nicht viele Berührungspunkte hatten, können Sie dennoch unterstreichen, wie wichtig Ihnen das Thema ist, indem Sie der Bürgerin die entsprechende E-Mail-Adresse nennen. Leidet die Bürgerin beispielsweise unter dem Verkehrslärm im Ortsteil Beispielswerder, können Sie ihr sagen: „Schreiben Sie mir Ihr Anliegen gerne an verkehrslaerm-beispielswerder@vorname-nachname.de. Dann melde ich mich bei Ihnen." Abgesehen davon, dass der oder die Kandidierende sich tatsächlich melden sollte, wenn eine E-Mail reinkommt, wird die Bürgerin schon am Infostand beeindruckt sein, wie ernst Sie das Thema nehmen, wenn Sie dafür eine eigene E-Mail-Adresse haben. Diese zusätzliche E-Mail-Adresse haben Sie natürlich nie eingerichtet, sondern lediglich eine Catch-All-Funktion und die entsprechende Weiterleitung auf Ihre eigentliche Wahlkampfadresse.

Aktualität

Häufig hört man, die Website sei die Visitenkarte eines Unternehmens oder einer Person. Ihre Website sollte aber genau das Gegenteil sein:

Visitenkarten werden einmal gedruckt und bleiben unverändert, bis keine mehr da sind.

Natürlich ist Ihre Website ein Aushängeschild und ja, die Seite mit den Visitenkarten-Details, also den Kontaktinfos, sollte als allererste online gehen; aber gerade im Wahlkampf ist Aktualität unglaublich wichtig. Auf Ihrer Website sollten alle öffentlichen Termine der Kandidierenden stehen, mit Tag, Uhrzeit und Ort sowie einer kurzen Beschreibung. Dies sorgt einerseits dafür, dass interessierte Bürger:innen wissen, wo sie die Kandidierenden kennenlernen und treffen können. Andererseits wird so für jede:n ersichtlich, wie fleißig die Kandidierenden sind und das sollten Sie nicht unterschätzen: Wir alle finden Fleiß ziemlich gut.

Der große Vorteil einer Website gegenüber einem Flyer, einer Broschüre oder einer Visitenkarte ist doch, dass man tagesaktuell oder sogar stundenaktuell auf Ereignisse reagieren kann. Es wäre fatal, das nicht zu nutzen.

Inhalte der Startseite (Homepage)
Sie sollten Ihre Startseite nutzen, um direkt die Hauptfragen Ihrer Zielgruppe zu beantworten. Die meisten Menschen, die auf Ihre Website kommen, interessieren sich vermutlich für Folgendes:

- Name, Positionen in der Partei, angestrebtes Amt, beruflicher Hintergrund, Familienstand, ggf. ausgefallene Hobbies, Wohnort.
- Motivation für die Kandidatur in zwei bis drei Sätzen.
- Drei bis vier Fotos, damit die Website-Besucher:innen ein Gefühl für den Kandidaten oder die Kandidatin bekommen.
- Drei bis fünf politische Hauptanliegen in Listenform (angepasst an die von Ihnen vorher identifizierten Wähler:innengruppen).
- Verweis auf Ihre jeweiligen relevanten Unterseiten, bspw. Verlinkung zur umfassenden Biografie, zur ausführlichen Darstellung der politischen Forderungen und zu einem mitreißenden Motivationsschreiben.

Auf der Startseite sollte zusätzlich ein überzeugender Spendenaufruf eingebunden werden – unabhängig davon, ob es eine eigene Unterseite für Spenden gibt.

Empfohlene Unterseiten
Weitere Inhalte, die für die Startseite zu ausführlich sind, können Sie auf den jeweiligen Unterseiten unterbringen. Wenn Ihre Website dies erlaubt, empfehle ich die folgenden Kategorien:

- News bzw. Blog
- Termine und Veranstaltungen
- Politisches Programm
- Mitmachen und Spenden
- Biografie und Motivation
- Presse (z. B. für den Download von Bildmaterial)
- Kontakt und Newsletter

Ein Anmeldeformular für Ihren Newsletter sollte nicht nur auf der Newsletter-Seite eingebunden sein, sondern überall dort, wo Website-Besucher:innen Lust bekommen könnten, mehr zu erfahren und über Aktuelles (z. B. neue Blog-Artikel oder Veranstaltungshinweise) informiert zu werden.

Reichweite und Suchmaschinenoptimierung
Die Reichweite für Ihre Website kommt größtenteils aus dem eigenen Wahlkampf – z. B. über Links in den sozialen Medien und auf Flyern – oder aber über eine Suchmaschine wie Google.

Doch wie funktionieren Suchmaschinen eigentlich? In aller Kürze können Sie sich das folgendermaßen vorstellen: Google scannt rund um die Uhr alle Websites im Internet und schaut sich an, was es dort gibt. Wenn Sie nun etwas Bestimmtes suchen, dann zeigt Ihnen Google diejenigen Webseiten an, von denen Google glaubt, dass sie für Ihre Suchanfrage die höchste Relevanz haben. Google hat ein Interesse daran, dass Sie mit den Suchergebnissen sehr zufrieden sind, da Sie dann immer wieder zu Google kommen und Google noch mehr Werbung verkaufen kann. Aber das ist eine andere Geschichte. Nun, wo Sie wissen, wie eine Suchmaschine im Groben funktioniert und was Google will, sollten Sie sich fragen, wie man als Website-Betreiber dafür sorgen kann, dass Google die eigene Website für relevant hält und sie möglichst vielen Menschen anzeigt. Die Antwort heißt Suchmaschinenoptimierung (SEO, engl.: Search Engine Optimization). Es gibt einige technische und inhaltliche Stellschrauben, an denen man drehen kann. Diese erleichtern es Google entweder, die Websites und deren Inhalte regelmäßig zu scannen und parat zu haben, wenn jemand danach sucht, oder sie signalisieren Google direkt, dass es sich bei dieser Website um richtig guten Content handelt, der angezeigt werden sollte. Wir konzentrieren uns hier auf den inhaltlichen Ansatz.

Was Sie sich merken sollten: Google findet Websites gut, die die User gut finden. Dies kann Google beispielsweise anhand von Verweildauern herausfinden, also wie lange sich Menschen Ihren Inhalt anschauen. User wiederum schauen sich Ihre Inhalte länger an, wenn die Texte gut, relevant und leicht zu konsumieren sind. Daher gilt die Devise: Bei der nicht-technischen Suchmaschinenoptimierung sollten Sie Ihre Inhalte zunächst für Ihre Zielgruppe optimieren – der Erfolg bei Google kommt dann ganz von selbst. In der Praxis bedeutet das:

- Verfassen Sie kurzweilige Texte, die gut strukturiert sind und deshalb leicht verstanden werden können.
- Nutzen Sie Aufzählungen und Listen, um Fließtext zu unterbrechen.
- Wenn irgendeine Website (z. B. ein Pressemedium) etwas über Ihren Wahlkampf veröffentlicht, fragen Sie nach, ob die Website-Betreiber eine Verlinkung *(Backlink)* zu Ihrer Website hinzufügen können. Das signalisiert Google, dass eine andere Website Ihre Inhalte für relevant hält und gibt Ihnen daher Glaubwürdigkeit. Diese Verlinkungen auf den Websites Dritter können Interessierte außerdem direkt auf Ihre Internetpräsenz bringen.
- Erstellen Sie eine Liste mit relevanten Keywords, also Suchbegriffen, unter denen Sie gerne gefunden werden würden.
- Nutzen Sie Überschriften und Unterüberschriften, um Ihren Text zu gliedern und bauen Sie in diese Überschriften auch die Keywords ein.

- Google bestraft, wenn sich längere Texte auf Ihrer Website im selben Wortlaut bereits woanders finden. Kopieren Sie Inhalte also nicht, sondern verfassen Sie Ihre eigenen.

Einerseits ist Suchmaschinenoptimierung bei einer Kandidierendenseite kein Problem, da Menschen in der Regel direkt nach dem entsprechenden Namen suchen und die Website dann schnell finden. Wenn Sie allerdings für ein bestimmtes Thema bei einer Suchmaschine gefunden werden wollen, wird es schon schwieriger. Dafür brauchen Sie in jedem Fall einiges an Textmaterial auf Ihrer Website, wofür sich ein Blog ganz hervorragend eignet.

Wie man einen guten Blog-Artikel schreibt
Wie Sie die richtigen Themen und Überschriften für einen Blog-Artikel finden, wurde im bisherigen Verlauf des Buches bereits ausführlich dargestellt. Nun soll es in aller Kürze um das tatsächliche Schreiben von (suchmaschinenoptimierten) Texten gehen. Wenn Sie im Wahlkampfteam niemanden haben, der gerne Texte verfasst, können Sie sich überlegen, professionelle Texter:innen damit zu beauftragen. Mit den folgenden Tipps sollte es aber keine Ausreden mehr geben, denn mit guter Planung und ein bisschen Übung kann jede:r gute Texte verfassen.

- **Identifizieren Sie Ihr Publikum und verstehen Sie es.** Wonach suchen Ihre potenziellen Wähler:innen? Welche Probleme wollen Sie lösen? Versuchen Sie, Ihre Inhalte auf die Bedürfnisse und Interessen der Zielgruppe zuzuschneiden. Sie können hierzu Ihre Personas und das Canvas befragen.
- **Verwenden Sie Schlüsselwörter (Keywords):** Wonach wird Ihre Zielgruppe vermutlich suchen? Für welche Themen wollen Sie gefunden werden?
- **Seien Sie innovativ und bieten Sie etwas Neues:** Schreiben Sie über Ihr politisches Hauptanliegen unter einem spannenden Gesichtspunkt oder schreiben Sie über das, was niemand so gut kennt wie Sie: Ihre eigenen Motive.
- **Halten Sie den Aufbau eines guten Aufsatzes ein:** Interessante Einleitung, gut strukturierter Hauptteil und einprägsamer Schluss.

Gliedern Sie Ihren Inhalt in mindestens drei bis vier Absätze mit einprägsamen und keyword-optimierten Zwischenüberschriften.
- **Versehen Sie Ihren Beitrag mit Visualisierungen:** Nutzen Sie Fotos, Grafiken oder Screenshots und verwenden Sie SEO-relevante Dateinamen für Ihre Bilder (z. B. „kostenlose_Kinderbetreuung_Musterstadt.jpg" anstelle von „IMG_97352428.jpg").
- **Finden Sie die ideale Länge:** So lange wie nötig, so kurz wie möglich. Optimal für die Suchmaschinenoptimierung sind Texte ab 1000 Wörtern. Schreiben Sie jedoch lieber einen kurzen, spannenden Text als einen langen, der langweilt.
- **Nutzen Sie Querverweise:** Verlinken Sie im Text – wo sinnvoll – auf eine andere relevante Seite Ihrer Website, z. B. auf die Kontaktseite, die Übersicht der politischen Forderungen oder einen anderen Blogbeitrag.
- **Fragen Sie nach Feedback:** Am Ende des Blog-Artikels sollte ein Call-to-Action die Leser:innen dazu aufrufen, Ihnen Rückmeldung zum Artikel zu geben. So können Sie mit Ihren Leser:innen auch in Kontakt treten.

Aus veröffentlichten Blog-Artikeln sollten Sie für Ihre Twitter-Community Threads mit den wichtigsten Aussagen destillieren. Sie sollten Ihre neuen Artikel außerdem auf Facebook und Instagram ankündigen – in Form von Link-Posts oder mit Bild- und Textkacheln, die neugierig machen. So nutzen Sie Ihre Social-Media-Reichweite, um Sichtbarkeit für Ihre Blog-Artikel zu generieren.

6.5 E-Mail-Wahlkampf

Der Wahlkampf per Newsletter verbindet viele Vorteile anderer Kanäle: Sie können mit einer E-Mail gleichzeitig sehr viele Menschen erreichen, vorhandenen Website- oder Social-Media-Content recyceln, persönlich kommunizieren, die Menschen in Ihrer jeweiligen ACDRA-Phase gezielt ansprechen, Links zu Umfragen teilen und die Empfänger:innen um Feedback bitten. Und das Beste: Wenn Sie kein bezahlpflichtiges

Newsletter-Tool verwenden, dann ist der Newsletter-Wahlkampf sogar kostenlos.

Newsletter eignen sich jedoch nicht nur für das endgültige Überzeugen von interessierten Bürgerinnen und Bürgern. Mit internen Newslettern können Sie auch die eigenen Parteikolleg:innen und Ortsvereine mobilisieren sowie Unterstützer:innen koordinieren.

Newsletter und der Datenschutz

Es gibt zahlreiche Tools, mit denen Sie hochprofessionelle Newsletter versenden und im Anschluss auswerten können, wer den Newsletter geöffnet und wer auf welchen Link im Newsletter geklickt hat. Doch da sind wir auch schon beim Problem: Der Datenschutz sieht diese Erhebungen nicht gerne, vor allem wenn keine korrekt eingeholte Zustimmung der Empfänger:innen zu dieser Datenverarbeitung vorliegt. Wie eine gültige Einwilligung aussehen kann und unter welchen Umständen Sie ein professionelles Tool für Ihren Wahlkampf verwenden dürfen, müssen Sie im individuellen Fall mit Ihrer oder Ihrem Datenschutzbeauftragten klären.

Doch selbst wenn Sie kein professionelles Tool nutzen, sollten Sie vorsichtig sein. Um interessierte Menschen außerhalb der Partei mit einem Newsletter kontaktieren zu dürfen, sollten Wahlkampfteams aus datenschutzrechtlichen Gründen mindestens vier Dinge beachten:

1. Wenn Sie einen Newsletter als ganz normale E-Mail an mehrere Empfänger:innen versenden, dürfen Sie die E-Mail-Adressen nicht einfach in die Empfänger:innenleiste Ihres Mail-Programms schreiben. Sie müssen die Empfänger:innen-E-Mail-Adressen stattdessen in der sogenannten bcc-Zeile (blind carbon copy, dt.: Blindkopie) hinzufügen. Das sorgt dafür, dass die E-Mail-Adressen nicht von allen Empfänger:innen des Newsletters eingesehen werden können und somit die Anonymität gewahrt bleibt. Setzen Sie einfach Ihre eigene E-Mail-Adresse in das Empfänger:innen-Feld und den Rest in bcc.
2. Beim Ausfüllen eines Online-Kontaktformulars oder physischer Newsletter-Listen muss für die interessierten Bürger:innen ersichtlich sein, welche ihrer Daten wofür verwendet werden und wer

Zugriff auf die Daten hat. Die Eintragung muss online mit dem aktiven Abhaken einer Checkbox oder einer anderen ausdrücklichen Zustimmung erfolgen bzw. offline mit einer Unterschrift bestätigt werden.
3. Sie sollten nach einer neuen Eintragung eine sogenannte „Double-Opt-In"-E-Mail versenden. Das bedeutet, dass eine zuständige Person im Wahlkampfteam nach einer Newsletter-Anmeldung eine Mail an die neu eingetragene E-Mail-Adresse schickt, um zu erfragen, ob die Eintragung wirklich gewünscht war. Daraufhin muss die Person bestätigen, dass sie sich wirklich freiwillig eingetragen hat. Das klingt bürokratisch, schließt aber aus, dass sich jemand einen Scherz erlaubt und jemand anderen in die Liste eingetragen hat, der nun mit Wahlkampf-Mails genervt wird. Die Double-Opt-In-E-Mail sollte einmal korrekt formuliert und zentral als Vorlage abgelegt werden, so kann man bei Neueintragungen viel Zeit sparen.
4. Sie sollten bei der initialen Eintragung und am Ende jedes Newsletters darauf hinweisen, dass die Zustimmung zur Verwendung der E-Mail-Adresse jederzeit einfach widerrufen werden kann und wie das geht. Der Widerruf kann, wenn man kein professionelles E-Mail-Tool verwendet, einfach durch eine Mail mit dem Text „Abmeldung" erfolgen. Wenn man ein Newsletter-Tool verwendet, kann meist sowohl die Double-Opt-In-E-Mail automatisch versendet als auch im unteren Teil jedes Newsletters ein Standard-Link zur Abmeldung angezeigt werden.

Innerhalb der Partei ist es durch etablierte Systeme in der Regel einfacher möglich, Ihre Parteikolleg:innen via E-Mail zu kontaktieren. Ein Hinweis darauf, dass die Empfänger:innen sich jedoch auch von einer parteiinternen Newsletter-Liste abmelden können, sollte obligatorisch sein.

Achten Sie auch innerhalb des Teams darauf, wer Zugriff auf die jeweiligen E-Mail-Adressen hat und weisen Sie alle darauf hin, dass persönliche Daten (Name, E-Mail-Adresse etc.) nicht an unbefugte Dritte weitergegeben werden dürfen.

Dies sind nur erste wichtige Hinweise zum Datenschutz. Bitte beachten Sie, dass Sie mit Ihren Datenschutzbeauftragten in der Partei besprechen sollten, was es im jeweiligen Fall, bei unterschiedlichen Tools und der jeweiligen Verarbeitung personenbezogener Daten zu beachten gilt.

Newsletter intern

Ein interner Newsletter dient primär der innerparteilichen Vernetzung, Aktivierung und Transparenz. Sie können Ihre Parteimitglieder und Unterstützer:innen mobilisieren, über die nächsten Schritte im Wahlkampf informieren oder um Hilfe ersuchen. Kleine Umfragen und Abstimmungen in internen Newslettern fördern die Partizipation und die Identifikation Ihrer Parteikolleg:innen mit dem eigenen Wahlkampf.

Newsletter extern

Mit einem externen Newsletter erreichen Sie die Menschen in den letzten drei (bis vier) Phasen des ACDRA-Modells. Die zielgerichtete Ansprache können Sie mittels unterschiedlicher Verteilerlisten umsetzen.

Die Awareness-Phase ist dem Newsletter in der Regel schon vorausgegangen. Einige Empfänger:innen werden sich noch in den letzten Zügen der Consideration-Phase befinden, aber ohne echtes Interesse hätten sie sich ja nicht für Ihren Newsletter angemeldet. Diese Phase geht nahtlos – bzw. für Sie nicht unbedingt merklich – in die Decision-Phase über. Für beide Phasen können Sie aber eine ähnliche Kommunikation verwenden, die überzeugend ist, Vertrauen stiftet und den Unterschied zu Ihren politischen Mitbewerbern betont.

Für die letzten zwei Phasen des ACDRA-Modells sollten Sie die Kommunikation gegebenenfalls anpassen. E-Mails, die Sie an Menschen in der Consideration- oder Decision-Phase richten, können Sie natürlich auch an Personen in den daran anschließenden Phasen senden. Diesen sollten Sie allerdings noch weitere Informationen zukommen lassen. Einerseits können Sie ab der Retention-Phase gezielt um Hilfe bitten, andererseits können Sie auch den Übergang in die Advocacy-Phase anstoßen. Dies gelingt, indem Sie nicht nur an Menschen in der Advocacy-Phase tiefgreifende Argumentationshilfen,

Informationen zum Umgang mit Negativkommentaren in den sozialen Medien oder „Die 20 besten Gesprächseinstiege, um Freund:innen zu überzeugen" versenden, sondern auch bereits an Personen in der Retention-Phase. Diese sind ohnehin schon überzeugt und können durch die richtigen Stupser – wie beispielsweise die Argumentationshilfen – in die Advocacy-Phase wechseln und zu tatkräftigen Multiplikator:innen Ihrer Kampagne werden.

Um überhaupt eine relevante Anzahl an Empfänger:innen zu erreichen, sollten Sie bei jeder Gelegenheit auf den Newsletter, ausliegende Listen oder den Anmeldelink zum Newsletter hinweisen. E-Mail-Wahlkampf lohnt sich nur, wenn Ihr Empfänger:innenkreis ausreichend groß ist. Um Ihre mühsam gewonnenen Empfänger:innen nicht allzu schnell wieder zu verlieren, sollten Sie maximal alle zwei Wochen einen Newsletter versenden. Die am besten geeigneten Inhalte für einen externen Newsletter sind:

- Updates aus dem Wahlkampf
- Hinweise auf anstehende Termine
- Links zu Umfragen, Blog-Beiträgen oder Presseartikeln
- Kontakthinweise und Social-Media-Kanäle
- Subtiler Spendenaufruf

Für die textliche und visuelle Gestaltung des Newsletters können Sie die bisher ausgeführten Tipps und Tricks aus diesem Buch heranziehen. Auch beim Newsletter gilt: Feedback hilft Ihnen, Ihre Inhalte und Ihre Kommunikation zu verbessern.

Achten Sie bei externen und internen Newslettern darauf, dass die Leser:innen direkt in den Newsletter einsteigen können und wollen. Das erreichen Sie durch einen spannenden Betreff, einen guten Einstieg und vor allem dadurch, dass Sie die Inhalte immer direkt in der E-Mail anzeigen lassen und nicht etwa ein Newsletter-PDF an die E-Mail anhängen, das dann niemand öffnet.

6.6 Podcasts – Politische Kommunikation als Real Talk

Gastbeitrag von Marcel-André Casasola Merkle, Jumpybit GmbH und www.casasola.de, München

Warum ein Podcast?
Podcasts, die das aktuelle politische Geschehen kommentieren, gibt es schon lange. Manche tun dies aus einem speziellen Blickwinkel heraus, wie das „Logbuch:Netzpolitik", andere analysieren allgemeiner, wie „Wir. Müssen Reden", „Piratensender Powerplay" oder die „Lage der Nation".

Spätestens seit dem Bundestagswahlkampf 2021 haben auch die Parteien Podcasts als Plattform entdeckt. Das ist kein Zufall. Im Medienmix haben Podcasts ihren festen Platz gefunden. Im Jahr 2022 gaben über 29 % der Deutschen an, Podcasts und Radiosendungen zum Nachhören zu nutzen. Die Altersgruppen sind allerdings ungleich verteilt. Während von den über 50-Jährigen nur knapp 17 % Podcasts konsumieren, gilt das bei den 14–29-Jährigen für fast die Hälfte (Mindline Media, 2022).

Die Stärken des Mediums
Bevor Sie beschließen, sich in das Abenteuer Wahlkampf-Podcast zu stürzen, sollten Sie gut abwägen, ob Sie die spezifischen Stärken des Mediums in Ihrer Kampagne nutzen können:

- **Nahbarkeit:** Podcasts sind einzigartig darin, eine entspannte, persönliche Atmosphäre zu schaffen. Sie wecken das Gefühl, beim Gespräch direkt mit am Tisch zu sitzen. Der Schlüssel ist die Unmittelbarkeit der Stimme. Der Sprachduktus und jedes Zögern, Seufzen und Lachen betonen die menschliche Seite Ihrer Kandidat:innen. Langjährige Hörer:innen berichten immer wieder davon, dass es sich anfühlt, als würden sie die Podcast-Hosts persönlich kennen.
- **Tiefe:** Podcasts überbrücken „tote Momente": Den Weg ins Büro, die Hausarbeit, das Workout im Fitnessstudio oder die Augen-

blicke vor dem Einschlafen. Sie sind ein typisches Nebenbeimedium, das beim Zuhören keine kostbare, zusätzliche Zeit blockiert. Deshalb erlauben sie eine Ruhe, in der Themen in ihrer Tiefe ausgelotet werden können – abseits von Talkshowsoundbites und Überschriftenjournalismus, der alles auf leicht goutierbare und möglichst spektakuläre Häppchen verknappt.

- **Bindung:** Durch Authentizität und Ausdauer erarbeiten sich Podcasts eine treue und interessierte Hörer:innenschaft. Begreifen Sie diese Hörer:innen als wertvolle Multiplikator:innen, die auch in der Familie und im Freundeskreis die ein oder andere politische Diskussion führen werden. Ihr:e Kandidat:in hat im Podcast die Gelegenheit, Narrative zu setzen, aktuelle Geschehnisse einzuordnen, Sachverhalte zu erklären und Argumentationshilfen an die Hand zu geben.

Fallstricke

Wenn Ihre Augen nun vor Enthusiasmus leuchten, ist das gut. Nehmen Sie sich dennoch einen Moment Zeit, auch mögliche Hürden zu berücksichtigen:

- **Durchhaltevermögen:** Podcasts sind mittel- bis langfristige Projekte. Ein paar hingeworfene Folgen bleiben wirkungslos. Es dauert seine Zeit, oft mehrere Monate, um ein Publikum von relevanter Größe an sich zu binden. Dann aber haben Sie eine Basis, eine feste Hörer:innenschaft, die Ihnen langfristig zur Seite steht.
- **Taktfrequenz:** Podcasts profitieren von Regelmäßigkeit. Günstig ist ein wöchentliches Format, da die Hörer:innen den Konsum dann direkt in Ihren Wochenrhythmus einbauen können (z. B. jeden Dienstagmorgen auf dem Weg zur Arbeit). Größere Abstände – wie alle zwei Wochen oder jeden Monat – sind ebenfalls möglich. Sie sind zwar nicht so effektiv, jedoch im Wahlkampf eher umzusetzen. Planen Sie die Zeit ein, die Sie pro Monat für ein Podcast-Format aufwenden müssen. Ein gutes technisches Setup kann Ihnen dabei wertvolle Stunden sparen. Haben Sie einen festen Aufnahmetag oder muss dieser jedes Mal neu festgelegt werden? Müssen Sie Gäste koordinieren?

- **Talent:** Nicht für jede:n ist ein Hörmedium die beste Wahl. Rhetorisches Geschick, Spontaneität, Humor und eine angenehme Stimme sind sicherlich Pluspunkte, wenn man einen Podcast starten möchte. Wenn sich Ihr:e Kandidat:in vor dem Mikro unwohl fühlt und an einem Skript festhalten möchte, ist ein Podcast nicht das Medium der Wahl.
- **Streuverlust:** Podcasts funktionieren am besten bei breiter Zielgruppe. Wenn Sie spezifisch über 50-Jährige aus Ihrer 10.000-Seelen-Gemeinde im Schwarzwald erreichen wollen, lohnt sich womöglich eher ein Infostand beim Stadtfest.

Format

Sie sind noch hier? Gut. Eine der ersten Fragen, die Sie sich bei der Konzeption eines Podcasts stellen müssen, ist die nach dem Format. Die Verlockung mag groß sein, sich an traditionellen Medien wie Radio und Fernsehen zu orientieren. Doch aufwändig produzierte Reportagen sprengen das Budget. Klassiker wie das „Interview mit einem/r Politiker:in" wirken oft hölzern und steif und unfreiwillig komisch.

Seine Stärken für den Wahlkampf spielt der Podcast im lebendigen Zwiegespräch aus. Eine gerüttelte Mischung aus Spontaneität und Ehrlichkeit, Anekdoten und Unterhaltung, Erkenntnissen und Kontroverse hält die Hörer:innen bei der Stange. Im besten Fall stellt sich das gegenteilige Gefühl zu vorformulierten Wahlkampfreden ein: Die Ahnung, dass in diesem vermeintlichen Schutzraum Podcast alles passieren kann, also Blicke hinter die Kulissen und große Einsichten in einen Raum, zu dem Normalbürger:innen sonst keinen Zugang haben.

Wahlkämpfe sind sehr stark von aktuellen Ereignissen geprägt. Manchmal werden dramatische weltpolitische Entwicklungen zum Thema, manchmal persönliche, wie eine Doktorarbeit, und manchmal spielt einfach das Wetter verrückt – wie bei der Flut im Ahrtal, die dem Bundestagswahlkampf 2021 eine völlig neue Wendung gab.

Machen Sie aus der Not eine Tugend. Gestalten Sie den Podcast von Anfang an als aktuelles Format am Puls der Zeit. Zeigen Sie, dass Ihr:e Kandidat:in flexibel auf wechselnde Herausforderungen reagieren kann. Dass es sich lohnt, diese Person zu unterstützen, weil sie eine immer komplexer werdende Welt erklären kann und Lösungen findet.

Verknüpfen Sie die aktuellen Themen mit Ihren politischen Botschaften. Ziel ist es, ein persönliches Band zwischen Kandidat:in und Zuhörer:innen zu schmieden. Für den Wahlkampf bieten sich zwei Formatvarianten an:

Gespräch mit Co-Host
In dieser Konstellation bildet Ihr:e Kandidat:in zusammen mit einem festen Co-Host ein verlässliches Team. Dies ermöglicht den beiden Sprecher:innen, sich langfristig aufeinander einzustellen sowie Insider-Humor und eine gute Gesprächsdynamik zu entwickeln. Die Hörer:innen haben so die Möglichkeit, sich schnell an das Duo – und seine hoffentlich liebenswerten Marotten – zu gewöhnen.

Suchen Sie einen Co-Host, mit dem sich Ihr:e Kandidat:in gut ergänzt. Ziel ist ein gleichberechtigtes Gespräch auf Augenhöhe. Lassen Sie Persönlichkeit zu, Neugier auf die gegenseitigen Positionen und unterschiedliche Blickwinkel. Um Verwirrung zu vermeiden, sollten sich die Stimmen der beiden Sprecher:innen nicht zu sehr ähneln.

Gespräch mit Gästen
Laden Sie spannende Gäste ein, mit denen sich Ihr:e Kandidat:in austauschen kann. Bemühen Sie sich auch in diesem Format um natürliche und ausgewogene Gespräche. Vermeiden Sie Interview-Situationen, denn bei einem Wahlkampf-Podcast geht es nicht primär um die Vermittlung von Expert:inneninformationen. Für die Hörer:innen ist vielmehr wichtig, wie sich Ihr:e Kandidat:in zu den Thesen des Gegenübers positioniert.

Vorsicht! Die regelmäßige Suche nach passenden Gästen ist aufwändig. Als Belohnung bringen diese zu ihrem Gastauftritt aber häufig auch ihre Followerschaft mit, was das Wachstum Ihres Podcasts beschleunigen kann.

Technik
Nachdem die inhaltlichen Fragen geklärt sind, werde ich in diesem Abschnitt grob die technische Seite der Podcast-Produktion umreißen. Verstehen Sie dies als Ausgangspunkt für weitere Recherche. Mit einfachen Suchanfragen finden Sie im Internet unzählige Text- und

Videotutorials zu spezifischen Aufnahmesituationen, Mikrofontypen und Softwareprogrammen sowie Empfehlungen für die neueste Hardware.

Der gute Ton
Gute Audioqualität ist nicht verhandelbar. Heutzutage muss jeder Podcast eine gewisse Mindesthürde überspringen, um ernst- und wahrgenommen zu werden. Drei Hauptfaktoren beeinflussen die Tonqualität:

- **Raumklang:** Suchen Sie für Ihre Aufnahmen einen ruhigen Ort mit wenig Nebengeräuschen und schließen Sie Türen und Fenster. Kleine Räume haben oft eine bessere Soundcharakteristik als große Büros mit kahlen Wänden. Teppich, Möbel, Vorhänge oder mobile Trennwände schlucken den Hall und können die Tonqualität erheblich verbessern.
- **Mikrofone:** Wählen Sie die passenden Mikrofone für Ihre Aufnahmesituation (siehe unten). Nutzen Sie einen Ständer oder ein Stativ und halten Sie während der Aufnahme eine Entfernung von grob 10 cm ein. Podcast-Mikros sind nicht dafür geeignet, in der Hand gehalten zu werden. Jedes Mikro benötigt einen Popschutz (eine Membran oder ein Schaumstoffstück, das verhindert, dass hart ausgesprochene Konsonanten Ihre Aufnahme ruinieren).
- **Nachbearbeitung:** Hier können Sie störendes Grundrauschen entfernen, Zischlaute und Brummen reduzieren und die Dynamik und Lautstärke der Sprecher:innen anpassen.

Ausrüstung
Für eine Podcast-Aufnahme brauchen Sie nicht viel: Mikrofon mit Ständer, evtl. ein Audio-Interface, einen Computer und Kopfhörer. Vielleicht müssen Sie neues Equipment anschaffen. Manchmal gibt es aber auch Podcaster in Ihrem direkten Umfeld, deren Ausrüstung Sie mitnutzen können.

Welche Ausstattung genau vonnöten ist, hängt von Ihrer Aufnahmesituation ab. Grundsätzlich lassen sich zwei Fälle unterscheiden: Entweder sitzen die Teilnehmer:innen im selben Raum oder an getrennten Orten.

Aufnahme vor Ort
Der Vorteil dieses Setups liegt auf der Hand: Die Gesprächspartner:innen können sich in die Augen sehen, direkt miteinander interagieren und es entsteht eine natürliche Gesprächssituation. Was Sie wahrscheinlich überraschen wird: Technisch ist dieses Setup aufwändiger als eine Aufnahme an zwei getrennten Orten.

Neben zwei Mikros mit XLR-Anschluss (z. B. Samson Q2U, RodeProcaster oder das Shure SM7B) benötigen Sie zusätzlich noch ein sogenanntes Audio-Interface (z. B. das Focusrite Scarlett2i2), das die Tonspuren zusammenführt und den Anschluss an einen Rechner ermöglicht.

Wenn Sie sehr mobil sein wollen (weil Sie oft den Aufnahmeort wechseln), können Sie auch einen Aufnahmerekorder nutzen, der in die Tischmitte gestellt wird (z. B. ein Gerät aus der Reihe der Handy Recorder von Zoom). Damit sind Sie sogar unabhängig von einem Rechner, weil das Audio zunächst auf eine SD-Karte aufgezeichnet wird. Auch hier empfiehlt es sich, externe Mikros anzuschließen. Möglich ist das allerdings nur bei den teuren Recordermodellen.

Aufnahme an getrennten Orten
Bei diesem Setup nehmen beide Sprecher:innen an getrennten Orten mit jeweils eigenem Equipment auf. Im Gegensatz zur Aufnahme vor Ort können Sie hier sowohl die teureren Setups mit Audio-Interface und XLR-Mikros als auch einfachere und günstigere Setups mit einem guten USB-Mikrofon nutzen, das direkt mit dem Rechner verbunden werden kann (z. B. das Samson Q2U oder das Rode NT-USB).

Die Aufnahme an getrennten Orten wird im einfachsten Fall über den Webbrowser koordiniert. Hier gibt es spezielle Lösungen (wie z. B. Zencastr oder Studio-Link). Ein:e Teilnehmer:in startet eine Audiosession und lädt das Gegenüber über einen Link ein. Der Trick für beste Audioqualität: Die Tonspuren werden bei beiden Teilnehmer:innen vor Ort gespeichert. Erst wenn die Aufnahme gestoppt wird, werden die Dateien hochgeladen und können zusammengeführt werden. Aus diesem Grund ist eine Aufnahme über Videokonferenzsoftware wie Zoom, Teams oder Skype kein adäquater Ersatz. Diese Programme sind für Live-Gespräche gedacht und bieten keine ausreichende Audioqualität.

Achten Sie darauf, während der Aufnahme auf jeden Fall Kopfhörer zu nutzen, sonst kommt es zu unschönen Rückkopplungen.

Software

Die meisten Programme eignen sich für alle Teilaufgaben: Aufnahme, Nachbearbeitung und Schnitt. Nicht sonderlich intuitiv, aber weit verbreitet ist die kostenfreie Lösung „Audacity" für Mac, PC und Linux. Wenn Sie einen Mac besitzen, können Sie – ebenfalls kostenlos – „GarageBand" nutzen. „Adobe Audition" für Mac und PC ist im Adobe-Creative-Cloud-Abonnement enthalten. Weitere bekannte kostenpflichtige Programme sind unter anderem „Reaper" und „Hindenburg".

Checkliste Aufnahme

- Wählen Sie als Audioquelle das Mikrofon bzw. bei einem Setup mit mehreren Mikros das Audio-Interface aus.
- Stellen Sie die Abtastrate auf 48 kHz.
- Nehmen Sie in Mono auf.
- Achten Sie darauf, dass das Tonsignal während der Aufnahme nicht zu laut wird. Wenn der Pegel den roten Bereich erreicht, ist das Signal übersteuert.
- Nehmen Sie ein paar Sekunden Stille auf. Anhand dieser Raumatmosphäre können Sie später Hintergrundrauschen herausfiltern.
- Machen Sie vorab eine Testaufnahme und hören Sie sie ab, um Ihr Setup zu prüfen.
- Schließen Sie Kopfhörer für beide Sprecher:innen an, damit diese ein besseres Gefühl für den Aufnahmeklang haben.

Mit allen genannten Softwarelösungen können Sie ggf. getrennt aufgenommene Spuren zusammenführen, zusätzliche Sounds und Einspieler hinzufügen und Pausen und Versprecher herausschneiden.

Planen Sie Ihre Aufnahmen so, dass Sie pro Folge nicht zu viel Zeit in die Nachbearbeitung stecken müssen. Notieren Sie schon während der Aufnahme problematische Stellen, um sie im Schnitt leicht wiederzufinden. Schneiden Sie da wo nötig, aber verkünsteln Sie sich nicht. Die natürliche Gesprächsatmosphäre sollte auch nach dem Schnitt erhalten bleiben.

In der Nachbearbeitungsphase passen Sie außerdem Lautstärke und Dynamik an – suchen Sie im Internet nach Begriffen wie „Kompressor" und „Equalizer". Es gibt noch weitere Spezialfilter wie „Rauschverminderung", „De-Esser" etc. Für Menschen, die an dieser Stelle nicht gerne in die Details einsteigen wollen, existieren spezialisierte Dienste, die die Tonqualität automatisiert verbessern (z. B. „Auphonic"), Texte transkribieren oder auch Pausen entfernen können (z. B. „Descript").

Checkliste Nachbearbeitung

- Behalten Sie die Originaldateien, falls Sie später noch Änderungen machen möchten.
- Passen Sie Lautstärke und Dynamik der Aufnahmen mit „Kompressor" und „Equalizer" an oder nutzen Sie dafür einen automatisierten Service.
- Exportieren Sie die fertige Schnittfassung im mp3-Format mit einer Bitrate von mindestens 265 kbit/s.
- Wenn Ihr Podcast-Hoster dies unterstützt, können Sie die Daten auch alternativ im verlustfreien WAV-Format exportieren.

Verpackung

Wenn Sie ein Format gewählt und die Technik für die Aufnahme im Griff haben, müssen Sie noch einige generelle Entscheidungen treffen. Jeder Podcast benötigt einen Titel und ein Coverbild. Viele Audioproduktionen spielen außerdem am Anfang jeder Folge ein kurzes Audiosignet – einen Jingle – ein.

Für alle drei Elemente gilt, dass sie die Wiedererkennbarkeit Ihres Formats unterstützen sollen. Beim Titel sind Ihrer Fantasie keine Grenzen gesetzt. Bevor Sie jedoch versuchen, sich mit den irrwitzigen Wortspielkreationen von Friseursalons zu messen: Für die Auffindbarkeit sollte der Titel leicht merk- und buchstabierbar sein. Wenn Sie einen griffigen Kampagnen-Claim haben, greifen Sie ihn hier gerne auf.

Gleiches gilt für das Coverbild. Verwenden Sie eine Bild- und Formensprache, die sich auch in der Wahlkampagne widerspiegelt. Achten Sie darauf, dass das (quadratische) Coverbild in den unterschiedlichsten Größen funktionieren muss. Klare Formen, starke Farben und ein gutes Kandidat:innenportrait bieten sich hier an.

Wenn Sie keine Komponist:innen im Freundeskreis haben, finden Sie passende Jingles auch auf Stock-Audio-Plattformen wie „freesounds.org", „elements.envato.com" oder „audiojungle.net". Beachten Sie dabei immer die Lizenzvereinbarungen, die genau festlegen, ob die Sounds kostenpflichtig sind und wie und in welchem Umfang Sie sie verwenden dürfen.

Distribution

Früher war es üblich, Podcasts auf dem eigenen Webspace bereitzustellen. Dieser Weg steht Ihnen prinzipiell auch heute noch offen, allerdings ist er kleinteilig und aufwändig. Mittlerweile gibt es eine ganze Reihe von Dienstleistern, sogenannte Podcast-Hoster, die für eine monatliche Gebühr die wichtigsten Arbeitsschritte vereinfachen und bündeln und Ihre Audiodateien bereitstellen. Hier finden sich z. B. die beiden deutschen Anbieter „Podigee" und „podcaster.de" sowie eine Vielfalt von internationalen Unternehmen wie „Transistor", „PodBean" oder „Buzzsprout".

Auf den genannten Portalen können Sie Ihren Podcast selbst anlegen, Titel, Beschreibungstexte und Coverbild hochladen sowie die Anmeldung bei den verschiedenen Streamingdiensten (Apple, Google, Spotify etc.) vornehmen. Geben Sie dabei als Podcast-Kategorie „Nachrichten – Politik" ein.

Anschließend können Sie auch Episoden hochladen, die Folgentitel festlegen und sogenannte Shownotes beifügen. Das sind Links und Beschreibungstexte, die den Inhalt der Folge zusammenfassen. Ihr Podcast-Hoster trackt in der Regel auch die Abrufzahlen. So können Sie analysieren, welche Themen und Gäste Ihrem Publikum besonders wichtig sind.

Promotion
Wie werden potenzielle Hörer:innen auf Ihren Podcast aufmerksam? Nutzen Sie Ihre vorhandenen Kanäle. Ein Podcast ist das perfekte Bindeglied zwischen der Social-Media-Präsenz und weiterführenden Inhalten auf Ihrer offiziellen Website. Bewerben Sie ihn auf beiden Plattformen und verweisen Sie im Gegenzug in den Podcast-Folgen auf Website und Social-Media zurück.

Worüber wird gerade gesprochen? Nutzen Sie aktuelle politische Ereignisse als Aufhänger für Ihre Social-Media-Posts und verweisen Sie auf die passenden Podcast-Folgen. Damit knüpfen Sie direkt an die Lebenswelt und das Informationsbedürfnis Ihres Publikums an.

Best Practices
Zum Abschluss noch ein paar Tipps und Tricks für die Aufnahme:

- Stellen Sie Wasser bereit, um Trockenheit im Mund und unangenehmes Schmatzen zu verhindern.
- Legen Sie vorab fest, wer die Sendung einleitet und beendet.
- Steigen Sie direkt ins Gespräch ein. Ausschweifende Anmoderationen schrecken ab.
- Statt Ihre Gäste vorab ausführlich vorzustellen, lassen Sie Biografie und Hintergrundinformationen einfach nebenbei in die Unterhaltung einfließen.
- Wenn Sie Bezug auf aktuelle Ereignisse nehmen, verorten Sie die Aufnahme in der Zeit. Sie wissen nicht, ob Ihr Publikum die Folge morgens am Veröffentlichungstag hört, einen Monat später beim Mittagessen oder nach ein paar Jahren um Mitternacht.
- Konzentrieren Sie sich wie in einem guten Gespräch auf Ihr Gegenüber und dessen Argumente.
- Erklären Sie wenig geläufige Fachbegriffe so, als hätte Ihr:e Gesprächspartner:in Sie darum gebeten.
- Führen Sie angerissene Gedanken stets zu Ende. Wenn Sie unterbrochen werden, kommen Sie später auf Ihre Argumentation zurück, anstatt sie fallen zu lassen.

- Wenn Sie ankündigen, noch im Laufe des Podcasts ein Thema ansprechen zu wollen, machen Sie sich eine Notiz, um Ihr Versprechen auch einzulösen.
- Fallen Ihnen spontan Namen oder Begriffe nicht ein, können Sie den Podcast jederzeit pausieren, um zu recherchieren.
- Wenn Ihnen eine Formulierung misslingt oder der Podcast eine unglückliche Wendung nimmt, machen Sie eine Notiz und setzen Sie neu an. Solche Passagen lassen sich in der Postproduktion entfernen.
- Sprechen Sie deutlich, aber nicht gezwungen. Der Podcast lebt von der authentischen Atmosphäre.
- Nehmen Sie sich grob eine Länge von 20–40 min vor. Schwankungen von Folge zu Folge sind völlig in Ordnung und solange das Gespräch spannend bleibt, sind auch längere Episoden denkbar.
- Geben Sie den Zuhörer:innen am Ende der Folge einen Ausblick, wann die nächste Episode erscheint. Erinnern Sie sie auch daran, dass sowohl ein Abo als auch eine gute Bewertung helfen, den Podcast weiter zu verbreiten.

Literatur

Corinth, E. (29. März 2000). Ein Gespenst geht um in den Medien – Zlatko, der Philosoph aus dem Schwabenland. *Telepolis.* https://www.heise.de/tp/features/Ein-Gespenst-geht-um-in-den-Medien-3445687.html. Zugegriffen: 28. Okt. 2022.

Facebook IQ. (2017). Neu bis 2020: Multisensorische Multiplikatoren. https://de-de.facebook.com/business/news/insights/shifts-for-2020-multisensory-multipliers. Zugegriffen: 26. Okt. 2022.

Gekeler, S. (2019). Der Zeigarnik-Effekt: Wie man ihn sinnvoll nutzt. Human Resources Manager. https://www.humanresourcesmanager.de/content/der-zeigarnik-effekt-wie-man-ihn-sinnvoll-nutzt/. Zugegriffen: 4. Okt. 2021.

Kemp, S. (2022). Digital 2022: Germany (February 2022) v02. Zusammengestellt von Kepios im Namen von We Are Social und Hootsuite. Datareportal. https://datareportal.com/reports/digital-2022-germany. Zugegriffen: 29. Okt. 2022.

Mindline Media. (2022). Online-Audio-Monitor 2022. https://www.online-audio-monitor.de/wp-content/uploads/Bericht-OAM_2022.pdf. Zugegriffen: 2. Okt. 2022.

Müller, V. (1. September 2021). „Der Strom an Bauchgefühlen schafft langfristig die Wahlentscheidung". Interview mit Thomas Kliche, Politik-Psychologe und Professor für Bildungsmanagement an der Hochschule Magdeburg. *Welt Online.* https://www.welt.de/wissenschaft/article233506658/Politik-Psychologe-So-werden-Wahlentscheidungen-getroffen.html. Zugegriffen: 20. Okt. 2022.

7
Analoger Wahlkampf

Zusammenfassung In klassischen, (noch) nicht-digitalen Wahlkämpfen haben sich auf allen Gliederungsebenen Formate etabliert, die gut funktionieren. Im Analogen sind in den Parteien viele Kompetenzen und Best Practices vorhanden und man hat tradiertes Wissen aus meist vielen Jahrzehnten. Dieses Wissen können Sie nun mit den neuen Erkenntnissen aus diesem Buch anreichern und kombinieren und damit einen ganzheitlichen, konsistenten und modernen Wahlkampf aus einem Guss führen.

7.1 Plakate, Flyer und Werbeflächen

Beim Erstellen von Plakaten, Flyern und sonstigen Werbeflächen können Sie fast ausnahmslos alles anwenden, was Sie über textliche und visuelle Gestaltung beim digitalen Wahlkampf gelernt haben. Aufmerksamkeit ist auch im Analogen wichtig, auch wenn wir hier eher vom Eye-Catcher als vom Scroll Stopper sprechen.

Über die Bedeutung von Plakaten im Wahlkampf wird immer wieder diskutiert, allerdings sind sie noch immer das Standardwerbemittel –

und das zurecht, wie 2021 vom Meinungsforschungsinstitut Forsa und der Universität Hohenheim belegt werden konnte (Wohlfrom, 2021). Dennoch haben sich die Anforderungen an gute, analoge Werbemittel geändert, weil wir vom Produktmarketing starke Kampagnen gewöhnt sind und unsere visuellen Ansprüche sich dementsprechend entwickelt haben. Deshalb sollten Sie bei der Gestaltung von Plakaten, Flyern und alternativen Werbeflächen auch die strategischen Methoden und konkreten Handlungsempfehlungen aus dem Kapitel zum digitalen Wahlkampf anwenden – damit machen Sie schon sehr viel richtig.

Übergeordnet für alle analogen Werbemittel gilt außerdem, dass sie die Brücke ins Digitale schlagen sollten, damit Sie die eher monologische Kommunikation im Analogen in einen dialogischen Austausch im Digitalen transformieren können. So gelingt es, Ihre Kernbotschaften auf vielen Kanälen an Ihre Zielgruppe zu bringen. Alle Plakate, Flyer und sonstigen Werbeflächen sollten deshalb neben den Standardangaben auch einen Link zu Ihrer Website (auch als QR-Code), den Hashtag Ihrer Kampagne, der im Idealfall auf Ihren Claim referenziert, sowie Ihre Accountnamen bei Instagram, Twitter und Co. enthalten. Zusätzlich sollten Sie überall Ihre E-Mail-Adresse für die leichte Kontaktaufnahme angeben. Was für die einzelnen Analogformate ansonsten zu beachten ist, erfahren Sie im Folgenden.

Plakate
Plakatverordnungen in den einzelnen Kommunen sind leider eine Wissenschaft für sich, weswegen hier keine allgemeingültigen Tipps und Tricks gegeben werden können. Wenn es bei Ihnen allerdings keine oder keine strenge Plakatierverordnung gibt, dann kann eine kluge Plakatstrategie für viel Sichtbarkeit und Erfolg sorgen.

Die klassischste Plakatform sind Kopfplakate, die dem Namen der Kandidatin oder des Kandidaten auf dem späteren Stimmzettel ein weithin sichtbares Gesicht geben. Weil dieses Gesicht Sympathie und Vertrauen bei den Betrachter:innen auslösen soll, ist es empfehlenswert, die Auswahl des geeigneten Kopfplakates nicht zu überstürzen und anzuwenden, was Sie in diesem Buch bereits gelernt haben: Im Idealfall haben Sie mehrere Entwürfe für Ihre Kopfplakate zur Auswahl und können diese einer größeren Gruppe von Menschen präsentieren, um deren Meinung einzuholen. Das Prinzip der Schwarmintelligenz funktioniert besonders gut, wenn sich diese Gruppe aus Personen mit unterschiedlichen Hintergründen sowie aus verschiedenen Altersgruppen zusammensetzt und gleichzeitig Ihre Zielgruppen abbildet.

Wenn der Favorit gefunden ist, gilt es erstens, möglichst lange mit diesen Plakaten sichtbar zu sein und zweitens, sich die besten und prominentesten Plätze zu sichern. Dafür eignen sich Ampeln, um die Autofahrer:innen vor allem während der Rotphasen zu erreichen, Kreuzungen, Kreisverkehre oder die zentralen Plätze in der Kommune (Marktplatz, Rathausplatz o. Ä.). Damit die besten Plätze auch in der heißen Phase kurz vor der Wahl genutzt werden können, sollten Sie sich diese Plätze frühzeitig schnappen. Platzieren Sie die ersten Plakate (z. B. für Veranstaltungen) möglichst früh vor der Wahl, sodass Ihre aufgestellten Plakatständer im Idealfall nur regelmäßig mit neuen Plakaten überklebt werden müssen. Dieses Vorgehen ist durchaus aufwändig und nicht in jeder Kommune ohne Weiteres möglich, aber mit ein wenig Kreativität können Sie hier viel erreichen; schließlich sichern Sie sich damit nicht nur die besten Plätze für die heiße Phase, sondern sind darüber hinaus auch über einen langen Zeitraum hinweg permanent sichtbar.

Bei Veranstaltungsplakaten gilt es zu beachten, dass diese außerhalb der heißen Wahlkampfphase in manchen Orten kein Porträtfoto eines Kandidierenden zeigen dürfen. Diese Information sollte sehr früh eingeholt werden, um Zeit zu haben, sich Alternativen zu überlegen. Findet der Wahlkampf in mehreren Orten statt, da es sich beispielsweise um eine Bundes- oder Landtagswahl handelt, braucht das Wahlkampfteam eine Übersicht, in welchen Orten welche Plakatregelungen gelten, um dementsprechend die Plakatierung planen und realisieren zu können.

Im Sinne der Demokratie kann es durchaus sinnvoll sein, kurz vor der Wahl ein paar der gesicherten Plakatflächen für bloße Wahlaufrufe zu nutzen, um die Menschen, egal welcher Partei sie angehören, zur Wahlurne zu bringen. Dies kann für eine höhere Wahlbeteiligung sorgen und bringt Ihnen vielleicht sogar noch einige Sympathien für diese selbstlose Tat.

Beim Einkauf von Großflächenplakaten sollten Sie darauf achten, dass Ihre Plakate entweder an gut frequentierten Haltestellen oder an einer vielbefahrenen Straße aufgestellt werden und schon von Weitem sichtbar sind.

Flyer

Flyer in verschiedenen Formaten und mit unterschiedlichen Inhalten sind ideal für den Wahlkampf zwischendurch. Sie passen in die meisten Handtaschen oder Rucksäcke, ins Handschuhfach oder auf den Gepäckträger. Es gibt etablierte Standardformate und Anwendungsfälle für Flyer, auf die die meisten Parteien zurückgreifen. Welche Flyer Sie meiner Meinung nach im Wahlkampf wirklich brauchen, sind die folgenden:

- **Zweiseitiger Standard-Flyer** mit Kandidierenden-Porträt, Wahlkampf-Claim, Kontaktmöglichkeiten und zwei bis fünf zentralen Botschaften – visuell stark aufbereitet. Davon können Sie aus Kostenersparnisgründen sehr viele auf einmal bestellen, da diese über den ganzen Wahlkampf hinweg verwendet werden können.
- **Acht- bis zwölfseitige Broschüre** mit einer kurzen Biografie des Kandidaten oder der Kandidatin, einem kurzen Text zur Motivation für die Kandidatur, einem Aufruf, den Wahlkampf aktiv oder durch Spenden zu unterstützen, entsprechenden Kontakthinweisen sowie – last but not least – den politischen Forderungen in einer ausführlicheren Version. Achten Sie aber auch hier darauf, lange Fließtexte unbedingt zu vermeiden. Verwenden Sie Zwischenüberschriften, Icons, Bilder oder Aufzählungen, um die Inhalte aufzulockern und leichter erfassbar zu machen.
- **Themen- und Veranstaltungsflyer je nach aktuellem Bedarf** – die Standards wie Claim, QR-Code zur Website und Kontaktmöglichkeiten sollten natürlich auch hier nicht fehlen.

Andere Formate können Sie noch zusätzlich drucken lassen und verwenden, aber mit diesem Grundstock sollten Sie zu Beginn Ihres Wahlkampfes kalkulieren.

Mindestens so wichtig wie die Frage, welche Flyer man eigentlich braucht, sind die Fragen, wie man sie an den Mann oder die Frau bringt und was Ihre potenziellen Wähler:innen dazu bewegen kann, die Flyer nicht gleich wegzuwerfen. Denken Sie dabei über den Tellerrand hinaus und brainstormen Sie in Ihrem Wahlkampfteam, wie aus dem Verteilen von Flyern das meiste herausgeholt werden kann. Die folgenden drei Ideen, um Ihren Flyer-Wahlkampf effizienter und effektiver zu gestalten, können Sie dabei inspirieren:

- **Die richtige Gelegenheit ist jederzeit:** Sie und Ihr Wahlkampfteam und ggf. auch Ihre Unterstützer:innen sollten jederzeit mindestens den zweiseitigen Standard-Flyer griffbereit haben. Man kann Flyer verteilen, während man auf den Bus wartet, wenn man bei einer Verabredung zu früh dran ist und noch ein paar Minuten übrig hat, in der Universität oder an Kolleg:innen im Job.
- **Mehrwert umgekehrt:** Gestalten Sie kreative Flyer, die Mehrwert stiften – nicht nur als Werbematerial für Sie, sondern auch für die Empfänger:innen. Drucken Sie auf die Rückseite des Flyers ein paar Fun Facts, nützliche Englisch-Vokabeln für den Urlaub, das Periodensystem, Life Hacks, ein Kreuzworträtsel, die Vögel des Jahres in chronologischer Reihenfolge, die US-Bundesstaaten und ihre Hauptstädte, wichtige Zeichen in der Gebärdensprache, ein kleines Glossar mit den missverständlichsten Begriffen der Digitalisierung, die längsten Flüsse der Welt, einen Jahreskalender mit den Ferien in Ihrem Bundesland, die Grundregeln für Gewaltfreie Kommunikation oder eine Liste beliebter Abkürzungen auf Jodel. Das hat zwar alles nichts mit Ihrem Wahlkampf zu tun, kann Ihren potenziellen Wähler:innen aber ein Schmunzeln abringen, sie davon abhalten, den Flyer schnellstmöglich zu entsorgen und Sie sympathisch machen. Auch das muss ein Wahlkampf schließlich leisten.
- **Medientransfer ist nicht schwer:** Nutzen Sie den Zeigarnik-Effekt, indem Sie auf dem Flyer mit etwas beginnen, was die Empfänger:innen auf Ihrer Website, Ihren Social-Media-Kanälen oder in Ihrem Podcast vervollständigt finden. Das kann ein spannender Text sein, der in der Mitte abbricht, ein Rätsel oder die

Ankündigung eines spannenden Ereignisses. Drucken Sie einen QR-Code auf den Flyer, der die Empfänger:innen direkt auf Ihre Website oder Ihren Podcast bringt, wo die offenen Punkte gelöst werden.

Sonstige Werbeflächen
Denken Sie auch über innovative Werbeflächen nach, die vielleicht noch nicht zu Ihrem Standard-Repertoire gehören. Vielleicht gibt es Parteikolleg:innen mit einem strategisch gut gelegenen Gartenzaun, an dem sich ein großes, wetterfestes Transparent aus recycelter LKW-Plane anbringen lässt? Vielleicht gibt es auch Balkone für denselben Zweck? Auch T-Shirts oder Sweatshirts können Ihre Wahlkampfbotschaft transportieren und mit ein bisschen Mühe auch noch sehr gut aussehen.

Entscheidend ist, dass Sie Präsenz zeigen können – und zwar unabhängig von Plakatierverordnungen in den einzelnen Kommunen oder der aktuellen Wahlkampfphase. Dafür eignen sich die bisher genannten Shirts und Transparente, aber denken Sie auch über mobile Werbeflächen nach. Ein Auto vollständig bekleben zu lassen erfordert Überwindung und auch Geld. Allerdings gibt es eine günstige und flexible Variante in Form von Autotürmagneten. Diese lassen sich problemlos nach Belieben gestalten (in Ihrem individuellen Wahlkampfdesign) und bei Online-Druckereien bestellen. Die Magnete können dann links und rechts an den Türen Ihres PKW angebracht werden und vor Ihrem Haus, auf dem Parkplatz vor dem Supermarkt oder vor dem Vereinsheim für Ihre Sache werben. Wenn Sie irgendwo nicht damit herumfahren möchten, lassen sich die Magnete binnen Sekunden rückstandslos entfernen und warten geduldig auf ihren nächsten Einsatz. Fragen Sie in Ihrer gesamten Gliederung, wer sein Auto für eine solche Aktion zur Verfügung stellen würde und starten Sie eine „Spende dein Auto"-Aktion. In der Regel sind Parteikolleg:innen und parteinahe Freund:innen und Bekannte, wenn sie schon ihr Auto zur Verfügung stellen, auch dazu bereit, die Kosten für die Magnete selber zu tragen, die sich pro Auto auf weniger als 50 € belaufen sollten; je mehr Menschen sich beteiligen, desto günstiger sind der Druck und die Lieferkosten.

7.2 Veranstaltungen

Bei Veranstaltungen ist es wichtig, dass diese nicht zum Selbstzweck verkommen, sondern tatsächlich einen Effekt haben. Welchen Effekt man mit einer Veranstaltung erreichen möchte, sollte man sich vorher überlegen und dann gezielt darauf hinarbeiten. Auch hier bietet sich eine Impact-Effort-Matrix an, um zu entscheiden, welche Veranstaltungen man wie oft und in welchem Umfang umsetzen möchte. Mögliche Ziele einer Veranstaltung sind die folgenden:

- Interne Vernetzung und Motivation
- Regionale oder überregionale Presse
- Kontaktaufnahme mit Bürger:innen
- Aufmerksamkeit durch Plakate und Bewerbung der Veranstaltung
- Entscheidungsfindung zu einem politischen Thema
- Information und Bildung

Bei der Planung einer Veranstaltung sollten Sie sich auf eines oder zwei der oben genannten Ziele konzentrieren. Wenn Sie nebenbei noch weitere Ziele als Nebeneffekte abdecken können, umso besser. Wie das gelingen kann, zeigen die folgenden Veranstaltungsformate, die Sie in lockerer Regelmäßigkeit in Ihren Wahlkampf integrieren sollten.

Politischer Stammtisch
Was Sie während des gesamten Wahlkampfes nicht vergessen dürfen, sind die Mitglieder an der Parteibasis, die Ihren Wahlkampf unterstützen. Diese erwarten häufig auch, ihre Kandidierenden hin und wieder zu Gesicht zu bekommen. Ideal hierfür sind öffentliche Stammtische, die im Sommer auch gerne im Freien stattfinden können. Dieses Veranstaltungsformat braucht nur wenig Vorbereitung, da die Reservierung in einem geeigneten Lokal und die Bewerbung der Veranstaltung meist ausreichend sind.

Es kann sich positiv auf die Besucher:innenzahlen Ihres Stammtisches auswirken, wenn Sie dem jeweiligen Stammtisch vorab ein Thema geben, das sich auf aktuelle politische Ereignisse bezieht. Alternativ kann das Thema auch lauten „Lernen Sie unsere:n Kandidat:in kennen". Sie sollten bei der Reservierung unbedingt abklären, ob Sie sich in der jeweiligen Lokalität als Partei kenntlich machen können, z. B. in Form eines Wimpels oder eines Aufstellers. So wissen auch andere Gäste, dass Sie vor Ort und ansprechbar sind – die Stammtische sollen ja keine parteiinterne Veranstaltung sein.

Experimentieren Sie bei den Stammtischen auch mit der Uhrzeit. Es muss nicht immer ein bestimmter Abend an einem Wochentag sein; denkbar sind auch ein gemeinsames Frühstück am Samstagmorgen oder ein politisches Mittagessen am Sonntag. Das ermöglicht auch berufstätigen Eltern, Ihren Stammtisch zu besuchen, die unter der Woche vielleicht nicht kommen können.

Ganz besonders bieten sich diese meist vergnüglichen und nicht sehr vorbereitungsintensiven Stammtische im August vor Bundestagswahlen an, die ja meist im September stattfinden. Die meisten Wahlkampfteams und Parteien machen nämlich genau dann ihre Sommerpause, obwohl die eigentliche Hochphase des Wahlkampfes just begonnen hat und die Briefwahlunterlagen gerade versendet werden. Diese Lücke sollten Sie nutzen. Ein paar Leute sind immer vor Ort, auch im Reisemonat August, und Sie können genau dann Präsenz zeigen, wenn alle anderen Parteien inaktiv sind. Dabei kann es auch für Sie als Wahlkampfteam – auch wenn Sie selbst Wert auf einen entspannten August legen – Schlimmeres geben, als einen Abend im Biergarten bei politischer Diskussion zu verbringen.

Fachgespräch mit Expert:in
Fachgespräche mit Expert:innen können einerseits Social Proof erzeugen und andererseits als Informations- oder Bildungsangebot für die Zuschauer:innen fungieren. Wählen Sie daher aktuelle politische Themen, zu denen kontroverse Meinungen und große Unklarheit vorherrschen. Welche Themen das bei Ihnen vor Ort sind, finden Sie im Idealfall im Austausch mit den Bürger:innen heraus. Fragen Sie sich also nicht, was Ihre Parteispitze gerade für interessant hält oder worüber der Bundestag in der nächsten Woche streitet, sondern fragen Sie sich, welche Themen und Sorgen Ihre Zielgruppe (und Ihre Personas) gerade

umtreiben und wer die richtige Person mit der notwendigen Expertise wäre, um genau diese Themen zu adressieren.

Das Fachgespräch kann auch digital als Facebook- bzw. Instagram-Livestream oder als Online-Konferenz stattfinden. Auch nach der Corona-Pandemie haben Online-Formate gerade bei Informationsveranstaltungen ihre Legitimation, da auch Menschen teilnehmen können, die körperlich eingeschränkt sind oder ihre Kinder am Abend nicht alleine lassen können. Der Vernetzungscharakter kommt bei Online-Veranstaltungen zwar nur bedingt zum Tragen, allerdings ist dies auch nicht das Hauptziel, dem eine Fachdiskussion dienen soll.

Podiumsdiskussionen

Podiumsdiskussionen können Sie selber planen und veranstalten – meistens werden Sie bzw. die Kandidierenden aber zu öffentlichen Podiumsdiskussionen eingeladen.

Wenn Sie die Veranstaltung selber planen, sollten Sie versuchen, das Podium möglichst hochkarätig und divers zu besetzen, um eine spannende Diskussion für die Zuschauenden anbieten zu können. Achten Sie jedoch darauf, dass Ihr Kandidat oder Ihre Kandidatin nicht in einer moderierenden Rolle auftritt, sondern als Diskutant oder Diskutantin. Warum? Ganz einfach: Obwohl die Moderator:innen das Gespräch im Griff haben und am Rande auch eigene Gedanken mit einstreuen können, sind es doch die Diskutant:innen, die ihre inhaltlichen Duftmarken setzen und Themen bewusst platzieren können. Eine von Ihnen organisierte Diskussionsveranstaltung sollte einen öffentlichen Raum schaffen, in dem Ihre Kandidierenden sich vorstellen und ihre Inhaltlichen Kernbotschaften kommunizieren können, was sich nicht mit der Moderationsrolle verträgt.

Eine Fishbowl-Diskussion verleiht Ihrer Veranstaltung ein interaktives Moment, da die anwesenden Bürger:innen sich aktiv beteiligen können. Klassischerweise sind dabei die Stühle mit den Diskutant:innen in der Mitte des Raumes kreisförmig angeordnet. Wenn Bürger:innen sich an der Diskussion beteiligen möchten, stehen sie auf und treten hinter eine Person, die sie gerne ablösen würden. Diese kann dann noch einen letzten Beitrag zu Ende sprechen und räumt zunächst das Feld, kann sich auf dieselbe Weise aber jederzeit wieder in die Diskussion einschalten. Dadurch entsteht eine abwechslungsreiche Gesprächssituation, bei der die Anwesenden sich auch gehört fühlen.

Wenn Ihr:e Kandidat:in auf eine Podiumsdiskussion eingeladen ist, sollten Sie versuchen, im Vorfeld möglichst viel über den Ablauf, die Gesprächssituation und die zu besprechenden Themen herauszufinden. Nur so können Ihre Kandidierenden sich optimal vorbereiten. Je besser die Vorbereitung läuft, desto entspannter kommen die Teilnehmenden auf die Bühne und desto souveräner wirken sie dann, was wiederum ihre Glaubwürdigkeit verstärkt.

Workshops mit Bürger:innenbeteiligung
Zukunftswerkstätten haben in den letzten Jahren Einzug in die deutschen Kommunen gehalten. Egal, ob es um die Umgestaltung eines zentralen Platzes in deutschen Innenstädten geht oder um neue Verkehrskonzepte: Workshops mit Bürger:innenbeteiligung sind hoch im Trend. Warum sollten Sie das nicht auch für den Wahlkampf nutzen?

Ein guter Workshop steht und fällt mit der Moderation, der jeweiligen Vorbereitung und dem zur Verfügung stehenden Raum. Der Raum sollte groß genug sein, um kreatives Denken und Arbeiten zu ermöglichen, sowie barrierefrei und zentral gelegen, um allen Interessierten die Möglichkeit zu geben, teilzunehmen. Die Vorbereitung muss in enger Abstimmung mit dem Moderator oder der Moderatorin ablaufen. Das beinhaltet sowohl den zeitlichen Ablauf wie auch die Materialien, die für einen produktiven Workshop zur Verfügung stehen sollten. Diese wiederum richten sich nach den Workshop-Methoden der Moderation.

Im bisherigen Verlauf des Buches wurden bereits einige Methoden vorgestellt, mit denen Probleme genauer bestimmt und Lösungen dafür entwickelt werden können, Stichwort: Design Thinking. Allerdings ist ein Workshop, gerade in einer großen Gruppe, die sich vorher nicht kennt, auch Übungssache. Wenn Sie also in Ihrem Wahlkampfteam oder im engeren Bekanntenkreis niemanden haben, der die dafür geeigneten Methoden schon ein paar Mal umgesetzt hat, dann greifen Sie ruhig auf eine professionelle Moderation zurück – dieses Investment wird sich für Sie lohnen, wenn am Ende alle mit einem guten Gefühl die Veranstaltung wieder verlassen.

Demonstration
Wenn Sie ein aktuelles politisches Hauptanliegen haben, das auch viele Ihrer potenziellen Wähler:innen umtreibt, dann können Sie eine Demonstration anmelden. Dies ist durch einzuholende Genehmigungen und weitere organisatorische Aufgaben durchaus aufwändig, allerdings hat eine Demonstration auch viele Vorteile:

- Glaubwürdigkeit beim politischen Anliegen
- Möglichkeit, auf der Demonstration eine Rede zu halten
- Presseberichterstattung
- Möglichkeit zum engen Austausch mit Menschen, die Ihre politischen Ansichten teilen
- Abgrenzung vom politischen Gegner (oder alternativ: eine parteiübergreifende Demonstration, um die Reichweite der Veranstaltung zu erhöhen)

Demonstrationen geben Ihnen auch die Möglichkeit, Rahmenveranstaltungen anzubieten. Sie können beispielsweise dazu einladen, vor der Demonstration an einem Infostand gemeinsam Schilder zu basteln. Damit können Sie vor allem Erstwähler:innen und junge Menschen erreichen. Für diese Aktion sollten Sie einerseits die nötigen Hilfsmittel und andererseits auch schon ein paar schmissige Texte zur Hand haben, die die späteren Schilder und Transparente zieren sollen.

Zu den Materialien gehören auf jeden Fall Kartons bzw. Bettlaken, die zu Schildern zugeschnitten bzw. mittels Holzstöcken zu Transparenten verarbeitet werden können. Heißklebepistolen (Vorher abklären, ob es Strom am Stand gibt!) oder Panzertape sorgen für die spätere Befestigung an den Stöcken. Außerdem braucht es dicke Filzstifte, Stoffmalfarben oder Acrylfarben, um die Schilder und Transparente großflächig bemalen zu können.

Ihre Textvorschläge können Sie parteiintern in den Tagen vor der Aktion brainstormen oder Sie rufen in den sozialen Medien dazu auf, witzige und kreative Ideen für die Demo-Schilder in den Kommentaren zu sammeln. So bekommen Sie einerseits viele und hoffentlich gute Vorschläge und andererseits bewerben Sie damit auch die Demonstration.

Bei der Bastelaktion selbst sollten Sie eine unverbindliche Voranmeldung erbeten, weil Sie die Materialien in der angemessenen Menge besorgen müssen. Fangen Sie frühzeitig mit der Ankündigung an und erklären Sie, was bei Ihrer Aktion vorhanden sein wird und wie es abläuft.

Gemeinnützige Aktion vor Ort
Gemeinnützige Aktionen – wie beispielsweise Müll sammeln im Wald oder eine Aktion zur Ortskernverschönerung – bringen in der Regel mehr Sympathien als politische Diskussionsveranstaltungen. Da es hier um die unmittelbare Umgebung der Menschen in Ihrem Wahlkreis geht, ist die Beteiligung meist sehr hoch und die Menschen sind Ihnen dankbar für die Organisation. Häufig entstehen dabei auch gute Fotos, wenn die Kandidierenden an einem Samstag ganz hemdsärmelig mit jungen und älteren Menschen den Wald von Unrat befreien und sich am Ende gemeinsam mit einer Mahlzeit und einem kühlen Getränk belohnen.

Alternativ können Sie Spendenaktionen, Benefizveranstaltungen, Versteigerungen oder Flohmärkte für einen wohltätigen Zweck organisieren, um möglichst viele Bürger:innen mit Ihren Aktionen zu erreichen.

Da Veranstaltungen meist sehr viel Zeit und Energie in der Vorbereitung kosten, sollten Sie sich bei allen Veranstaltungen im Vorfeld fragen, was Ihre Ziele sind und ob Sie diese mit der Veranstaltung wirklich erreichen können. Falls Sie davon ausgehen müssen, dass Sie mit einer außergewöhnlichen Aktion nicht viele oder nicht die richtigen Wähler:innen erreichen, dann sollten Sie auf die Veranstaltungsidee lieber verzichten, auch wenn es schmerzt.

7.3 Infostände

Infostände sind der Klassiker im Wahlkampf, auch wenn es schwer ist, zu sagen, wie hoch der positive Effekt wirklich ist, wenn man mit einem Infostand Präsenz zeigt. Allerdings ist der Effekt, wenn alle anderen Parteien sichtbar sind und nur die eigene fehlt, ganz sicher desaströs.

Daher: Nein, auf Infostände können Sie auch in Zukunft nicht verzichten. Und ganz im Gegenteil: Sie sollten sie als Chance sehen und sie nutzen, um erstens herauszufinden, was Ihre potenziellen Wähler:innen umtreibt, und um zweitens zu kommunizieren, welche Lösungen Ihre Partei für die Probleme der Menschen bietet. Damit Infostände aber nicht – wie so oft – ein trauriges Häuflein von Parteimitgliedern unter einem bunten Schirmchen sind, sondern wirklich den Dialog mit den Bürger:innen befördern, hier die Best Practices für einen guten Infostand.

Ziele definieren und alles weitere daran ausrichten
Bevor der Infostand durchgeführt wird, sollten Sie genau festlegen, was das Hauptziel des Infostandes ist. In der Regel wollen Parteien Folgendes bei den Bürger:innen erreichen, wenn sie einen Infostand planen:

- Das Versprechen, die jeweilige Partei zu wählen
- Das Versprechen, anderen von der angenehmen Begegnung zu erzählen
- Die Eintragung auf einer Newsletter- oder Unterstützer:innen-Liste zum weiteren Kontakthalten
- Das Interesse an einer Mitgliedschaft (wo erlaubt!)
- Die Zusage, zu einer der nächsten Veranstaltungen zu kommen
- Das Bewusstsein dafür, wann die Wahl stattfindet, wie und wer gewählt werden kann und warum es so wichtig ist, wählen zu gehen

Ziel eines Infostandes kann auch ein Signal an die Mitglieder der eigenen Partei sein – dass aktive Parteiarbeit stattfindet und um die Mitglieder zu motivieren. Infostände können parteiintern auch zum Teambuilding sowie zur Vernetzung und zum Austausch genutzt werden.

Welches Ziel Sie bei einem Infostand konkret verfolgen, sollte auch vom politischen Kalender abhängen: In Jahren, in denen keine Wahlen anstehen, sind Infostände eine sehr gute Möglichkeit, Präsenz zu zeigen und zu unterstreichen, dass die jeweilige Partei sich auch dann kümmert und informieren möchte, wenn es gerade nicht nur um Wähler:innenstimmen geht. Das gibt Sympathiepunkte und die Infostand-Konkurrenz durch die anderen Parteien ist in Nicht-Wahljahren nicht so hoch oder gar nicht vorhanden. Hier bieten sich Kampagnen zur Mitgliederwerbung an oder ein Infostand zu einem aktuellen politischen Thema. Wenn Sie dabei Namensschilder tragen, können solche Infostände auch schon auf die nächsten (Kommunal-)Wahlen einzahlen. Diese Chance sollten Sie nicht ungenutzt verstreichen lassen.

In den frühen Wahlkampfphasen vor konkreten Wahlen sollte das Ziel des Infostandes die grundsätzliche Vorstellung der Partei und der Kandidierenden sein. Aber auch das Gewinnen von Unterstützer:innen des Wahlkampfes: Dabei sollten Sie versuchen, eine Kontaktmöglichkeit zu erhalten. Die Eintragung auf einer Newsletterliste (entweder als interessierte Bürger:innen oder als aktive Unterstützer:innen) bietet eine einfache Möglichkeit, die Personen im weiteren Verlauf des Wahlkampfes zu kontaktieren. Alternativ sind natürlich auch Gruppen in Messengern eine Möglichkeit. Die jeweilige Zustimmung, dass Sie die Personen auch wirklich per E-Mail und/oder Messenger kontaktieren dürfen, sollten Sie sich aus datenschutzrechtlichen Gründen in jedem Fall bestätigen lassen, um späteren Ärger zu vermeiden (siehe Abschn. 6.5).

In der späteren, heißen Phase des Wahlkampfes wird es immer weniger wichtig, neue Unterstützer:innen zu gewinnen. Dafür rücken die Ziele der Partei, die Vorstellung der Kandidierenden und der Aufruf, zur Wahl zu gehen, immer mehr in den Vordergrund. Dementsprechend sollten sich auch der optische Aufbau des Infostandes (mit Kandidierendenplakaten und gut lesbarem Namen), die verteilten Infomaterialien und Flyer (mit Bild und Namen der Kandidierenden und einem Wahlaufruf) sowie die Ansprache der Passant:innen anpassen.

Davon, in welcher Phase der Infostand stattfinden und welche Ziele er demgemäß verfolgen soll, hängt auch ab, wo und wann Sie den Infostand am besten aufstellen, wie Sie ihn am besten planen und bewerben, womit Sie die Aufmerksamkeit der Passant:innen am besten erreichen, wie Sie diese am besten ansprechen und welche Materialien und Informationen Sie in welcher Form an den Mann oder die Frau bringen.

Lage, Lage, Lage!
In jedem Wahlkreis gibt es Hotspots an Hotspot-Tagen, wo ein Infostand obligatorisch ist. Das können der Marktsamstag oder beliebte Plätze in der Nähe von ÖPNV-Haltestellen sein. Es erscheint durchaus sinnvoll, sich – nach Absprache mit dem Betreiber – an einem Samstag vor einen gut frequentierten und zentral gelegenen Supermarkt zu stellen, aber bedenken Sie dabei Folgendes: Wenn Ihre potenziellen Wähler:innen zum Supermarkt laufen, haben sie es vermutlich eilig und den Kopf voll – und wenn sie rauskommen, die Arme. Das sind beides keine guten Voraussetzungen für lange Gespräche über die politische Großwetterlage.

Grundsätzlich gilt: Beachten Sie, ob Sie einen Infostand in Ihrer Kommune anmelden müssen oder ob der Infostand auf Privatgrund stattfinden soll und holen Sie sich die notwendigen Zustimmungen ein. Fragen Sie lieber einmal zu viel als einmal zu wenig, denn einen öffentlichen Aufschrei, weil Sie auf Privatgrund eine unerwünschte Wahlkampfaktion durchführen, braucht wirklich niemand.

Je nachdem, wen Sie mit einem Infostand oder einer besonderen Kampagne erreichen wollen, sollten Sie Ihre anzusprechende Persona befragen, wo diese sich vermutlich aufhält. Wollen Sie gezielt Menschen mit Migrationshintergrund erreichen, werden Sie unter Umständen andere Plätze wählen als wenn Ihre Zielgruppe alleinerziehende Mütter sind. Wenn Sie Rentner:innen ansprechen wollen, müssen Sie andere Orte bespielen als wenn Sie um die Stimmen von Erstwähler:innen kämpfen. Werden Sie hierbei innovativ, führen Sie sich Ihre Personas vor Augen und entdecken Sie neue Orte für das Verteilen von Flyern, Infomaterial und Werbemitteln – es muss auch nicht immer ein ganzer Infostand sein, der viel Aufbauzeit benötigt.

Probieren Sie es vor den Räumlichkeiten der Volkshochschulen, wenn Sie Kurse identifiziert haben, die Ihre Zielgruppe potenziell besuchen könnte. Gehen Sie zu den Fahrschulen – an den Abenden, an denen der Theorieunterricht stattfindet. Studieren Sie den örtlichen Veranstaltungskalender und finden Sie Events, die Ihre Zielgruppe besonders ansprechen könnten und seien Sie dort präsent. Es wird nicht immer möglich sein, einen großen Infostand aufzubauen, aber manchmal ist es erlaubt, Flyer zu verteilen. Fragen Sie in jedem Fall vorher nach, was geht und was nicht.

Timing ist alles!
Wie bereits bei der Supermarkt-Situation beschrieben, kommt es bei Infoständen oft auf das richtige Timing an. Obwohl auf Supermarktparkplätzen am Wochenende am meisten los ist, ist das auch der Zeitpunkt, an dem Familien ihren Großeinkauf tätigen. Wenn Sie hingegen unter der Woche mittags vor dem Supermarkt stehen, wollen sich die Bürger:innen vielleicht nur ein Getränk in ihrer Mittagspause holen und sind dadurch eher bereit, kurz bei Ihnen stehen zu bleiben – auch weil das Gewusel um den Infostand herum weniger groß ist.

Wenn Sie an ÖPNV-Haltestellen verteilen wollen, würde ich immer dazu raten, dies am Abend zu tun, wenn die Menschen von der Arbeit kommen. Die Pendler:innen sind dann zwar meistens ausgepowert und freuen sich auf den Feierabend, aber in der Regel müssen sie nicht so dringend irgendwo hin wie morgens, wo sie ein bestimmtes Verkehrsmittel erreichen müssen.

Was vor allem bei den Jugendorganisationen der Parteien gut funktioniert, sind Nachtinfostände. Diese sollten dann veranstaltet werden, wenn die Jugendlichen (vor allem Erstwähler:innen) abends unterwegs sind und vor allem dort, *wo* diese auch unterwegs sind. Hier können sich ebenfalls ÖPNV-Haltestellen anbieten, aber auch vor Jugendzentren, Clubs und Bars, auf öffentlichen Plätzen oder im Skatepark gibt es Gelegenheit, über Partei, Kandidierende und Wahlprogramm zu informieren.

Planung und Besetzung des Infostandes
Zur guten Durchführung eines Infostandes gehört es, die Besetzung des Infostandes zu planen, den Auf- und Abbau inklusive Transport zu organisieren, ggf. für Verpflegung zu sorgen, die nötigen Genehmigungen und Erlaubnisse einzuholen und natürlich festzulegen, was beim Infostand passieren soll.

Es ist hilfreich, eine Checkliste anzufertigen, damit beim Planen des Standes und beim Packen des Materials nichts vergessen wird. Da es pro Wahlkampf in der Regel mehrere Infostände gibt und „Nach dem

Wahlkampf" ja bekanntermaßen „Vor dem Wahlkampf" ist, lohnt es sich, einmalig eine solche Checkliste zu erstellen, die man dann dauerhaft nutzen und unbedingt aktualisieren und ergänzen sollte (Inspect and Adapt).

Sobald feststeht, wo und wann der Infostand stattfinden soll, kann die Frage geklärt werden, wer in welchem Zeitraum am Infostand vor Ort ist. Die Besetzung des Infostandes sollte immer durch mindestens zwei Personen gleichzeitig erfolgen, so divers wie möglich sein und daher im Vorfeld auch so geplant werden. Unterschiedliche Geschlechter und Altersgruppen sorgen dafür, dass sich alle Passant:innen angesprochen fühlen können und es einen niedrigschwelligen Gesprächsbeginn geben kann. Wenn es sich um eine Kommunalwahl handelt oder mehrere Kandidierende am Infostand stehen, kann es sich auch lohnen, Namensschilder vorzubereiten, damit Bürger:innen im Gespräch die Namen mit den Gesichtern leichter in Verbindung bringen können.

Im Idealfall übernehmen den Hintransport und Aufbau diejenigen Wahlkämpfer:innen, die auch als erste den Stand besetzen, falls es ein mehrstündiger Infostand ist und der Stand daher in Schichten besetzt wird. Den Abbau und Rücktransport übernehmen dann analog am besten diejenigen, die die letzte Schicht machen – oder aber jeweils die Parteimitglieder mit dem am besten für den Transport geeigneten Fahrzeug.

Wenn es ein längerer Infostand ist, dann sollten Sie auch über die Verpflegung am Stand nachdenken. Diese ist bei Wochenmärkten oder vor Supermärkten eher einfach zu organisieren, kann bei einem Nachtinfostand oder in einer weniger kommerziellen Umgebung aber etwas Planung erfordern. Natürlich sollten die Wahlkämpfer:innen am Stand nicht die ganze Zeit damit beschäftigt sein, zu essen und zu trinken. Allerdings hält es vor allem bei längeren Schichten die Laune der Wahlkämpfer:innen hoch, wenn Kaffee und Gebäck, belegte Brötchen oder andere kleine Snacks am Stand vorhanden sind. Wenn jede:r etwas mitbringt, schafft es zusätzlich Zusammenhalt. Vor allem im Sommer ist es wichtig, genug Getränke am Stand zu haben, da es für Körper und Geist durchaus anstrengend sein kann, mehrere Stunden in der Sonne zu stehen. Viel Trinken ist hier Pflicht. Eine ausreichende Verpflegung hat oft auch eine wünschenswerte Nachwirkung: Beim nächsten Mal lassen sich viel leichter wieder Freiwillige finden, um am Infostand zu helfen, wenn die Stimmung gut ist und man sich gut versorgt fühlt.

Je nachdem, was am Infostand passieren und welchen Zielen er dienen soll, müssen ggf. noch formelle Vorbereitungen getroffen werden. Diese hängen aber vom Individualfall ab. Was im Rahmen des Infostandes erlaubt ist und/oder wofür Sie eine offizielle Genehmigung benötigen, kann von Kommune zu Kommune unterschiedlich sein, sich aber auch von Bundesland zu Bundesland unterscheiden. Daher müssen Sie unbedingt bei der für Sie zuständigen Stelle erfragen, was erlaubt ist und was nicht. Ist es zum Beispiel erlaubt, am Infostand Mitglieder zu werben oder Spenden anzunehmen und wenn ja, in welcher Höhe?

Genehmigungen oder die Erlaubnis von Privatpersonen bei Privatgrundstücken sollten Sie grundsätzlich so früh wie möglich schriftlich einholen, mindestens aber 14 Tage vorher. Dabei können auch Gebühren entstehen. Sie sollten auf jeden Fall beim Einholen der Genehmigungen oder Erlaubnisse Auskunft darüber geben können, wo genau der Infostand stattfindet, welchen Platz (in Quadratmetern) der Infostand einnehmen wird, ob besonderes Equipment (Pavillon, Lautsprecher, übergroße Transparente etc.) eingesetzt werden soll und wer die verantwortliche Ansprechperson ist. Die schriftlichen Genehmigungen und Erlaubnisse sollten immer am Stand vor Ort und jederzeit vorzeigbar sein.

Zur Sicherheit sollten Sie im Zuge der Planung die Zuständigkeiten schriftlich festhalten (und die Checkliste nutzen), um Missverständnisse und Unklarheiten zu vermeiden. So können Sie sich ganz entspannt auf die Gespräche mit den Bürgerinnen und Bürgern konzentrieren.

Aufmerksamkeit

Das wichtigste ist, dass der Infostand als solcher erkennbar ist und auffällt. Sobald Sie die Aufmerksamkeit der Passant:innen auf sich gezogen haben, muss der Infostand einladend wirken (Attraktivität) bzw. etwas bieten, was Interessierte zum Anhalten und Stehenbleiben bringt (Attraktion und Ansprache).

Die Aufmerksamkeit der Bürger:innen gewinnen Sie am besten durch einen Pavillon in der Farbe Ihrer Partei, durch sogenannte Roll

Ups und Aufsteller oder Plakatständer, die ein Parteilogo und ein Foto der Kandidierenden zeigen. Oft sind in den Werbemittel-Shops der Parteien auch größere Eye-Catcher bestellbar – das hängt aber von Ihrer jeweiligen Partei ab, was sich hier anbietet. In jedem Fall wirkt es geschlossen und sorgt für einen hohen Wiedererkennungswert, wenn alle Personen, die den Stand betreuen, beispielsweise ein T-Shirt in Parteifarben tragen.

Wenn die Kandidierenden selbst vor Ort sein können, sollten sie sich in der Nähe eines Kopfplakates aufhalten, damit allen Passant:innen schnell klar wird, dass die Person auf dem Plakat anwesend und ansprechbar ist. Die Wahlkämpfer:innen sollten den Kandidaten oder die Kandidatin daher nicht umlagern, sondern Raum für den Austausch mit den Bürger:innen gewähren.

Attraktivität und Außenwirkung
Achten Sie darauf, dass Ihr Infostand einladend wirkt und wirklich zum Stehenbleiben und Verweilen einlädt. Die Parteimitglieder, die am Stand sind, sollten daher nicht in einem Kreis stehen und den Passant:innen die Rücken zudrehen, sondern offen und aufgeschlossen auf das Geschehen blicken. Im Idealfall wählen Sie einen Platz für den Infostand, der nicht direkt neben einer Dixi-Toilette oder einem Müllcontainer ist. Die Personen am Stand sollten nicht wirken, als würden Sie auf potenzielle Beute warten, sondern ausstrahlen, dass sie sich auf ein Gespräch mit den Bürger:innen freuen. Für eine gute Atmosphäre sorgen neben einem Tisch für Flyer und Werbemittel auch Stehtische, an denen man sich gemütlich unterhalten kann.

Außer zum Fotografieren sind Mobiltelefone am Infostand tabu. Wenn die anwesenden Wahlkämpfer:innen auf ihre Mobiltelefone starren, wirkt das unprofessionell und desinteressiert. So bringt der Infostand nicht nur nichts, sondern schadet sogar. Eine zuständige Person sollte zwar hin und wieder Fotos machen und in den sozialen Medien posten, dass die Partei unterwegs ist, aber wirklich nur eine Person und auch nicht die ganze Zeit. Wenn ein mehrstündiger Infostand geplant ist, sollte direkt zu Beginn, vielleicht schon beim Aufbau, gepostet werden, wo der Infostand stattfindet und dass Interessierte herzlich willkommen sind. Dazu sollte auch geschrieben werden, wie lange der Infostand besetzt ist, damit sich niemand nach zwei Stunden umsonst auf den Weg macht – dies würde wieder eher schaden. In jedem Fall empfiehlt es sich, wenn das Absetzen eines Posts mal länger dauert, auch etwas räumliche Distanz zum Infostand zu halten, um als Wahlkämpfer:in nicht wie ein desinteressierter *Smombie* zu wirken.

Zu einer einladenden Atmosphäre am Infostand gehört auch das äußere Erscheinungsbild der Wahlkämpfer:innen. Durch eine diverse Besetzung ist schon viel gewonnen, aber natürlich schadet es auch nicht, wenn die Wahlkämpfer:innen in den 24 Stunden vor dem Infostand mal geduscht haben, die Haare gekämmt sind und die Kleidung sauber und gebügelt ist. Spätestens, wenn man mit den Bürger:innen in Kontakt kommt, zahlt es sich auch aus, wenn die Zähne geputzt sind und man Döner und Tzatziki am Vorabend vielleicht gegen ein Gericht mit weniger Zwiebeln und Knoblauch getauscht hat. Mundgeruch lässt sich am Stand – gerade wenn man viel redet – auch wunderbar durch viel Trinken und natürlich Pfefferminzbonbons oder Kaugummis verhindern – davon sollte immer etwas am Stand vorrätig sein.

Rauchen und der Konsum von Alkohol sollten am Stand auch eher die Ausnahme bilden und am besten nicht stattfinden. Nicht nur, um Mundgeruch und eine Alkoholfahne zu vermeiden, sondern weil Rauchen und Alkohol auf viele Menschen abschreckend wirken.

Bei allen Benimmregeln, ästhetischen Gesichtspunkten und Hinweisen zur Körperhygiene gibt es aber einen Geheimtrick, der den entscheidenden Unterschied machen kann, ob jemand bei Ihnen stehen bleibt oder nicht: Das Lächeln. Wenn die Wahlkämpfer:innen lächeln, wirken sie sympathischer, sodass von den Passant:innen vielleicht sogar der ein oder andere Senffleck auf dem Poloshirt verziehen wird. Probieren Sie's aus, Lächeln wirkt Wunder.

Ansprache und Gesprächsführung
Wenn Sie die erste Aufmerksamkeit gewonnen haben und Ihre potenziellen Wähler:innen stehengeblieben sind, gilt es, mit ihnen ins Gespräch zu kommen.

Am einfachsten ist es, wenn eine Person direkt auf Ihren Stand zuläuft und sich interessiert die Auslagen ansieht. Dann können Sie sich langsam nähern, sich vorstellen – mit Ihrem Namen und ggf. Ihrer

Funktion am Wahlstand – und fragen, ob Sie behilflich sein können oder ob die Person konkrete Fragen hat. Leider tun Ihnen nicht alle Passant:innen den Gefallen und kommen von selbst, um sich Werbemittel und Informationen zu holen. Wenn Sie kurz stehengebliebene oder zumindest interessiert schauende Personen ansprechen müssen, um mit ihnen ins Gespräch zu kommen, fällt das oft deutlich schwerer. Doch dafür gibt es verschiedene Möglichkeiten: einerseits die direkte Ansprache, die Sie an jedem Infostand anwenden können, andererseits das Hinweisen auf eine besondere Attraktion Ihres jeweiligen Infostandes.

Die vier besten Anredetechniken, die Sie immer anwenden können, um mit Passant:innen ins Gespräch zu kommen, gerne kombiniert mit einem freundlichen Lächeln, sind die folgenden:

- **Der Klassiker** (= man fällt mit dem Flyer in der Hand mit der Tür ins Haus): Die wohl häufigsten Floskeln, mit denen Passant:innen am Infostand angesprochen werden, sind: „Kennen Sie schon unseren Kandidaten Max Mustermann?" oder „Kennen Sie schon unser Wahlprogramm für die anstehende Wahl?" Dabei läuft man gleich mit dem Flyer in der Hand auf die Person zu und hofft, dass die angesprochene Person zugreift. Varianten des Klassikers sind: „Wissen Sie schon, wen Sie wählen?", „Haben Sie schon eine Wahlentscheidung getroffen?" oder „Haben Sie schon Briefwahl gemacht?". Ja, diese Sätze kennen wir alle, aber in vielen Fällen funktionieren sie eben auch.
- **Offene Fragen stellen** (= Fragen, die nicht mit einem „Ja" oder „Nein" beantwortet werden können): Fragen wie „Was gefällt Ihnen denn am besten an unserer Kommune/unserem Stadtteil?" oder „Wie stehen Sie zum Umbau des örtlichen Freibads?" können die Passant:innen schnell in ein Gespräch verwickeln.
- **Suggestivfragen stellen** (= Fragen, die eine Meinung bereits unterstellen): Fragen wie „Sie sind doch sicher auch für den Neubau des Kindergartens, nicht?" oder „Sie sind bestimmt auch für ein Tempolimit auf Autobahnen, oder?" können zweierlei Reaktionen hervorrufen: Entweder ein Gefühl der Identifikation mit einer Gruppe zu der man als zugehörig erkannt wird, was Sympathien auslöst,

wenn die Partei ebenfalls diese Position vertritt, oder Sie können Ihr Gegenüber mit so einer Suggestivfrage provozieren, sodass die andere Person vehement ablehnt, was ebenfalls Ihrer parteilichen Ausrichtung entsprechen kann und auch so das Gefühl von Identifikation erzeugt wird.

- **Spontane, personenbezogene Anrede** (= Ansprache, die sich ganz direkt an die individuelle Person richtet): Fragen wie „Wo haben Sie denn diese schönen Blumen her?" oder „Na hoffen wir mal, dass Sie Ihren Regenschirm heute gar nicht brauchen!" sind spontane Eisbrecher, die unverfänglich ein Gespräch initiieren. Dieses Vorgehen ist deshalb empfehlenswert, weil die meisten Menschen gar nicht immer wissen, dass sie Lust haben, über Politik zu diskutieren.

Egal, welche Anredetechnik Sie nutzen wollen: Sie sollten immer mit Blickkontakt starten, eine der beschriebenen Varianten anwenden und nicht vergessen, sich auch vorzustellen. Meistens haben Sie für die direkte Ansprache nur wenige Sekunden Zeit. Halten Sie sich beim Initialkontakt also lieber kurz, sodass Sie Ihren Satz vollenden können, bevor die angesprochene Person schon weiterläuft.

Wenn auf Ihren Gesprächseinstieg eine ablehnende Reaktion kommt, bedrängen Sie die Person nicht, laufen Sie ihr nicht nach und brüllen Sie ihr nicht hinterher. Höflichkeit und Angemessenheit sollten Sie in jeder Gesprächs- oder Nicht-Gesprächs-Situation wahren.

Die zweite Möglichkeit, Passant:innen anzusprechen, hängt direkt mit der Attraktion oder Aktion an Ihrem Stand zusammen. Wenn Sie beispielsweise Dosen aufgestellt haben, die mit Aussagen beklebt sind, die Sie für falsch halten, und die deshalb abgeworfen werden sollen, dann können Sie einen Einstieg nutzen wie: „Wollen Sie auch diese rassistischen Aussagen von rechtskonservativen Politiker:innen abwerfen?" oder „Wollen Sie auch diese Irrsinnsvorschläge der Regierung abwerfen?" Dabei nutzen Sie die Aktion, die Sie vorbereitet haben, direkt als Eisbrecher, der die Passant:innen erst einmal neugierig macht.

Sobald Sie den ersten Einstieg ins Gespräch gefunden haben, können Sie versuchen, die Person für Ihre Kandidat:innen und Ihr Programm einzunehmen. Die folgenden Regeln helfen Ihnen dabei, dass aus einem spontanen Gespräch ein überzeugendes, gutes Gespräch wird, aus dem auch Sie etwas mitnehmen.

- **Gewinnen statt Bevormunden.** Führen Sie ein positives Gespräch. Wenn Sie Ihrem Gegenüber widersprechen wollen, stellen Sie lieber kritische Rückfragen und lassen Sie den moralischen Zeigefinger zu Hause, das sorgt nur für Ablehnung.
- **Lächeln Sie und bleiben Sie freundlich.** Wenn Ihr Gegenüber ausfallend oder unhöflich wird, seien Sie bestimmt, aber nicht unfreundlich oder aggressiv.
- **Arbeiten Sie mit Humor,** um Sympathien zu gewinnen.
- **Stellen Sie möglichst früh im Gespräch Fragen,** um zu erfahren, wer Ihr Gegenüber ist, welche Sorgen und Nöte die Person hat und wie politisch interessiert die Person ist. Finden Sie auch heraus, was die Person schon über Ihre Partei und Ihre Ziele weiß. Das hilft Ihnen im weiteren Gespräch.
- **Akzeptieren Sie, wenn das Gespräch nirgends hinführt,** die Chemie zwischen Ihnen und Ihrem Gegenüber nicht passt oder die politischen Positionen einfach zu weit auseinanderliegen. Verabschieden Sie sich freundlich und nutzen Sie die Zeit lieber für ein konstruktives Gespräch mit einer anderen interessierten Person.
- **Schaffen Sie eine Verbindung zu Ihrem Gegenüber,** indem Sie von Ihren persönlichen Motiven erzählen, warum Sie sich für Ihre Partei engagieren, wieso Sie eingetreten sind und womit Sie vielleicht selbst manchmal hadern.
- **Bedanken Sie sich am Ende des Gespräches** für den Austausch und verabschieden Sie sich freundlich. Bei einem guten Gespräch können Sie durchaus darauf hinweisen, wann die nächste Veranstaltung stattfindet oder wie die Person mit Ihnen in Kontakt bleiben kann.
- **Testen Sie Ihre inhaltlichen Wahlkampfziele in freier Wildbahn.** Wenn Sie sich bei manchen inhaltlichen Forderungen und Lösungsansätzen noch nicht sicher sind, stellen Sie sie interessierten Bürger:innen vor, beobachten Sie deren Reaktion, sammeln Sie valide Kritikpunkte, stoßen Sie auf mögliche Fallstricke Ihrer Lösung und lassen Sie sich vielleicht sogar zu besseren Lösungen inspirieren. Im Gespräch können Sie testen, wie gut eine Aussage im Vergleich zu

einer anderen funktioniert und wie Sie das Thema beim nächsten Mal vielleicht besser kommunizieren können. So lernen Sie in jedem Gespräch dazu und schärfen Ihre Argumentation. Das ist wichtig, um immer schneller zum relevanten Punkt zu kommen und die Menschen am Wahlstand rasch zu überzeugen.

Teilen Sie Ihre Erfahrungen aus den Gesprächen mit den anderen Wahlkämpfer:innen im Team und dokumentieren Sie Ihre Erkenntnisse. So sind Sie für die nächsten Male bestens vorbereitet und können Ihre Kommunikation schrittweise optimieren (Reduzierte Time-to-Voter, Inspect and Adapt).

Ein Luxusproblem ist es sicher, wenn sich mehr Interessierte an Ihrem Wahlstand tummeln, als Sie Wahlkämpfer:innen zur Verfügung haben. Bei großem Andrang empfiehlt es sich, die Interessierten zu Gruppen zusammenzuführen und/oder den Wartenden zu signalisieren, dass Sie sie gesehen haben und gleich zu ihnen kommen. Doch was machen Sie, wenn niemand an Ihren Stand kommen will?

Der Bandwagon-Effekt (oder deutsch: Mitläufereffekt) ist dem Social Proof sehr ähnlich und besagt, dass, wenn Handlungen als erfolgreich wahrgenommen werden, Menschen eher bereit sind, diese Handlungen ebenfalls zu vollziehen. In der Politik zeigt sich der Effekt nicht nur darin, dass Wähler:innen eher geneigt sind, diejenige Partei zu wählen, die bei den Umfragen ohnehin vorne liegt, sondern auch am Wahlstand. Wenn ein Wahlstand leer ist und niemand dort steht, dann will auch niemand der oder die Erste sein, die sich dort hinstellt. Wenn der Stand aber als „erfolgreich" und attraktiv wahrgenommen wird, weil viele Leute dort stehen und sich angeregt unterhalten, dann sind Menschen eher versucht, auch dorthin zu gehen.

Diesen Effekt können Sie auf verschiedene Weisen nutzen. Entweder Sie verschenken etwas gratis, z. B. Glühwein oder Gebäck, oder Sie wenden den ganz einfachen Trick an, dass eine:r Ihrer Wahlkämpfer:innen sich selbst so verhält, als sei er oder sie ein:e interessierte:r Bürger:in. Das geht natürlich nur, wenn diese Person kein auffälliges Wahlkampfshirt trägt. Die Person sollte auch auf keinen Fall lügen, aber manchmal hilft es schon, dass zwei Wahlkämpfer:innen sich nicht hinter dem Werbemittel-Tisch unterhalten, sondern eine

Person vor dem Tisch steht und die andere dahinter. Von außen wirkt es dann, als sei bereits eine interessierte Person am Stand, wodurch sich Passant:innen weniger beobachtet fühlen und sich auch einmal umschauen.

Attraktion und Aktion
Eine sehr gute Möglichkeit, die Bürger:innen anzusprechen und sie aktiv zu beteiligen, sind besondere Aktionen und Attraktionen an Ihrem Stand.

Bodenzeitung
Dabei wird eine größere Papierfläche oder eine professionell bedruckte Plastikplane (z. B. aus recycelten LKW-Planen) auf dem Boden ausgerollt, die die Standbesucher:innen zur Interaktion anregt. Dort können – je nach Thema und Ziel des Infostandes – im Vorfeld offene Fragen aufgeschrieben oder aufgedruckt werden, z. B. „Was wünschen Sie sich für unsere Kommune?" oder „Was wünschen Sie sich von der künftigen Bundesregierung?". Bereitliegende große Haftnotizzettel können dann mit einem Filzstift beschrieben und aufgeklebt werden oder die Bürger:innen schreiben direkt auf das Papier oder die Plane. Über die niedergeschriebenen Anliegen sollten Sie dann konstruktiv diskutieren. Am Ende der Aktion sollten Sie nicht vergessen, die Ergebnisse zu fotografieren, damit die Wahlkämpfer:innen im Nachgang eine gute Dokumentation der akutesten Themen und Bedürfnisse der Bürger:innen haben. Darauf sollten sich wiederum weitere Wahlkampfaktionen stützen (Wähler:innenzentrierung, Inspect and Adapt). Mit dem richtigen Reinigungsmittel (z. B. Nagellackentferner) sind die Planen nach der Aktion gut sauberzumachen und mehrfach zu verwenden, sodass sie auch unter einzelnen Gliederungen und Ortsvereinen verliehen werden können.

Das Prinzip der Bodenzeitung lässt sich, entsprechend der lokalen Gegebenheiten, natürlich auch mit Straßenkreide oder einer Stellwand umsetzen. Wichtig ist, dass die Passant:innen aufgefordert werden, sich zu beteiligen und ihre Anliegen vorzutragen bzw. zu verschriftlichen. Zeigen Sie damit, dass Ihnen die Meinung Ihrer potenziellen

Wähler:innen wichtig ist und sie im wahrsten Sinne des Wortes auch *gesehen* wird.

Kandidierenden-Speed-Dating
Um den Gesprächseinstieg mit den Kandidierenden niedrigschwelliger zu gestalten, bietet sich ein Speed-Dating an, bei dem von vornherein klar ist, dass man nur eine bestimmte Zeit für ein Gespräch zur Verfügung hat, z. B. zwei oder fünf Minuten.

Als Vorbereitung reicht hier ein Plakat, das die Spielregeln und das Konzept des Speed-Datings erklärt, sowie ein Tisch mit zwei gegenüber aufgestellten Stühlen, von denen einer für die Kandidierenden gedacht ist und der andere für die Passant:innen. Der Kandidat oder die Kandidatin sollten im Idealfall ein paar Gesprächseinstiege vorbereitet haben, um eventuell schüchterne Passant:innen aus der Reserve zu locken und ein angenehmes Gespräch anstoßen zu können.

Erfahrungsgemäß ist es am schwersten, die ersten Passant:innen für diese Aktion zu gewinnen. Sobald eine Person dem Kandidaten oder der Kandidatin gegenübersitzt, bildet sich schnell eine kleine Schlange an Wartenden. Dies kann man etwas begünstigen, indem man im Vorfeld andere Parteimitglieder oder interessierte Freundinnen und Freunde einlädt, sich am Speed-Dating zu beteiligen und die ersten Teilnehmer:innen zu sein. Wenn gerade keine wartenden Personen anstehen, können (und sollten) die jeweiligen Gespräche nach Belieben verlängert werden. Die beschränkte Zeit ist erstmal nur ein witziger Aufhänger, der den Passant:innen zusätzlich die Sicherheit gibt, dass sie sich nach der vordefinierten Zeit auch wieder entfernen können und nicht zwangsläufig in ein langes und ausuferndes Gespräch verwickelt werden.

Bei Kommunalwahlen und Wahlkämpfen, bei denen mehrere Kandidierende am Stand sind, kann das Speed-Dating erweitert werden und die Passant:innen können sich entweder mit einzelnen Kandidierenden oder aber nach und nach mit allen unterhalten, um sie kennenzulernen. Hierbei bieten sich dann mehrere Tische in Reihe an, bei denen sich die Passant:innen aussuchen können, wem sie sich gegenübersetzen und mit wem sie sprechen möchten.

Postkarte an die Kandidierenden
Dies ist eine günstige, einfache und sympathische Möglichkeit, die Interaktion der interessierten Personen mit dem Infostand zu fördern, wenn die Kandidierenden nicht selbst vor Ort sind.

Als Vorbereitung braucht man nur vorgedruckte Postkarten oder Papiere, die am Stand von den interessierten Bürger:innen als „Post an die Kandidierenden" ausgefüllt werden können. Was wollten die Bürger:innen dem Kandidaten oder der Kandidatin schon immer einmal sagen? Was interessiert sie an den Kandidierenden? Welche Anliegen und Wünsche wollen sie den Kandidierenden mitgeben?

Der Clou bei dieser Aktion ist einerseits, dass die interessierten Bürger:innen sich gehört fühlen und einen niedrigschwelligen *kurzen Draht* zu den Kandidierenden bekommen. Für die Wahlkämpfer:innen besteht der Vorteil dieser Aktion andererseits in einer gut dokumentierten Sammlung an Anliegen und Botschaften. Diese sollten im Nachgang des Infostandes evaluiert und genutzt werden, um die nächsten Wahlkampfaktionen noch mehr an den Interessen der Bürger:innen auszurichten. Wenn Fragen an die Kandidierenden gestellt werden, weisen Sie darauf hin, dass die Absender:innen auch Kontaktdaten hinterlassen können, damit der Kandidat oder die Kandidatin auch wirklich antworten kann. Wenn die Kandidierenden (oder deren Teams) das wirklich tun, wird das bei den Bürger:innen gut ankommen und Sympathien und Vertrauen erwecken. Das sollte in jedem Fall Ihr Ziel sein.

Spiele
Nicht nur auf die Kleinen, sondern auch auf Erwachsene üben Spiele eine besondere Faszination aus. Dabei geht es gar nicht darum, etwas zu gewinnen, was über die herkömmlichen Werbemittel und Streuartikel am Stand hinausgeht. Oft reicht der reine Gamification-Aspekt, der die politische Interaktion etwas leichtfüßiger macht. Beispielhafte Spiele, die sich am Wahlstand gut einsetzen lassen, sind die folgenden:

- **Quiz:** Ideal sind hier vorbereitete Schätzfragen zu aktuellen politischen Themen oder Aussagen von Politiker:innen, bei denen die Passant:innen die Parteizugehörigkeit raten müssen. Wichtig ist, dass das Quiz einen guten Gesprächseinstieg liefert, witzig und spannend ist. Es sollte die Interessierten auf keinen Fall dumm aussehen lassen oder ihnen ihre intellektuellen wie politischen Unzulänglichkeiten vorführen. Das ist bisweilen ein schmaler Grat.

- **Glücksrad:** Der große Vorteil des Glücksrades ist, dass man als Interessent:in aktiv etwas tun kann, nämlich das Glücksrad drehen. Die einzelnen Kreissegmente können mit Werbeartikeln beschriftet sein, sodass man erdrehen kann, welches Werbemittel man bekommt. Das bedeutet aber auch, dass man die Werbemittel in irgendeiner Form limitiert bzw. bestimmte, eventuell hochwertigere Werbemittel nur am Glücksrad erspielen kann, z. B. Thermoskannen im Parteidesign oder eine bedruckte Powerbank.
- **Dosenwerfen:** Dosenwerfen erzeugt durch den regelmäßigen Radau gefallener Dosen schnell Aufmerksamkeit, kann deshalb aber auch nerven. Wichtig bei einer Dosenwurf-Aktion ist natürlich die politische Botschaft, die Sie damit aussenden wollen. Wie im Abschnitt zu den verschiedenen Anredetechniken bereits erwähnt, können Sie die Dosen mit Aussagen beschriften, die NICHT Ihrer Parteilinie entsprechen, oder mit den Namen von Politiker:innen, die Ihnen missfallen. Dies nimmt aber durchaus ein Maß an Provokation an, das den Jugendorganisationen der Parteien besser zu Gesicht steht. Der Vorteil des Dosenwerfens ist die Aufmerksamkeit und dass leere Blechdosen relativ einfach besorgt und entsprechend bearbeitet werden können.

Weitere Spielideen, zum Beispiel das Austeilen von politischen Kreuzworträtseln, das Aufmalen von Himmel-und-Hölle-Kästchen mit Straßenkreide vor dem Stand oder das Verteilen von kleineren Spielen als Werbemittel, sind ebenfalls möglich, entfernen sich aber entweder vom politischen Anspruch oder verlagern die Auseinandersetzung mit der Politik ins heimische Wohnzimmer, wie zum Beispiel in Form des Kreuzworträtsels. Das ist besser als nichts, aber es muss von Ihnen abgewogen werden, was Sie mit Ihrem Infostand erreichen wollen.

In jedem Fall gilt, dass Sie mit spielerischen Elementen Aufmerksamkeit gewinnen können und Sie das humorvoll und sympathisch wirken lässt. Wenn Sie also eine Chance sehen, auf einem Flyer ein Sudoku sinnvoll(!) unterzubringen oder eine spielerische Aktion in den Wahlstand zu integrieren und die Menschen damit zu einem niedrigschwelligen Austausch zu kriegen, dann sollten Sie diese auch nutzen.

Promi-Besuch oder Promi-Videoschalte
Ein besonderer Anziehungspunkt ist immer die politische Prominenz am Infostand. Wenn Sie ein hochkarätiges Original aus der Landes- oder Bundesprominenz Ihrer Partei für einen Infostand gewinnen können, dann sollten Sie das unbedingt wahrnehmen. Meist ist das aber gerade bei bundesweiten Wahlkämpfen nicht so einfach.

Eine Möglichkeit, es für Partei, Wahlkämpfer:innen und Prominente so effizient und effektiv wie möglich zu gestalten, sind Videoschalten am Infostand. Dabei können Sie die Prominenz entweder nur für Ihren Infostand anfragen oder Sie tun sich mit Nachbarortsvereinen und anderen befreundeten Gliederungen zusammen und vereinbaren bestimmte Zeitslots, in denen die prominente Person mit den Interessierten am jeweiligen Infostand direkt sprechen kann – aus Berlin, Brüssel oder Kuala Lumpur, ganz egal. Der Vorteil einer gemeinsamen Aktion ist, dass die Anwesenheit der Prominenz per Videoschalte dann auch von allen teilnehmenden Gliederungen beworben werden kann, inklusive der Zeitfenster, wann die prominente Person wo für Fragen der Bürger:innen zur Verfügung steht. Eine halbe Stunde sollte pro einzelner Videoschalte mindestens eingeplant werden. Damit diese Aktion gelingt, müssen drei Dinge erfüllt sein:

1. Ein reibungsloses technisches Setup, das Hardware (Bildschirm, Lautsprecher, Kabel, ggf. Adapter etc.), Software (Videokonferenz-Tool), Stromversorgung und eine schnelle Internetverbindung umfasst.
2. Eine gute Organisation, die beinhaltet, dass die genutzte Software korrekt installiert und idealerweise auch schon ausprobiert wurde sowie dass die jeweiligen Zeitslots allen Beteiligten klar sind.
3. Die Bewerbung der Aktion im Vorfeld, damit die Anziehungskraft der Prominenz auch einen merklichen Effekt auf den Erfolg des Infostandes entfalten kann.

Besondere Anlässe
An besonderen Tagen ist es oft einfacher, mit den Menschen ins Gespräch zu kommen, wenn Sie passende Artikel zum jeweiligen Anlass verteilen. Als solche anlassbezogenen Aktionen eignen sich vor allem die folgenden:

- Verteilung von Krapfen/Berlinern zu Fasching/Karneval
- Rosen- oder Blumenverteilung am Weltfrauentag (jedes Jahr am 8. März)
- Ausgabe von gefärbten Eiern oder Süßigkeiten an Ostern
- Verteilung von Fußballschminke oder Accessoires bei großen internationalen Turnieren
- Kostenloses Eis zum Schulferienbeginn
- Verteilung von Buntstiften, Reflektoren und Stundenplan-Vordrucken zum Schulanfang
- Glühweinausschank an Weihnachten

Auch die dazu – immer an die Eltern, nie an die Kinder – verteilten Infomaterialien können sich anlassbezogen gestalten lassen und dadurch etwas zugänglicher und lockerer wirken als die üblichen Wahlkampfflyer.

Unterschriftensammlung und Umfragen
Sie unterstützen ein Volksbegehren oder eine Petition? Prima, dann werben Sie an Ihrem Infostand dafür, sammeln Sie Unterschriften, informieren Sie über die Ziele der Petition und nebenbei auch über das Programm Ihrer Partei. Überparteiliche Aktionen bringen Personen an Ihren Infostand, die vielleicht noch nie Ihre Partei gewählt oder schon lange nicht mehr darüber nachgedacht haben. Mit Unterschriftenaktionen, vor allem für Zwecke des Umwelt- und Klimaschutzes, bringen Sie viele jüngere Personen an Ihren Infostand; angestrebte Verbesserungen in Gesundheitswesen und Pflege sprechen Wähler:innen aller Altersgruppen an.

Wenn Sie eine eigene (Online-)Umfrage erstellt haben, können Sie Ihren Infostand nutzen, um (noch ein paar) Antworten und Feedback zur Umfrage einzuholen. Beobachten Sie die Reaktion der

Teilnehmer:innen beim Lesen der Fragen und finden Sie heraus, welche Fragen vielleicht schwer verständlich sind und was Sie bei Ihrer nächsten Umfrage besser machen können (Inspect and Adapt). Wenn Sie die Umfrage online durchführen, sollten Sie am Infostand eine stabile Internetverbindung haben und die nötigen Geräte, wie beispielsweise ein Tablet oder ein Notebook.

Wie Sie sehen, gibt es viele Möglichkeiten, den klassischen Infostand von seinem Altertums-Charme zu befreien und ins 21. Jahrhundert zu führen. Probieren Sie vieles aus, tauschen Sie sich mit anderen Gliederungen aus und seien Sie kreativ. In jedem Fall ist alles, was neu ist und nach einer besonderen Aktion aussieht, attraktiver als der übliche Infostand à la „Wollen Sie mehr über unsere Partei erfahren?" – denn da ist die ehrliche Antwort häufig: „Eigentlich nicht." Mit dieser unschönen Wahrheit müssen alle Wahlkämpfer:innen am Infostand arbeiten und versuchen, die Passant:innen durch innovative Konzepte zu Interessierten und die Interessierten zu Wähler:innen zu machen.

Gute Werbemittel und Streuartikel
Häufig sind es die Werbemittel, die Passant:innen dazu bringen, einen zweiten Blick zu riskieren und vielleicht kurz am Infostand vorbeizuschauen. Heliumgefüllte Luftballons für die Kleinen sind äußerst beliebt, ebenso wie kleinere Süßigkeiten. Mit letzteren lockt man übrigens auch Erwachsene an den Stand. Sie sollten bei den Werbemitteln in jedem Fall darauf achten, dass sie auch verkörpern, wofür Ihre Partei steht. Wenn Ihrer Partei der ökologische Gedanke wichtig ist, sollten Sie weder billige Plastikkugelschreiber verschenken noch Duftbäume fürs Auto. Doch selbst wenn die Ökologie nicht ganz oben auf Ihrer parteilichen Themenliste steht, wäre es fatal, dieses Thema ganz beiseite zu lassen. Achten Sie daher, egal welcher demokratischen Partei Sie angehören, auf die faire und möglichst ökologische Produktion der Werbemittel, vermeiden Sie Plastik wo immer es geht und setzen Sie auf natürliche Materialien. Empfehlenswert sind unlackierte Holzbleistifte oder kleine Papiertütchen mit Pflanzensamen – gerne für Gemüse oder Blumen in der Farbe Ihrer Partei. Samentüten sind dabei gleich doppelt nachhaltig: Im Gegensatz zu Gummibärchen ist ein Samentütchen nicht nur ökologisch nachhaltig, sondern bleibt

durch Aussaat, Warten und letztlich das Sprießen der Pflanzen auch nachhaltig im Gedächtnis der potenziellen Wähler:innen.

Die folgende (nicht abschließende) Liste an guten und gerne genommenen Werbemitteln und Streuartikeln kann Ihnen bei der nächsten Wahl Ihre Suche nach geeigneten Give-aways erleichtern:

- Nachfüllbare Feuerzeuge
- Grillzange aus Holz
- Wertige Kugelschreiber (oder ökologisch oft besser: Bleistifte)
- Radiergummi
- Notizblöcke und Haftnotizzettel
- Parkscheibe für's Auto
- Einkaufswagen-Chips
- Reflektoren für Fahrrad und Kleidung
- Powerbank oder USB-Stick
- Einwegkameras (eher für Verlosungen, da sie recht teuer sind)
- Plastikkarten für den Geldbeutel mit nützlichen Infos (z. B. Notrufnummern)
- Aufkleber oder Buttons mit einem witzigen, politischen Statement
- Vorlagen zum Ausmalen und Basteln für Kinder
- Luftballons
- Papiertaschentücher
- Handcreme oder Lippenpflegestift

Werbung und Nachbereitung

Vor allem wenn Ihre Kandidierenden beim Infostand vor Ort sind, sollten Sie das vorher auch ankündigen – auf den Websites und den Social-Media-Kanälen des lokalen Ortsvereins und der Kandidierenden. Auch die Presse sollte in Form einer kurzen Mitteilung über den Infostand informiert werden. Wer weiß, vielleicht kündigt eine Zeitung den Infostand nicht nur an, sondern schickt auch direkt eine Lokalreporterin vorbei, um den Kandidierenden ein paar Fragen zu stellen.

Die Termine für Infostände sollten auch an die Newsletter-Empfänger:innen gesendet werden, um einerseits zu zeigen, wie aktiv der Wahlkampf geführt wird, und andererseits, um Unterstützer:innen anzusprechen, wenn Hilfe gebraucht wird.

Laden Sie auch lokale Vereine oder parteinahe Gruppierungen zu Ihren Infoständen ein, wenn dies thematisch passend erscheint. Unter Umständen ergibt sich dadurch ein gemeinsamer Infostand in der Zukunft.

Unmittelbar nach dem Infostand sollten Sie neue Newsletter-Empfänger:innen in Ihre Verteiler aufnehmen und die Neueingetragenen direkt anschreiben, um die Eintragung bestätigen zu lassen (Double-Opt-In; siehe Abschn. 6.5) und um sicherzugehen, dass die E-Mail-Adressen korrekt übertragen wurden und erreichbar sind.

Im Nachgang des Infostandes sollten Sie unbedingt dokumentieren, was gut lief und was nicht und was man beim nächsten Mal nicht vergessen sollte. Diese Dokumentation kann bei Bedarf nach jedem Infostand angepasst und erweitert sowie auch mit anderen Gliederungen Ihrer Partei geteilt werden. Dadurch inspirieren Sie sich gegenseitig zu neuen Aktionen, die wirklich funktionieren, teilen Ihre Tipps und Tricks, lernen gemeinsam und nicht jede Gliederung muss das Infostand-Rad immer neu erfinden.

Die größten Fehler am Infostand
Es passieren immer Fehler. Wenn Sie aber die häufigsten Fehler kennen, die viele Wahlkämpfer:innen vor Ihnen schon gemacht haben, können Sie diese zumindest leichter vermeiden. Zu den häufigsten Fehlern gehören die folgenden:

- Unsicherheit der Wahlkämpfer:innen bei den Themen und Zielen der Partei oder fehlende Informiertheit über die Anliegen der Kandidierenden.
- Unfreundlichkeit, Arroganz, Überheblichkeit, Desinteresse, Unhöflichkeit.
- Abstoßendes Erscheinungsbild, Alkohol und Zigaretten am Infostand.
- Die Wahlkämpfer:innen sind nur mit sich beschäftigt und suchen nicht den Austausch mit den Bürger:innen. Das kann den

Wahlkämpfer:innen unter Umständen mehr Spaß machen, ist aber kein Wahlkampf, sondern eine Parteiveranstaltung.
- Wahlkämpfer:innen reden nur, hören aber nicht zu.
- Bürger:innen werden in den Gesprächen mit aller Gewalt am Gehen gehindert, selbst wenn klar ist, dass die angesprochene Person das Gespräch gerne beenden würde. Achten Sie stattdessen auf Abschlusssignale und hinterlassen Sie ein gutes Gefühl am Ende des Gespräches.

Der größte Fehler ist es, gar keinen Infostand zu veranstalten. Wenn Sie einen Großteil dessen beachten, was in diesem Kapitel ausgeführt wurde, kann so viel gar nicht schiefgehen.

7.4 Haustürwahlkampf

Wenn der Berg nicht zum Propheten kommt, muss der Prophet eben zum Berg kommen. Der Haustürwahlkampf ist eine gute Gelegenheit, die Kandidierenden bei den Wählerinnen und Wählern des Stimm- oder Wahlkreises vorzustellen und Sympathiepunkte einzuheimsen. Fleiß und Umtriebigkeit werden allerorten geschätzt. Damit aber wirklich ein positiver Eindruck und nicht ein unangenehmer Nachgeschmack bleibt, gilt es, einige Dinge zu beachten.

Das richtige Gebiet finden
Überlegen Sie sich gut, wo Sie Ihren Haustürwahlkampf durchführen. Von Tür zu Tür zu tingeln ist für die Kandidierenden oft anstrengend und nimmt viel Zeit in Anspruch. Konzentrieren Sie sich daher auf Straßenzüge und Stadt- oder Ortsteile mit einer soziodemografischen Struktur, die Ihrer Hauptzielgruppe und Ihren Personas entspricht. Langjährige Parteimitglieder haben hier oft den richtigen Riecher, wo die Wähler:innen der eigenen Partei und parteinahe Bürger:innen zu finden sind. Wo es die Sozialdemokrat:innen in den Villenvierteln nicht leicht haben, tun sich die Liberalen vermutlich in besetzten Häusern schwer – um ein sehr polares Bild zu zeichnen.

Machen Sie die Auswahl des richtigen Gebietes aber auch von Ihren aktuellen Wahlthemen und der Struktur des Wohngebietes abhängig. Wenn Sie in Ihrem Wahlprogramm beispielsweise für Lärmschutz an Autobahnen werben, sollten Sie – unter Umständen auch entgegen des eigentlichen Wähler:innenpotenzials – in den davon betroffenen Gebieten auf Stimmenfang gehen, da Sie die Wähler:innen vielleicht gerade mit diesem bestimmten Thema kriegen.

Ein weiterer wichtiger Aspekt, gerade weil der Haustürwahlkampf so zeitraubend ist, ist Effizienz. Wenn Sie mehrere Gebiete haben, die eine vielversprechende Wähler:innenklientel aufweisen, priorisieren Sie das Gebiet, in dem Sie in kürzerer Zeit mehrere Türen erreichen. Große Grundstücke mit Einfamilienhäusern eignen sich weniger gut für eine konzentrierte, 2-stündige Haustürwahlkampfaktion als Wohnblocks oder Mehrfamilienhäuser mit einer engeren Bebauung. Gegebenenfalls müssen Sie – je nach Wähler:innenklientel – in den sauren Apfel beißen und die Grundstücke mit den großen Gärten besuchen, aber zumindest sollten Sie dies bei der Planung Ihrer Tür-zu-Tür-Aktion bedenken und genügend Zeit einplanen, um eine sinnvolle Menge an Personen erreichen zu können.

Organisation und Begleitung
Für eine Tür-zu-Tür-Aktion sollten Sie mindestens zwei Stunden plus Anfahrt und Weiterfahrt einplanen. Wenn möglich – besonders bei großen Stimm- oder Wahlkreisen –, sollte eine Tür-zu-Tür-Aktion vor oder nach einer Veranstaltung in der jeweiligen Region geplant werden, um die Fahrtwege zu verkürzen. Auf die Dauer eines Wahlkampfes gesehen, sparen Ihnen solche Synergieeffekte einige Stunden an wertvoller Zeit.

Damit der Tür-zu-Tür-Wahlkampf ein echter Erfolg wird, sollten Sie aussagekräftige Werbematerialien dabei haben, die Sie zur Not – falls die Tür nicht geöffnet wird – auch in den Briefkasten werfen können. Im besten Fall packen Sie den Flyer oder die Werbemittel in passende Briefumschläge, die Sie vor der nicht geöffneten Haustür handschriftlich mit einer persönlichen Notiz versehen. Diese Notiz auf dem Umschlag kann in etwa lauten:

Liebe Frau Müller,
leider habe ich Sie heute, am 24.07., gegen 17:00 Uhr, nicht persönlich angetroffen. Ich hätte mich Ihnen gerne vorgestellt. Melden Sie sich jederzeit unter den im Flyer angegebenen Kontaktmöglichkeiten. Ich freue mich auf unseren Austausch!

Herzlich,

Ihr:e Kandidat:in

Der Umschlag kann entweder im Vorfeld der Tür-zu-Tür-Aktion vorbeschriftet werden, sodass Sie (mit demselben Stift) nur noch Datum, Uhrzeit und den Namen eintragen müssen, oder Sie drucken kleine Kärtchen mit dem Text und fügen dann nur noch Anrede, Datum, Uhrzeit und Ihre Unterschrift hinzu. Das wirkt persönlich und auch wenn Sie niemanden erreicht haben, haben Sie Präsenz gezeigt, einen Flyer überbracht und nicht umsonst geklingelt. Damit sich diese Flyer-Aktion nicht mit anderen Flyern, die Sie im Laufe des Wahlkampfes in die Briefkästen werfen, überschneidet, sollten Sie für den Haustürwahlkampf eigene Flyer haben.

Im Idealfall ist der Kandidat oder die Kandidatin selbst unterwegs, um an den jeweiligen Türen zu klingeln – unterstützt von einer möglichst prominenten Person aus der Kommunal-, Landes- oder Bundespolitik. Bürgermeister, Stadt- oder Gemeinderäte sind vor Ort gut bekannt und daher optimale Begleiter:innen, um die Kandidierenden vorzustellen, schnell die oft angespannte Situation aufzulösen und ein gemeinsames Thema für ein Gespräch zu finden.

Sie sollten immer mindestens zu zweit unterwegs sein, aber nicht mit mehr als drei Leuten, da sich die Menschen hinter den Haustüren sonst schnell überfordert fühlen. Wenn mehrere Wahlkämpfer:innen unterwegs sind, kann eine Person auch im Hintergrund bleiben und in der Zwischenzeit die Karten oder Umschläge für diejenigen beschriften, die nicht zuhause waren oder die Tür nicht geöffnet haben.

Da Haustürwahlkämpfe sehr überzeugend sind und damit viele Wähler:innen gewonnen werden, können Ihre Wahlkampfhelfer:innen natürlich auch alleine und ohne Kandidierende um die Häuser ziehen.

Dazu sollten Sie aber gut planen und dokumentieren, wo die Haustürmaterialien schon verteilt wurden, um im Laufe des Wahlkampfes nicht bei denselben Haustüren mehrfach zu klingeln. Diese Dokumentation kann sowohl im Wahlkampfteam geschehen, aber auch auf Ebene der Ortsvereine – Abstimmung ist hier in jedem Fall wichtig.

Die Erfahrung zeigt, dass Haustürwahlkämpfe auch über viele Jahre hinweg zu mehr Erfolg führen, weil die Menschen sich durchaus an einzelne Personen erinnern. Wenn Sie also frühzeitig wissen, dass eine Kandidatur ansteht, können Sie eine kleine Aktion schon im Jahr vor der eigentlichen Wahl durchführen, damit der Wiedererkennungseffekt im Wahlkampf dann wirken kann.

Ablauf und Kommunikation
Ein idealer Haustürbesuch läuft, meiner Erfahrung nach, in den folgenden Schritten ab:

- Die Haustürwahlkämpfer:innen stellen sich vor der Tür auf, dabei leicht versetzt hintereinander. Ganz vorne steht entweder der Kandidat oder die Kandidatin oder die lokal bekannteste Person, wie beispielsweise der Bürgermeister oder die Bürgermeisterin, um das erste Eis zu brechen.
- Vor dem Klingeln ein letzter Optik-Check (auch dafür ist die Begleitung wichtig): Ist die Kleidung sauber? Sitzt die Frisur? Ist die Schminke nicht verlaufen?
- Beherzt klingeln, warten und schon einmal ein freundliches Lächeln aufsetzen.
- Beim Öffnen der Tür auf jeden Fall lächeln.
- Die vorne stehende Person begrüßt und stellt sich entweder selber oder die Kandidierenden vor. Es hilft, direkt einen Flyer oder Werbematerial mit Parteilogo vor sich zu halten, damit die Person hinter der Haustür sofort weiß, worum es geht.
- Betonen Sie zu Beginn des Gesprächs, dass Sie sich kurz vorstellen möchten und für Fragen zur Verfügung stehen – gerne auch im Nachgang über die im Flyer angegebenen Kontaktmöglichkeiten.

- Achten Sie auf die Reaktion der Person, die die Tür geöffnet hat: Kommen Sie gerade ungelegen? Ist die Person gerade offen für ein Gespräch? Handeln Sie entsprechend.
- Fragen Sie nicht proaktiv, ob Sie reinkommen dürfen. Wenn Sie aber aufgefordert werden, nehmen Sie das Angebot an und betonen Sie gleich, dass Sie aber nicht viel Zeit haben. Nutzen Sie die offene Gesprächsatmosphäre, um die Person von sich und Ihren Inhalten zu überzeugen.
- Finden Sie heraus, ab wann das Gespräch keinen Mehrwert mehr bietet oder die angesprochene Person das Gespräch lieber abbrechen möchte und verabschieden Sie sich freundlich.
- Weisen Sie am Ende des Gesprächs auf mögliche nächste Schritte hin (analoger CTA): Erinnern Sie die Person nochmal an den Wahltermin, weisen Sie sie auf die nächste Veranstaltung in der Nähe oder zu einem für die Person relevanten Thema hin, erwähnen Sie Ihre Social-Media- und andere Kanäle, auf denen die Person sich über den weiteren Wahlkampf informieren kann, und bieten Sie noch einmal an, auch im Nachgang für Fragen zur Verfügung zu stehen.

Notieren Sie nach der Verabschiedung kurz Ihre Erfahrung, um für künftige Haustürwahlkämpfe eine Grundlage zu haben, ob es sich lohnt, hier noch einmal zu klingeln oder nicht. Künftige Wahlkämpfer:innen werden es Ihnen danken. Die Dokumentation ist auch eine gute Aufgabe für Begleiter:innen, während die Kandidierenden sich bereits für das nächste Gespräch an der nächsten Haustür bereit machen. Durch die Dokumentation, die auf Ortsvereins- oder höherer Ebene gesammelt werden kann, lassen sich für künftige Wahlkämpfe gute und nicht so gute Gebiete ausmachen, was die kommenden Wahlkämpfe erfolgreicher und viel effizienter macht.

Unannehmlichkeiten
Der Haustürwahlkampf ist wichtig und kann viele entscheidende Stimmen bringen. Allerdings kostet es gerade bei den ersten Haustüren oft auch Überwindung, einfach so bei fremden Menschen zu klingeln, ohne zu wissen, was Sie dort erwartet. Manchmal ereignen sich sehr angenehme und lustige Begebenheiten, manchmal aber auch nicht.

Sicher ist, dass man eine Routine entwickelt, wenn man es öfter macht und man die Souveränität in dieser Situation üben kann. In Grenzfällen – manchmal erhascht man Einblicke in Lebenswelten, auf die man vielleicht nicht vorbereitet ist – sollten Sie höflich und freundlich bleiben, sich auf die Augen Ihres Gegenübers konzentrieren und nicht versuchen, noch einen Blick auf den Hintergrund oder die vielleicht heruntergekommene Kleidung zu werfen.

Wenn die öffnende Person aggressiv auf Sie reagiert, treten Sie direkt einen Schritt zurück, lächeln Sie und verlassen Sie den Bereich vor der Haustür, vorsichtig aber schnellstmöglich.

Seien Sie auch darauf vorbereitet, dass nicht alle Personen positiv auf Sie reagieren. Umgeben Sie sich daher mit Menschen, die Sie im Zweifelsfall wieder aufbauen und Ihnen konstruktives Feedback geben, damit Sie die Situation für sich richtig einordnen können. Lassen Sie sich von schlechten Erfahrungen nicht entmutigen und hören Sie nicht auf, Haustür-Aktionen durchzuführen, da diese wirklich ein hohes Potenzial haben, Wähler:innenstimmen zu gewinnen.

Give-aways am Wahltag
Diese Aktion eignet sich vor allem, wenn man viele Unterstützer:innen und ein bisschen Budget am Ende des Wahlkampfes übrig hat. Bereiten Sie kleine Tütchen vor, etwa mit einem letzten Wahlaufruf und einem kleinen Glas Marmelade oder einem anderen Give-away. Gehen Sie – bzw. Ihr Wahlkampfteam oder Ihre Unterstützer:innen – in der Nacht vor der Wahl in relevanten Gebieten von Tür zu Tür und klingeln Sie nicht, sondern stellen Sie das Tütchen vor die Tür oder hängen Sie es an den Türknauf. Die positive Überraschung beim Öffnen der Tür am Wahltag kann unter Umständen für das letzte Quäntchen sorgen, das es noch zur Wahlentscheidung gebraucht hat.

7.5 Besuche

Eine gute Möglichkeit, das eigene Wissen aufzubessern, sich als Fachpolitiker:in in einem gewissen Bereich zu etablieren, nah an den Menschen zu sein und Kontakte zur Wirtschaft oder in die Zivilgesellschaft zu knüpfen, sind Besuche bei Vereinen oder Unternehmen, in Kindergärten, Schulen oder öffentlichen Einrichtungen. Bei Schulen und Kindergärten muss man allerdings aufpassen, da es nicht überall gerne gesehen wird, wenn Politiker:innen in die Schulen kommen.

Im Idealfall geht eine Einladung zu einem Besuch direkt beim Wahlkampfteam ein. Darauf sollte dann unbedingt schnell und positiv reagiert werden. Potenziell sind auch Angestellte in Unternehmen oder Vereinsmitglieder Multiplikator:innen und zwar zum Guten oder zum Schlechten, wenn man auf die Einladung nicht antwortet.

Alternativ kann sich das Wahlkampfteam auch spannende Einrichtungen, Unternehmen und Gruppierungen aktiv suchen und dort einen Besuch anfragen, mit der Bitte um Hausführung oder Diskussion zu einem bestimmten Thema. In der Regel wird das höchst positiv aufgenommen.

Wenn möglich, sollte für die Kandidierenden im Vorfeld ein Factsheet, also eine kompakte Zusammenfassung der Einrichtung oder des Unternehmens erstellt werden, damit die Kandidierenden sich optimal vorbereiten können. Wenn Sie noch ein paar gute Fragen in petto haben, umso besser: Erstens, weil die Kandidierenden dadurch echtes Interesse zeigen, und zweitens, weil sie dort wirklich relevantes Wissen aus der Praxis mitnehmen können, das sie für ihren Alltag als Politiker:innen brauchen.

Literatur

Wohlfrom, A. (23. September 2021). Warum das gute alte Plakat noch immer zieht und welche in diesem Wahlkampf besonders gut ankommen. *Südkurier.* https://www.suedkurier.de/ueberregional/politik/warum-das-gute-alte-plakat-noch-immer-zieht-und-welche-in-diesem-wahlkampf-besonders-gut-ankommen;art410924,10920015. Zugegriffen: 3. Nov. 2022.

8

Der erste Shitstorm kommt bestimmt – motiviert und emotional gefestigt durch die eigene Kandidatur

Zusammenfassung Während der Wahlkampf allen Wahlkampfhelfer:innen einiges an Zeit, Kraft und Nerven abverlangt, ist er doch für *eine* Person emotional besonders anstrengend: Den Kandidaten oder die Kandidatin selbst. In dieser Situation Ruhe zu bewahren und Kritik, schlechte Prognosen oder negative Berichterstattung nicht persönlich zu nehmen, ist oft leichter gesagt als getan. In diesem Kapitel bekommen Sie daher eine psychologische Hilfestellung mit konkreten Handlungsempfehlungen.

Wofür mache ich das Ganze eigentlich?
Gerade wenn Gegenwind kommt, kommt schnell die Frage auf, wofür man das Ganze eigentlich macht. Diese oft im Frust gestellte rhetorische Frage lohnt es sich jedoch schon vor der eigenen Kandidatur und spätestens vor Wahlkampfbeginn für sich selbst eindeutig zu beantworten. Was ist Ihr persönlicher Grund für diese Kandidatur? Seien Sie hier ehrlich mit sich selbst.
Häufige Gründe für eine Kandidatur (Roscoe et al., 2006):

Gastbeitrag von Barbara Eggers, Bundessprecherin der Psychotherapeut:innen in Ausbildung beim Deutschen Fachverband für Verhaltenstherapie, München.

- **Ideologie:** Grundlegende Überzeugungen, für die Sie auch auf politischer Ebene einstehen und an deren Umsetzung Sie mitwirken möchten.
- **Themen:** Einzelne Themen, die Ihnen persönlich wichtig sind und bei denen es Ihnen wichtig erscheint, dass etwas getan wird oder sich etwas ändert.
- **Partei:** Verbundenheit zur eigenen Partei und der Wunsch, sich in ihren Dienst zu stellen und sich an ihrer Weiterentwicklung zu beteiligen.
- **Gelegenheit:** Das Ergreifen einer günstigen Situation, da die persönlichen Umstände oder der Zeitpunkt für eine eigene Kandidatur gerade besonders erfolgversprechend sind.
- **Verantwortungsgefühl:** Ein Gefühl von Verantwortung gegenüber der Gesellschaft oder der Demokratie und die Bereitschaft, sich in ihren Dienst zu begeben.
- **Repräsentation:** Der Wunsch, sich für eine Personengruppe oder Interessensgemeinschaft stark zu machen, zu der man selbst gehört oder mit der man sich identifiziert.

Wenn Sie meinen, eine Antwort gefunden zu haben, graben Sie ruhig nochmal tiefer und fragen Sie sich, warum Ihnen gerade dieser Aspekt so wichtig ist.

Ein Beispiel: Zu Ihrer Kandidatur für den Gemeinderat hat Sie vor allem das Thema beleuchtete Radwege gebracht. Doch warum ist Ihnen gerade dieses Thema so wichtig? Dahinter könnte ein Bedürfnis von Sicherheit für Sie, Ihre Nachbarn oder Kinder stehen. Oder die Sorge um das Klima und der Wunsch, mehr Menschen dazu zu bewegen, das Auto stehen zu lassen und das Fahrrad zu nehmen. Je klarer Sie Ihren persönlichen Grund für die Kandidatur für sich herausarbeiten können, desto besser!

Je nachdem, auf welcher Ebene die Kandidatur erfolgt, kann die Motivation ganz unterschiedlich aussehen. Während finanzielle Gründe und der Wunsch nach einer Karriere in der Politik auf kommunaler Ebene eine geringere Rolle spielen, kann es bei höheren Ebenen durchaus der Fall sein. Doch auch hier sollten Sie sich fragen: Warum wollen Sie gerade in der Politik Ihr Geld verdienen und nicht in einem anderen

Bereich? Ist es ein Wunsch nach Prestige und Einfluss? Die Verbundenheit zur eigenen Region, die man gerne nach außen vertreten möchte?

Eine kurze Klarstellung: Es geht hier nicht darum, diese Beweggründe in „gut" oder „schlecht" einzuteilen. Sondern für sich selbst Klarheit zu erlangen, wofür man in den nächsten Monaten oder Jahren bereit ist, den finanziellen, zeitlichen und emotionalen Aufwand einer eigenen Kandidatur zu betreiben. Dieser Grund ist Ihr Anker.

Der eigene Anker gibt Halt
Was meine ich damit? Im Rahmen Ihrer Kandidatur kann es zu Gegenwind kommen: Zweifel aus der eigenen Partei, Kritik hinter vorgehaltener Hand, ungünstige Zeitungsartikel. Aber auch organisatorische Schwierigkeiten, Terminkonflikte oder Desinteresse am Wahlkampfstand können zermürbend sein. Wenn Sie Ihren tieferliegenden und höchstpersönlichen Grund für die Kandidatur gefunden haben, wird er Ihnen in solchen Momenten Kraft geben.

Für eine Kandidatur, hinter der ein Wunsch nach Sicherheit der eigenen Kinder auf dem Schulweg steht, wird man sich vehement einsetzen und sich nicht leicht entmutigen lassen. Selbiges gilt, wenn die Verbundenheit zur Heimatregion und ihren Menschen im Vordergrund steht und man diese gerne auf Bundesebene vertreten und sich für ihre Belange einsetzen möchte. Im Vergleich dazu neigt man häufig eher dazu, eine Kandidatur „hinzuschmeißen" oder schleifen zu lassen, die man „einfach so" betreibt oder auf Wunsch und Bitte anderer gestartet hat.

Bringen Sie also Klarheit in Ihre Motivation für die Kandidatur und Sie werden mit einer ganz anderen Motivation und Standfestigkeit in den Wahlkampf starten. Erinnern Sie sich bei Gegenwind, Selbstzweifeln und Motivationsflauten immer wieder an Ihren Anker. Sie können sich auch eine visuelle Repräsentation schaffen, die Ihre Aufmerksamkeit immer wieder zu Ihrem Beweggrund lenkt. Eine Möglichkeit ist ein Foto, das Sie auf Ihren Schreibtisch stellen oder als Hintergrund auf Ihrem Computer oder Smartphone einstellen. Sie können aber auch ein Symbol wählen, das Sie als Kette tragen, oder ein Wort, das Sie sich in ein Armband eingravieren lassen oder auf einem Zettel an Ihren Spiegel hängen.

Nagenden Selbstzweifeln begegnen

Sowohl vor der Entscheidung zur Kandidatur als auch während kritischer Momente im Wahlkampf kommen bei vielen Kandidat:innen Bedenken in Bezug auf die eigene Qualifikation für das Amt auf. Insbesondere bei Frauen spielen Selbstzweifel häufig eine große Rolle bei der Entscheidung gegen eine Kandidatur (Lawless & Fox, 2008). Diese Verunsicherung muss jedoch mitnichten ein Hinweis auf tatsächliche Ungeeignetheit sein. Auch sehr erfolgreiche Menschen mit vielen Stärken und Fähigkeiten zweifeln mitunter an sich selbst. In der Literatur wird dann gerne vom „Hochstapler-Syndrom" gesprochen, da Betroffene sich trotz aller objektiven Erfolge wie Hochstapler:innen fühlen, die jederzeit als solche identifiziert werden könnten (Bravata et al., 2020). Solche Selbstzweifel, wenn auch in unterschiedlicher Ausprägung, kennen viele Menschen und gerade in einer so exponierten Rolle wie als Kandidat:in nisten sie sich gerne im Kopf ein. Mit der Realität haben diese Gedanken jedoch nicht immer etwas zu tun. Daher gilt es, ihnen etwas entgegenzusetzen und ein wohlwollenderes Selbstbild von sich selbst im politischen Kontext zu entwickeln.

Persönliche Stärken

Hierfür sollten Sie zunächst eine Liste Ihrer persönlichen Stärken anfertigen. Welche Fähigkeiten und positiven Eigenschaften bringen Sie mit? Was macht Sie zu eine:r guten Kandidat:in? Anschließend fragen Sie bitte noch einige Menschen, die Sie gut kennen, nach weiteren positiven Aspekten; sowohl aus dem privaten als auch dem politischen Umfeld. Viele Menschen neigen dazu, sich selbst zu unterschätzen oder ihre besonderen Stärken nicht wahrzunehmen, weil sie ihnen als selbstverständlich erscheinen. Ein Abgleich der eigenen Wahrnehmung mit dem Blick wohlgesonnener Anderer kann hier sehr hilfreich sein und zur ein oder anderen positiven Überraschung führen.

Beispiel für eine solche Liste Ihrer Stärken:

- Redegewandtheit
- Fleiß
- Warmes Lächeln und freundliche Ausstrahlung
- Gute Vernetzung im sozialen Umfeld

- Finanzielle Unabhängigkeit (z. B. durch einen Hauptberuf)
- Intelligenz

Gerade Menschen, die zur Bescheidenheit erzogen wurden, fällt das Aufstellen einer solchen Liste häufig schwer. Schnell kann sich dies nach Angeberei anfühlen. Doch diese Liste ist nur für Sie und soll eine gleichermaßen ehrliche und wohlwollende Betrachtung Ihrer selbst sein. In Momenten der Selbstzweifel können Sie immer wieder zu dieser Liste zurückkehren – oder sie nach erfolgreichen Wahlkampftagen vielleicht noch um weitere Stärken ergänzen. Es ist noch kein Meister vom Himmel gefallen – und auch kein:e perfekte Kandidatin oder perfekter Kandidat. Lassen Sie sich davon nicht entmutigen, sondern konzentrieren Sie sich auf Ihre Stärken.

Emotionale Unterstützung durch Cheerleader:innen
Jeder hat Situationen, die ihm schwerer fallen als andere. Lassen Sie sich davon nicht in die Irre führen. Auch Berufspolitiker:innen sind manchmal nervös. Für einige ist es die Parteitagsrede, für andere die Podiumsdiskussion oder das Interview mit Journalist:innen. Diese Nervosität ist normal und kann sogar dazu führen, dass wir uns konzentrierter vorbereiten und eine bessere Leistung abliefern – praktischerweise verschwindet sie häufig auch in den ersten Minuten einer solchen Situation. Diese Nervosität muss man nicht verstecken – es lohnt sich aber, Menschen um sich zu haben, die einem Mut machen. Dies könnte beispielsweise eine kleine Gruppe von Menschen sein, die Sie zu wichtigen Terminen oder Reden begleitet – bei Prominenten nennt man so etwas Entourage: Menschen, die Sie begleiten, aus unangenehmen Gesprächen befreien, vor Auftritten abschirmen und bei einzelnen Aufgaben unterstützen – zum Beispiel Fotos während des Auftrittes machen. Im Vordergrund steht jedoch die emotionale Komponente. Die Anwesenheit wohlwollender Menschen und bekannter Gesichter in der Menge kann beruhigen und erden.

Emotionale Unterstützung kann auch andere Formen annehmen: Eine kleine Messenger-Gruppe, in die man vor einem wichtigen Termin oder nach einem Erfolgserlebnis schreibt und sich wie von Cheerleader:innen anfeuern und beglückwünschen lässt oder in die man nach einem unangenehmen Erlebnis am Wahlkampfstand oder einer misslungenen Rede schreibt und emotional aufgefangen und ermuntert wird. Die emotionale Unterstützung kann auch bei einem kleinen Stammtisch, einem persönlichen Treffen oder durch einen Anruf geschehen. Wichtig ist dabei vor allem, dass die Personen wissen, was in diesem Moment ihre Rolle ist: Sie nach Rückschlägen wieder aufzubauen und Ihnen für zukünftige Herausforderungen Mut zu machen. Ein „Ich habe dich ja vor der Kandidatur gewarnt" ist hingegen wenig hilfreich. Das soll keineswegs bedeuten, sich nur mit Jasager:innen zu umgeben oder Menschen ein Recht auf ihre ehrliche Meinung abzusprechen. Aber es gibt für alles einen richtigen Moment und der ist meistens in einem ruhigen Moment unter vier Augen.

Die Gabe des Gedankenlesens ist uns Menschen leider nicht gegeben und auch ein Mangel an Einfühlungsvermögen ist oft kein böser Wille. Anstatt sich darüber zu ärgern, dass Ihr Umfeld nicht von selbst auf die Idee kommt, sollten Sie den Wunsch nach emotionaler Unterstützung explizit äußern und am besten auch gleich einen Vorschlag liefern, wie dies aussehen könnte oder was Ihnen besonders helfen würde.

Vorbereitung auf den Shitstorm
Nachdem wir den Selbstzweifeln begegnet sind und emotionale Unterstützung durch einige Vertraute erfahren, geht es nun um den berühmten Shitstorm. Unter diesem Begriff versteht man einen Sturm der Entrüstung, meist im virtuellen Raum der sozialen Medien und Kurznachrichtendienste. Für den Kontext einer politischen Kandidatur kann dieser Begriff jedoch erweitert werden. Es kann das Gerücht sein, das sich über Mund-zu-Mund-Propaganda oder Messenger-Gruppen in Windeseile in der Gemeinde oder der Partei verteilt. Es können dutzende wütende Direktnachrichten oder auch öffentliche Rücktrittsforderungen in den sozialen Netzwerken sein. Vorab schon einmal die Entwarnung: Das passiert nur sehr wenigen Kandidat:innen und ist meist nach kurzer Zeit auch schon wieder vorbei. Bald schon wird sprichwörtlich eine andere Sau durchs Dorf getrieben. Wie effektive Krisenkommunikation vonstattengehen kann, lohnt sich von PR-Expert:innen zu lernen. An dieser Stelle möchte ich Ihnen jedoch Wege

aufzeigen, wie Sie mit der damit einhergehenden mentalen Belastung umgehen können.

Hierzu bietet uns die Psychologie einige vielversprechende Ansätze. So nehmen wir negative Ereignisse als weniger schlimm wahr, wenn wir uns im Vorfeld bereits damit beschäftigt haben, dass sie eintreten können. Den ersten Schritt haben Sie also schon geschafft: Sich damit auseinandergesetzt, dass ein Shitstorm auch Sie treffen könnte. Machen Sie sich bereits am Anfang Ihrer Kandidatur klar, dass Sie in den Fokus von berechtigter und unberechtigter Kritik geraten werden. Dies kann unterschiedliche Ursachen haben: Jemand kann Sie aus persönlichen Gründen nicht leiden oder hat einen schlechten Tag. Sie passen nicht in sein oder ihr Bild des:der idealen Kandidat:in. Ihr Talent und Ihre Motivation werden als Bedrohung wahrgenommen. Die Person ist der Meinung, es besser zu können, war aber nie so mutig oder wollte nie den Aufwand auf sich nehmen, selbst zu kandidieren. Die Person hat Freude an Provokation und möchte testen, wie Sie reagieren. Oder Sie haben tatsächlich einen Fehler gemacht oder besitzen Schwächen in für die Kandidatur relevanten Bereichen.

Stellen Sie sich solch eine Situation möglichst bildhaft vor und auch, dass es Ihnen im ersten Moment damit nicht gut gehen wird und dass Sie sich dann damit auseinandersetzen, ob die Kritik überhaupt etwas mit Ihnen zu tun hat – und falls ja, was Sie daraus lernen können. Stellen Sie sich vor, wie es Ihnen dann wieder besser geht und Sie die Kritik abhaken können, vielleicht sogar etwas Konstruktives daraus mitnehmen, und dann weitermachen. Wenn Sie dies intensiv visualisiert haben, sind Sie auf das tatsächliche Eintreten der Situation vorbereitet – und haben bereits einen Plan, wie Sie damit umgehen möchten.

Auch bei einem Shitstorm lohnt es sich, sich als erstes die Frage zu stellen, wie viel er mit einem selbst zu tun hat. Hat man einen Fehler gemacht? Wenn ja, war er wirklich so schlimm? Oder reagieren da vor allem gerade andere Menschen ihren Frust ab? Es lohnt sich, diese Unterscheidung zu treffen, auch wenn es natürlich leichter gesagt als getan ist, so etwas nicht persönlich zu nehmen. Haben Sie tatsächlich einen Fehler gemacht, sollten Sie sich darauf konzentrieren, was Sie daraus lernen können. Zum Beispiel könnten Sie ein Video vor Veröffentlichung einzelnen Vertrauten zeigen und sich deren Rückmeldung einholen. Oder sich auf Podiumsdiskussionen inhaltlich besser vorbereiten, damit Ihnen das nächste Mal auch bei kritischen Nachfragen nicht die Worte fehlen. Den Fokus darauf zu lenken, was man zukünftig anders machen wird, gibt ein Gefühl von Kontrolle über die Situation zurück.

Abschalten und Digital Detox

Egal, ob Sie durch einen Shitstorm emotional aufgewühlt sind, nervös sind vor der nächsten Rede oder angestrengt von der Wahlkampfplanung: Planen Sie Zeit in der Natur und ohne Medien ein. Am besten lassen Sie das Handy währenddessen ganz zuhause oder schalten es aus. Machen Sie einen Spaziergang durch den Wald oder um einen See und lenken Sie Ihre Aufmerksamkeit auf die Blätter an den Bäumen, die Blumen am Wegesrand, das Plätschern des Wassers oder das Glitzern des Schnees. Während Sie Ihren Fokus auf Ihre Umgebung richten, können Sie nicht gleichzeitig grübeln und geben sich selbst die Gelegenheit, zur Ruhe zu kommen.

Gerade in aufregenden Phasen, wie während eines Wahlkampfes, ist das Stresssystem unseres Körpers häufig zu aktiv und achtsame Momente in der Natur geben uns die Chance, das Entspannungssystem unseres Körpers auch mal wieder zum Zug kommen zu lassen. So können Sie einen klaren Kopf bekommen und anschließend mit etwas Abstand besser wieder Ihre Prioritäten erkennen und weitere Schritte planen.

Überlegen Sie auch gut, ob Sie wirklich immer erreichbar sein wollen. In den Morgenstunden, späten Abendstunden und während Treffen mit anderen Menschen erreichbar zu sein, hat einen kleinen Mehrwert für Ihren Wahlkampf. Es kann jedoch Ihrer eigenen mentalen Verfassung und Ihren Beziehungen zu Partner:innen, Freund:innen und Familie schaden.

Literatur

Bravata, D. M., Watts, S. A., Keefer, A. L., Madhusudhan, D. K., Taylor, K. T., Clark, D. M., & Hagg, H. K. (2020). Prevalence, predictors, and treatment of impostor syndrome: A systematic review. *Journal of General Internal Medicine, 35*(4), 1252–1275.

Lawless, J. L., & Fox, R. L. (2008). Why are women still not running for public office? *Issues in Governance Stories, 16*. https://www.brookings.edu/wp-content/uploads/2016/06/05_women_lawless_fox.pdf. Zugegriffen: 5. Nov. 2022.

Roscoe, D. D., Jenkins, S., Frendreis, J., & Gitelson, A. R. (2006). Thinking outside the quality box: The impact of candidate motivations on election outcomes. *American Review of Politics, 27*, 21–43.

9

Schluss: Was die Parteispitzen auf Landes- und Bundesebene aus diesem Buch mitnehmen können

Zusammenfassung Die Lehren, die aus diesem Buch für die regionalen und kommunalen Wahlkämpfe gezogen werden können, gelten ebenso für die höchsten Ebenen der Parteiführung in Bund und Ländern. Der hier vorgestellte Werkzeugkasten – gefüllt mit Methoden, Best Practices und Schritt-für-Schritt-Anleitungen – hilft bei der Strategieentwicklung und -umsetzung. Die Anwendungsfälle gehen dabei jedoch weit über die reinen Wahlkämpfe hinaus: Politische Ziele und Kommunikation an den Bedürfnissen der Bürger:innen auszurichten und als Partei effizient wie effektiv zu agieren, sind die Grundvoraussetzungen, um als Partei langfristig erfolgreich zu sein.

„Ein gewichtiger Grund für das Scheitern von Schulz' Kampagne war zudem ihre Vorbereitung. Es gab nämlich keine. Mich hat das Ausmaß an Konzeptionslosigkeit […] beinahe fassungslos gemacht. […] So gab es weder ein frisches Leitbild noch eine Organisationsstruktur oder zündende Ideen, auf die der Kandidat Schulz hätte zurückgreifen können […]", schreibt der Journalist Markus Feldenkirchen in seiner „Schulz-Story", für die er Martin Schulz bei seiner Kanzlerkandidatur 2017 ein Jahr lang eng begleitet hatte (Feldenkirchen, 2018, S. 290).

Mit der Kür von Schulz zum SPD-Kanzlerkandidaten und seinen ersten Auftritten stiegen die Umfragewerte für die SPD sprunghaft an. Viele Menschen traten der SPD in diesen Wochen bei. Es formierten sich wie aus dem Nichts Online-Bewegungen, die den „Schulzzug" unterstützten. Dieses erstaunliche Momentum zu Jahresbeginn ließ jedoch schnell wieder nach und Martin Schulz wurde im September – wie Sie wissen – *nicht* Kanzler. Wie konnte das passieren? Die Gründe dafür sind vielfältig und in Feldenkirchens Buch so eindrücklich beschrieben, dass es fast körperliche Schmerzen bereitet, es zu lesen. Zusammengefasst lässt sich sagen, dass im Schulz-Wahlkampf die hier im Buch propagierten agilen Erfolgsfaktoren missachtet wurden.

Als Schulz noch ungeschliffen und er selbst war, kam er bei den Menschen am besten an. Über den Wahlkampf hinweg haben Berater:innen auf unterschiedlichen Ebenen versucht, Schulz zu etwas zu machen, was er nicht ist, obwohl das Original bei den Wähler:innen so frappierend gut ankam: „Die ersten Wochen sei er unbekümmert durch das Land gezogen, erklärt er [Schulz] dem Meinungsforscher [Richard Hilmer]. Sei einfach losmarschiert und habe erzählt, was ihm auf dem Herzen lag. ‚Ich hab' da einfach so losgebabbelt.' Und damit die Stimmung gut getroffen, ergänzt Hilmer. ‚Und je länger das dauerte, desto mehr wurde ich verwandelt in so einen Apparatschik', sagt Schulz." (Feldenkirchen, 2018, S. 169). In der Kampagne wurde ignoriert, was die Wähler:innen gut fanden und sich wünschten (mangelnde Wähler:innenzentrierung). Der Rückhalt in der Bevölkerung schwand. Man hatte das Momentum und die riesigen Sympathien für Schulz verspielt. Anstatt dann aber einzulenken und die Strategie anzupassen (Inspect and Adapt), wurde einfach bis zum bitteren Ende weitergemacht und man gab den Menschen den authentischen Martin Schulz nicht mehr zurück.

Neben diesen übergeordneten Problemen scheiterte der Wahlkampf aber auch am Operativen – an mangelhafter Priorisierung und Fokussierung sowie an der langsamen und ineffektiven Kommunikation der Kernbotschaften an die Wähler:innen. Ein Beispiel: Schulz hat auf vielen Marktplätzen in den größten Städten Deutschlands vor vielen tausend Menschen gesprochen. Das klingt zunächst sehr gut, allerdings hatte ein 30-sekündiger Redebeitrag von Angela Merkel

9 Schluss: Was die Parteispitzen auf Landes- …

in der Tagesschau eine Reichweite von mehreren Millionen. Wissen Sie schon, worauf ich hinaus will? Die Marktplatztour ist wichtig und volksnah, aber sie ist weder ausreichend effektiv noch effizient. Bühnenbauer:innen, Event-Manager, Fahrer:innen, Sicherheitspersonal, Logistiker:innen und zahlreiche weitere Menschen sind damit beschäftigt, so eine Tour zu planen und umzusetzen. Das kostet Zeit, Geld und Energie, die woanders fehlt. Wenn man den Einsatz, der zur Vorbereitung einer solchen Wahlkampfreise notwendig ist, jedoch in innovativere, aber weniger aufwändige Veranstaltungen sowie in Presse- und Medienarbeit stecken würde (Priorisierung und Fokus), könnten mehr als einige tausend Menschen pro Tag erreicht und die Kernbotschaften schneller an die potenziellen Wähler:innen gebracht werden. So könnte man schneller herausfinden, was gut bei den Menschen ankommt und was nicht (Reduzierte Time-to-Voter, Inspect and Adapt).

Doch um einen strategisch klugen Wahlkampf zu führen, der schnell auf geänderte Stimmungen in der Bevölkerung reagieren will und kann, braucht man die richtigen Leute und die richtigen Arbeitsbedingungen für reibungslose Zusammenarbeit (Transparenz und Autonomie). Feldenkirchen berichtet aus der Parteizentrale der BundesSPD jedoch Gegenteiliges: „Mit diesem angstgesteuerten Handeln ähnelt das Willy-Brandt-Haus anderen großen Institutionen wie Behörden, Versicherungsanstalten oder dem öffentlich-rechtlichen Rundfunk. Meist sind deren Reihen gespickt mit qualifizierten, talentierten und kreativen Menschen, deren Können systembedingt aber nur gedrosselt zur Geltung kommt, weil die Kultur des Hauses auf Solidität, nicht auf Exzellenz ausgerichtet ist. Die Bereitschaft etwas zu riskieren und sich mit einer ungewöhnlichen Idee oder abweichenden Meinung vorzuwagen, ist nicht sonderlich ausgeprägt, weil das Wagnis selten belohnt, ein Fehler hingegen geahndet wird." (Feldenkirchen, 2018, S. 184).

Das Schulz-Beispiel zeigt, dass fast alles, was im vorliegenden Buch im Kleinen beschrieben ist, auch für die Wahlkampfplanung auf oberster Ebene der Parteien gilt. Die Parteispitzen werden sich zwar nicht mit allen operativen Aspekten, die hier beschrieben wurden, befassen. Allerdings sollten die grundlegenden Prinzipien auch in den Köpfen der Parteispitzen auf Landes- und Bundesebene vorhanden und verstanden sein. Nur so kann es gelingen, dass die schwerfälligen und häufig manövrierunfähigen Politiktanker zu wendigen Segelbooten werden. Gerade in der Spitzenpolitik geht es schließlich nicht um das möglichst effiziente und effektive Führen von Wahlkämpfen als Selbstzweck, sondern darum, auf politischer Ebene wirkliche Transformationen anstoßen zu können. Wer organisatorisch moderner, flexibler und agiler ist, ist dies auch bei der inhaltlichen Lösungsfindung und der aktiven Gestaltung unserer Demokratie und Gesellschaft.

Die in diesem Buch erläuterten Methoden und Arbeitsweisen werden Ihnen auch außerhalb des Wahlkampfes helfen, Ihre interne wie externe Parteiarbeit zeitgemäßer und erfolgreicher umzusetzen. So können Sie als Partei auf allen Ebenen kontinuierlich effizienter und dadurch schlagkräftiger werden.

Ja, es ist mühsam, neue Arbeitsweisen zu erlernen. Vielleicht sind auch nicht alle Passagen dieses Buches beim ersten Lesen sofort verständlich. Und ja, vielleicht sind nicht alle Methoden, Tipps und Tricks sofort anwendbar. Aber seien Sie geduldig mit sich und bleiben Sie dran. Weiterentwicklung ist immer anstrengend und zeitintensiv, aber es heißt ja auch „Wahlkampf" und nicht „Wahlspaziergang".

Literatur

Feldenkirchen, M. (2018). *Die Schulz-Story. Ein Jahr zwischen Höhenflug und Absturz*. Deutsche Verlags-Anstalt.

Glossar

- **Bandwagon-Effekt** (dt.: Mitläufereffekt). Handlungsbestimmender Effekt der besagt, dass Menschen bestimmte Handlungen übernehmen, weil sie wahrnehmen, dass andere diese Handlung ausführen.
- **Best Practices** (dt.: ~ Erfolgsrezepte). Methoden oder Vorgehensweisen, die sich als erfolgreich und praktikabel erwiesen haben.
- **Brainstorming.** Weitverbreitete Methode, bei der durch gemeinsames Sammeln von spontanen Einfällen neue und ungewöhnliche Ideen zur Lösung eines Problems gefunden werden sollen.
- **Brainwriting.** Kreativitätstechnik, ähnlich dem Brainstorming, bei der jedoch jede Person die Gedanken und Ideen erst einmal für sich sammelt und verschriftlicht und nicht von Anfang an gemeinsam mit der Gruppe.
- **Call-to-Action.** Aktivierender Aufruf, eine bestimmte Handlung zu vollziehen.
- **Canvas** (dt.: Leinwand). Vorlage, um strategische Überlegungen zu komplexen Sachverhalten anhand eines kompakten und einfach strukturierten Plakates zu entwickeln und zu dokumentieren.
- **Clickbait** (dt.: ~ Klickköder). Manipulative Technik, die Inhalte im Internet (z. B. durch reißerische Überschriften) so ankündigt, dass

eine sogenannte Neugierlücke (engl.: Curiosity Gap) bei den Usern entsteht und der entsprechende Link geklickt wird.
- **Community Management.** Teil der Beziehungspflege zwischen Website- oder Kanal-Betreiber und den Usern. Hauptaufgaben sind die Moderation von Kommentaren und die Aktivierung der Followerschaft.
- **Gamification.** Übertragung und Anwendung von spieltypischen Elementen und Vorgängen auf spielfremde Kontexte, um Menschen zu gewünschten Handlungen zu motivieren bzw. sie langfristig aufmerksam zu halten.
- **Gatekeeping.** Aktivitäten, um Zugang zu etwas zu kontrollieren oder einzuschränken. Ein Gatekeeper ist dementsprechend jemand, der in Entscheidungssituationen eine wichtige Position einnimmt.
- **Inbound- und Outbound-Wahlkampf.** Beim Inbound-Wahlkampf wird versucht, so spannende Inhalte zu veröffentlichen, dass die Menschen von selber kommen und sich genauer informieren. Beim Outbound- oder Push-Wahlkampf geht das Wahlkampfteam nachdrücklich und aktiv auf Menschen zu.
- **Inkrementell.** Vorgehen, bei dem Schritt für Schritt einzelne Teile eines Gesamtsystems ergänzt werden, bis das Gesamtsystem umgesetzt ist. Die aufeinander aufbauenden Teile werden *Inkremente* genannt.
- **Iterativ.** Vorgehen, bei dem eine Lösung nach und nach in aufeinanderfolgenden Phasen (Iterationen) weiterentwickelt, überarbeitet oder ergänzt wird.
- **Kanban.** Methode zur Organisation von Arbeitsabläufen, die ihren Ursprung in der Automobilproduktion hat, heutzutage aber vielfach auch in der Software- und Produktentwicklung sowie im Projektmanagement eingesetzt wird.
- **Lifehacks** (dt.: ~ Lebenskniffe). Tipps und Tricks, um eine alltägliche Tätigkeit einfacher und schneller erledigen zu können.
- **Metaverse.** Fiktives Universum im digitalen Raum, das durch die Interaktion von virtueller, erweiterter und physischer Realität entsteht. Der Hauptaspekt besteht darin, die verschiedenen Handlungsräume des Internets zu einer parallelen Realität zu vereinen.

- **MVP (Minimum Viable Product).** Entwicklungsstufe eines Produkts, die den kleinstmöglichen Umfang besitzt, um bereits grundlegende Annahmen und Funktionen des zukünftigen Produkts unter realistischen Bedingungen testen und evaluieren zu können. Ziel ist es, frühestmöglich Feedback zu sammeln, das wiederum in die weitere Entwicklung des Produkts fließen kann.
- **Newsfeed.** Meist unendlich scrollbarer Nachrichtenstrom in den sozialen Medien, der die Inhalte und Status-Updates der anderen Nutzer:innen und abonnierten Seiten anzeigt.
- **Owned, Paid und Earned Media.** Medientypen, mit denen die Zielgruppen erreicht werden können. Die Owned Media umfassen alle eigenen Kanäle (z. B. Website, Social Media Accounts oder Newsletter), Paid Media bezeichnen jegliche Form bezahlter Online-Werbung und Earned Media beschreiben die Reichweite, die durch das Verbreiten der eigenen Inhalte durch Dritte erreicht wird, die dadurch zum Kanal werden.
- **Persona.** Prototyp für eine Gruppe von Nutzer:innen (hier: potenziellen Wähler:innen) mit konkret definierten Eigenschaften und Verhaltensweisen.
- **Scrum.** Die verbreiteteste agile Methode der Software-Entwicklung. Sie zeichnet sich durch fix vorgegebene Rollen (Entwickler:innen, Product Owner und Scrum Master), Artefakte (Produkt-Backlog, Sprint-Backlog und Inkrement) und Events (Sprint, Sprint Planning, Daily Scrum, Sprint Review und Sprint Retrospektive) aus.
- **Shownotes.** Notizen und weiterführende Links zu einer Podcast-Folge, die dazu dienen können, Podcast-Hörer:innen auch auf die anderen Kanäle (z. B. Website oder Social-Media-Kanäle) der Podcast-Hosts zu bringen.
- **Smombie.** Kofferwort aus „Smartphone" und „Zombie". Es beschreibt Menschen, die ihre Außenwelt kaum mehr wahrnehmen, weil sie so vertieft auf ihr Smartphone starren.
- **Social Proof.** Psychologischer Effekt, der besagt, dass Menschen die Handlungen anderer in der Annahme übernehmen, dass diese Handlungen angemessenes Verhalten darstellen.

- **Spreadsheet.** Tabellenkalkulation bzw. ein elektronisches Dokument, in dem Daten in einer Tabelle angeordnet sind, die bearbeitet und für Berechnungen verwendet werden kann.
- **Sprint.** Eines von fünf Scrum Events. Es handelt sich dabei um einen fest definierten Zeitraum, innerhalb dessen ein Scrum-Team definierte Aufgaben umsetzt. In den meisten Fällen sind Sprints zwischen zwei und vier Wochen lang.
- **Testimonial.** Fürsprache oder Empfehlung durch eine Person außerhalb Ihres Wahlkampfes, die Ihrer Zielgruppe bekannt ist.
- **Vier-Augen-Prinzip.** Vorgehen, bei dem mindestens eine weitere Person an einem Prozess oder einer Aufgabe beteiligt ist und so die Qualität und Validität sicherstellt.
- **Website, Webseite, Homepage.** Die Homepage ist nur die Startseite Ihres Internetauftritts. Mit Website wird die gesamte Internetpräsenz bezeichnet, also die Homepage plus alle anderen Unterseiten (Webseiten).
- **WIP-Limits.** Work-in-Progress-Limits. Ein Instrument, das dafür sorgt, dass die Anzahl an Aufgaben, die sich in Bearbeitung befinden, limitiert wird. Ziel von WIP-Limits ist es, die Anzahl an angefangenen Aufgaben zu reduzieren, um deren Erledigung zu beschleunigen.
- **Zeigarnik-Effekt.** Psychologischer Effekt, der besagt, dass unterbrochene und unvollständige Aufgaben besser in Erinnerung bleiben als abgeschlossene und beendete Aufgaben.

GPSR Compliance

The European Union's (EU) General Product Safety Regulation (GPSR) is a set of rules that requires consumer products to be safe and our obligations to ensure this.

If you have any concerns about our products, you can contact us on

ProductSafety@springernature.com

In case Publisher is established outside the EU, the EU authorized representative is:

Springer Nature Customer Service Center GmbH
Europaplatz 3
69115 Heidelberg, Germany

www.ingramcontent.com/pod-product-compliance
Lightning Source LLC
LaVergne TN
LVHW011006250326
834688LV00004B/93